浙江省哲学社会科学“十一五”规划课题成果

文化批判与后现代马克思主义

郑祥福 著

中国社会科学出版社

图书在版编目（CIP）数据

文化批判与后现代马克思主义/郑祥福著．—北京：中国社会科学出版社，2008.12
ISBN 978-7-5004-7416-6

Ⅰ.文…　Ⅱ.郑…　Ⅲ.①后现代主义—文化—研究②马克思主义—研究　Ⅳ.G112　A81

中国版本图书馆CIP数据核字(2008)第187858号

责任编辑　郭　媛
责任校对　李小冰
封面设计　毛国宣
版式设计　戴　宽

出版发行　中国社会科学出版社
社　　址　北京鼓楼西大街甲158号　　邮　编　100720
电　　话　010—84029450(邮购)
网　　址　http://www.csspw.cn
经　　销　新华书店
印　　刷　华审印刷厂　　装　订　广增装订厂
版　　次　2008年12月第1版　　印　次　2008年12月第1次印刷
开　　本　880×1230　1/32
印　　张　12.625　　插　页　2
字　　数　320千字
定　　价　32.00元

目　录

序

大众文化是当代全球出现的一种新的文化形式，是一种后现代主义的文化形式。从上世纪初以来，人们就不断地对大众文化进行研究，先后有列维斯主义、伯明翰学派、法兰克福学派等西方马克思主义、后现代主义的文化理论、后殖民主义的文化理论、东方主义与女权主义的文化理论等等。在这些文化理论中也包含有后现代马克思主义的文化理论，他们以马克思主义理论为基础，展开了对当代后现代主义文化形式的批评。当然，由于对许多有关后现代马克思主义的问题现在我们缺乏清楚的理解，例如哪些人属于后现代主义的马克思主义？哪些人是真正站在马克思主义立场上来批判当代的大众文化的？他们的观点和马克思主义究竟有何区别？诸如此类的问题目前都还没有得到解决，所以要写一本有关后现代马克思主义的著作实际上很难。20 世纪 80 年代以来，国外的马克思主义究竟向着什么方向发展？这个问题是我们研究国外马克思主义的一个十分重要的问题。从目前的研究资料看，除了一些学者的介绍外，我们也很难见到有比较丰富的资料。一些国外的学者虽然年轻时曾一度是个马克思主义者，但到了上世纪 60 年代后，纷纷脱离马克思主义而转向其他观点。

现在大家热衷于对马克思主义作总体的理解，不是从传统的三个维度即哲学、政治经济学和科学社会主义来理解马克思主义，而是从总体上理解马克思主义的理论结构与思想主旨。如果是这样的话,那么我们无妨把马克思主义的理论结构理解为:社会批判理论和社会发展理论。马克思主义首先是对资本主义制度作政治的、经济的乃至意识形态的批判,揭示资本主义自身的矛盾,揭示资本主义必然的发展规律以及社会主义替代资本主义的必然性。其次是憧憬一个理想的社会主义社会,提示这个社会在制度上的完善性、在经济上的合理性、在思想上的伦理化以及人们自身的自觉性与全面发展。"破"与"立"是马克思与恩格斯一生的宏伟目标。假如我们从把马克思主义在西方的发展分为几个阶段,那么第一阶段的马克思主义即经典的马克思主义,其主要理论观点是从政治、经济与哲学上批判资本主义,阐述社会主义的理论体系;第二阶段即西方马克思主义,从卢卡契、葛兰西开始到霍克海默、阿道尔诺、哈贝马斯等人,他们从科技异化论、意识形态等方面对资本主义进行了批判;第三阶段即后现代马克思主义,包括詹明信、伊格尔顿以及女权主义的马克思主义等,他们则集中于对当代资本主义的意识形态、大众文化等进行了批判。显然后现代马克思主义是西方马克思主义发展的最新形式。

大众文化批判是后现代马克思主义的一面旗帜。当然,我们不能把任何一个对文化持批判态度的人都称为马克思主义者,因为许多对当代文化持批判态度的人其实是传统资本主义的卫道士,他们站在传统的立场上,用传统的精英主义的标准来批判当代文化,而非从资本主义扩张的实质与侵略的本性出发来批判当代文化。正是因为这样,本书才选择了几个典型的后现代马克思主义的代表人物,一个是伊格尔顿,一个是詹明信,一个是戴维·哈维,再一个是波德里亚。前两人都宣称自己是忠实的马克思主义者,都站在马克思主义的立场上对当代大众文化持批判的态度,后两人则不是彻头彻尾的马克思主义者。至于丹尼尔·贝尔、汤林森、利奥塔、德勒兹、本雅明之流，也许有时可以算是马克思主义者，但这只是从他们年轻时曾一度相信马克思主义并使用了马克思的相关的方法而言，其理论观点终究有点来路不明，不是忠实的马克思主义者。

对大众文化与后现代马克思主义的研究是马克思主义者们一项十分重要的任务。研究大众文化之所以重要，是因为目前文化的全球化风潮此起彼伏，西风东渐，使一些原先不发达国家也开始席卷文化消费浪潮。发达资本主义国家的文化扩张，使得民族国家面临着文化全球化与本土文化之间的矛盾、普遍化的同一性的价值观倾向与本民族价值观之间的冲突、文化生产的意识形态主导与文化商品化之间的矛盾。这些矛盾使他们居于两难的境地。他们不希望过度的资本主义外来文化的入侵造成本民族文化价值观的堕落，也不希望在全球化的文化竞争中自己分不到一杯羹，更不希望文化全球化造成本民族国家在意识形态方面的错乱。然而，要坚持本国文化的主导地位，要坚持文化的特殊性而免受被西方大众文化同化的威慑，就必然要举起文化批判的旗帜。

坚持马克思主义的唯物辩证法观点进行文化批判，是每一个马克思主义者的责任。在文化批判中，我们必须看到，大众文化之所以在全球盛行，其主要原因不仅仅在于大众文化是一种谋利工具和手段，它刺激了生产者追逐利润的兴趣，以致不惜一切代价和利用一切可以利用的手段，通过传媒的极力宣传，千方百计地生产和推销能吸引人群的文化商品；而且还因为大众文化本身是大众化的产物，具有适应大众需要的形式，是大众喜闻乐见的。如果目前的文化消费不带上大众化的特点，那么它几乎就不可能为大众所喜爱。高雅文化之所以高雅，是因为它曲高和寡，受众太少，它仅仅是文化发展的方向而已，对于劳动百姓来说却不起多大作用。所以，文化的大众化是文化发展的一个趋势。但是，在采纳大众化特点的同时,我们必须毫不动摇地坚持社会主义的价值标准。一切民族文化均有其本民族的价值观贯穿其中,文化与价值观几乎是同义语。所以,建设具有民族特色的民主的、科学的、大众的文化,是一个民族文化建设所追求的目标,同时也是其维护与完善本民族价值体系的最终目标。文化的普遍化或同一性与文化的特殊性两者是对立的统一,一方面我们应该利用大众文化,另一方面也应对大众文化持批判态度。

本书从文化研究的概念开始,阐述了文化研究及其派别,后现代大众文化的形成、发展的起因与本质,面对大众文化的来临,知识分子的文化倾向、态度以及知识分子在大众文化潮流中的地位,我国文化发展所面临的矛盾及其解决,后现代马克思主义者伊格尔顿、詹明信等对后现代大众文化的批判,等等。从马克思主义的立场观点出发,对文化选择和现时代的文化观念进行了阐述,其中包括:必须以先进文化为指导建立符合社会主义制度要求的文化发展体制;发展文化必须坚持把传统文化和现代文化相结合、中国文化与西方文化相结合的原则;必须通过深刻反思传统文化与马克思主义理论,构建一套符合我国社会发展需求并能够在教育过程中加以贯彻的道德价值规范体系;必须牢牢贯彻知识教育与道德教育相统一的原则,等等。在我国,由于市场经济的发展,特别是受西方文化的影响,个人主义与享乐主义迅速得以膨胀,形成了社会主义价值观的普遍要求与实际生活中价值观的个体化倾向之间的严重对立,这种对立的深刻根源虽然是经济的因素,但最终是由我们的文化所决定的。要解决这种价值观的对立,从而构建社会主义核心价值体系,就必须构建一个适合我国社会的文化体系。如果文化体系本身存在这样那样的问题,那么就不可能使价值观朝着社会主义的方向不断完善。丹尼尔·贝尔认为,资本主义正出现文化上的矛盾,这种矛盾是由于目前的消费社会所形成的,即西方资本主义社会历史具有节俭与劳动使资本增殖的传统,但是如今,资本主义的发展却进入了一个以消费为主题的时期,人们的价值观已经悄然发生了改变。当然,一个社会的价值观不发生任何改变是不可能的,因为社会是发展变化的。但是,当真、善、美的标准越来越成为多余,越来越无人理睬时,个人的价值标准代替了社会普遍的道德标准,行为之间的相互冲突不难想见。

由此可见,文化批判是何等需要,本书正致力于此。

本书是浙江省哲学社会科学规划项目——“后现代主义的马克思主义研究”的最终成果。在项目申请时,本以为后现代马克思主义一定会有很多值得研究的东西,但真正涉及问题的实质就不然了。究竟哪些人才是后现代主义的马克思主义者?他们的思想是不是应该称作马克思主义?许多问题很难定位。但是,后现代主义的马克思主义一定坚持文化批判,这是共性。在这一共性中,一些人的思想接近马克思主义,所以被称为后现代主义的马克思主义者。正是因为这样,我才把大众文化批判与后现代主义的马克思主义结合起来研究。这并不能说对本项目的根本性偏离,它仍然没有离开项目设计之初的目的。

该项目的研究已经历时许多年月。我的研究生们的学位论文中有许多涉及了大众文化领域,他们也对本书的写作作出了一定的贡献。毛丽芳、张洪涛、孙叶飞、李双套写了部分书稿,徐艳写了第四章,林之赛写了第五章的初稿,陈来仪写了伊格尔顿和哈维的初稿。在此深表感谢!在本项目的研究中,还得到了赵剑英研究员的指导,他认为后现代大众文化批判是后现代马克思主义的主要思想,并且文化批判对我国文化建设具有非常重要的意义。在此,我对他的指导与帮助表示衷心的感谢!同时我还要感谢浙江省哲学社会科学规划办公室曾骅主任的指导与帮助!

本书稿的部分章节与内容已经在一些刊物上发表。其中《文化选择与现时代的文化观念》一文发表在《福建论坛》2006年第7期，后被《新华文摘》2006年第19期全文转载；《从马克思文化观审视大众文化》发表在《浙江社会科学》2008年第2期，后被《中国社会科学文摘》2008年第7期转载；《文化批判与后现代马克思主义》一文发表在《马克思主义与现实》2008年第3期。还有一些有关大众文化批判的文章也曾发表，在此不一一列举。

后现代马克思主义的研究仍然需要继续，这一任务还没有完成，仍须努力！也许再过若干年，会有一部有关后现代马克思主义的著作呈现给世人。书中一定存在很多不足与错误，希望读者能给予批评。

作　者

2008年夏于浙江师范大学

导　言

从马克思主义文化观审视大众文化

如何理解大众文化？可谓众说纷纭。其中，否定大众文化、把大众文化作为批判对象的占居多数。从伯明翰学派的文化主义到哈贝马斯的文化批判，中间经历了利维斯主义强调文化是一种休闲活动，倡导文化精英主义；经过了威廉斯的“大写的”和“小写的”文化之区分，似乎使大众文化得到了认可。但是，法兰克福学派则把大众文化看作政治操纵的工具，把大众文化仅仅看作文化衰败的标志。不仅是法兰克福学派，其他的研究者们也多持同样态度。而我们在本书中则试图对大众文化研究做出马克思主义的辩证的价值判断。

一　从历史的辩证发展的角度看待大众文化

大众文化是历史上文化变革的新兴文化形态。文化作为一种产物，它是受过教育的知识分子所创作的精神成果。它既存在着对传统的怀旧精神，也存在着对将来的憧憬；既是对旧时代的记忆，也蕴藏着人们正在努力的方向。所以，每当社会变革之时，文化往往表现出其两面性：维护旧制度和把人们引向未来。

在阶级社会中，文化历来是一种由统治者所控制的意识形态。正是如此，历史上的文化所体现的不是人民的思想自由，而是单方面强加的一种精神形式。不过，无论是维护旧制度抑或批判传统，文化的力量是不容忽视的。第一，它是一种批判力量。每个时期的文化与文化观念都对社会的现状持批判态度，例如，马克思主义以辩证唯物主义和历史唯物主义批判着资本主义社会的政治、经济与文化。第二，它是一种生活方式。作为一种生活方式，意指我们无法选择的习惯、传统、语言、礼仪、伦理、风俗、等级等，它渗透到人们的骨子里。第三，文化是一种艺术创造。一切艺术创造，无不反映当时社会的状况，无不是历史上文化观念的体现。因此，文化既是一种精神过程，同时也是精神产品，是一种精神体制。

在马克思主义诞生之前的文化观念根本不体现大众的思想，因此，古代社会和资本主义社会的文化是统治阶级控制劳动人民的文化。马克思说道："统治阶级的思想在每一时代都是占统治地位的思想。这就是说，一个阶级是社会上占统治地位的物质力量，同时也是社会上占统治地位的精神力量。"① 历史上的文化是统治阶级地位的象征，它是在政治主导下的思想活动及其产物。因此，历史上的文化包括近现代以来的文化，都是由统治者来支配的，那些自称为精英的知识分子借助统治者的力量，使用统治者所提供的资助，创作着代表统治者意志的文化产品。所以，伊格尔顿说："我们现代的文化观念很大程度上归功于民族主义、殖民主义以及为帝国主义权力服务的人类学的发展。"② 因此，与其说文化是与人民大众结成联盟，不如说是统治阶级的侍从，其体现出的生活方式也只不过是统治阶级的生活方式，其

---

① 《德意志意识形态》，见《马克思恩格斯选集》第一卷，人民出版社 1995 年版（第二版），第 98 页。

② 特瑞·伊格尔顿：《文化的观念》，方杰译，南京大学出版社 2003 版，第 30 页。

所创作的艺术则是统治阶级的艺术。与历史上的各种制度相比，资本主义制度确立了前所未有的经济与政治的自由，同时也就改变了文化的观念，造成了前所未有的异质文化的存在。

随着资本主义的产生，统治阶级的文化观念逐步发生了转变，从原先控制劳动人民，转向了从劳动人民那里攫取资本的工具。正如马克思所说，工业时代的到来，资产阶级在不到一百年的阶级统治中所创造的生产力，比之过去几千年创造的全部生产力还要多、还要大。生产力的发展，物质资料的丰富，使劳动者逐渐摆脱了为生产而生活的困境。由生产型社会转向消费型社会是人类解放的一个基本条件，一旦转入到消费型社会，一切就都发生了根本性的变化。交通工具的改进、媒介的发展、世界范围内的经济大市场，使一切物质产品变得唾手可得。物品的堆积与丰盛，显然成了人们印象最深的描写特征。你在市场上疯狂地购物，那也只是其中很小的一部分，它给人以取之不尽、用之不竭的印象，进而对物品的消费产生一种厌烦感。对同样类型的物品的消费使人们开始转而关注其隐含的意义，物品的符号意义成为消费的主要对象。这种消费使文化与经济由此而紧密地融为一体，从而改变了人们的文化观念。“……文化的高雅目标与价值屈从于生产过程与市场的逻辑，交换价值开始主宰人们对文化的接受”，“商品的积累导致了交换价值的胜利，工具理性算计在生活之各方面都成为可能，所有本质差异、文化传统与质的问题，都转化为量的问题。”① 可见，原先服从于统治者的文化，现在则服从于大众，原先作为高雅的真、善、美和崇高的精神产品，现在则转化为市场逻辑所主导的商品。

① 迈克·费瑟斯通：《消费文化与后现代主义》，刘精明译，译林出版社 2000 年版，第 20 页。

后现代主义者詹明信等对这种文化商品化趋势提出了严厉的批评。詹明信秉承了马克思主义的观点，看到了后现代主义文化生产根深蒂固的经济根源。但是，他对后现代主义文化的批评是站在精英文化的立场上的，其观点给多数精英知识分子提供了支持的力量，但却让那些赞同大众文化的人十分不安。因为，后现代主义文化的出现，是对传统文化受意识形态之束缚的摆脱，与以往的文化相比，后现代主义的文化形式不像以往的文化那样作为统治者的侍从，而是从政治领域里走出来，成为经济领域中公司老板乃至小企业家们的丰盛晚餐。统治者对这样一种文化的主导作用明显在降低，而大众的自由、放荡不羁的精神却起着支配作用，它代表的是经济领域的企业家们和社会大众对文化的选择。

正确认识大众文化，是我们这个时代的一个重要课题。西方大众文化是资本主义市场逻辑的产物，是文化商品化的结果，它的出现，也伴随着一些颓废的、原始的、堕落的精神的流行。大众化的知识分子所创作的文化产品则是提供给大众欣赏的。但是，由于文化创作的主体往往为一些经济主体所收买，因此，其创作的成果也往往被经济主体所利用。因此，虽然大众化知识分子的创作理念有了新的转变，但他们的文化观念则只能通过经济主体来实现。这就不能不使大众文化具有两面性。因此，如何评价大众文化？是我们当前面对的一个重要问题。第一，大众文化是文化全球化的产物，是历史上文化发展的新兴形态。因此，对这样一种新兴的文化形态，我们采取回避的态度显然是无视历史的。第二，大众文化是文化商品化的结果，它挖掘了人们文化消费的潜能，解放了色情与人们的本能。因此，对于这样一种文化，我们既不能无视它的商品化特征，也不能因其解放本能与色情而拒之。因为今天的文化已经迥异于以往的文化传统，作为一种新兴的产业，它是资本主义各个强国向外扩张的一个重要手段，如果我们无视文化所带来的经济效益，我们就会在市场经济大潮中失之交臂，关键在于我们如何批判地加以利用。第三，大众文化是依赖于大众传媒来传播的，它是当今人们价值观的一种表现。因此，我们利用这种文化形式建构新的适应于社会主义事业发展的价值体系是非常必要和有效的。第四，大众文化的出现也是文化观念主体的转变。精英文化的创造主体是少数精英知识分子，而大众文化的创作主体则是那些普通的大众化的知识分子。约翰·菲斯克说："大众文化是由居于从属地位的人们为了从那些资源中获取自己的利益而创造出来的，另一方面，这些资源也为支配者的经济利益服务。大众文化是从内部和底层创造出来的，而不是像大众文化理论家所认为的那样是从外部和上层强加的。"① 正是由于上述原因，我国大众文化的发展就必须接受马克思主义的指导，充分发挥其大众文化观念主体的创造精神，鼓励大众化知识分子在创作理念上的转变，而克服大众文化商品化之弊端。

二　从文化乌托邦走向文化的多元化

任何时期的文化总是高雅与通俗两种形式同时存在，两者并非是完全冲突的关系。但是，作为高雅文化，其本身带有很强的乌托邦性质，因为对高雅的无限制的追求，导致了文化向本质的更深层次发展，并最后逐步通向语言的孤独，形成了语言的孤岛，至于其受众，则越来越少。

一般说来，每个时代的文化的基本存在形态可以区分为高雅文化与通俗文化（大众文化的过去时）。高雅文化是为官方所认

---

① 约翰·菲斯克：《解读大众文化》，杨全强译，南京大学出版社 2001 年版，第 2 页。

可的、主导着社会文化发展的意识形态，是由该社会的知识分子特别是人文知识分子所代表的自觉的文化精神之体现，高雅文化是对现实世界的批判和反思，它所关注的是社会存在的精神领域，追求的是真、善、美的统一，追求超验世界，贬低现实生活与世俗。无论哲学的、艺术的精神，都体现了一个时代高雅文化的基本精神。

而通俗文化则是指在特定的社会群体中流行的、反映劳动群众特殊的生产技能和生活实际的文化类型，它虽然关注的是广大群众的日常生活，但只是在有限的范围内被具有相似生活体验、情感体验的人所接受，而不是面对所有社会大众。这种文化一方面受官方文化的压制，另一方面又遭到精英文化的批评与制约，所以它的影响只存在于有限的时空中，群众的日常生活也只能是在小范围内才被关注。

反叛高雅文化的是大众文化，一种能提供大众享乐与消费的文化。麦克唐纳说："大众文化的花招很简单——就是尽一切办法让大伙儿高兴。"① 而丹尼尔·贝尔则更是认为，"现代社会的文化改造主要是由于大众消费的兴起，或者由于中低阶层从前目为奢侈品的东西在社会上的扩散。在这一过程中，过去的奢侈品现在不断升级为必需品，到头来竟难以相信普通人曾经无缘受用某一种普通物品"②。

大众文化的这一革命性的转变，其实质是文化价值标准的改变。因此，

第一，任何知识只有转化为具有实际效用的信息和商品，才

---

① 转引自丹尼尔·贝尔《资本主义文化矛盾》，赵一凡译，北京三联书店 1989 年版，第 91 页。

② 丹尼尔·贝尔：《资本主义文化矛盾》，第 113 页。

具有价值和意义。是否有实际效用，成了后现代知识合法性的标准。利奥塔在《后现代状况》一书中，从社会存在这一角度论述了知识合法性标准转变的现实条件。他认为，与现代社会的知识状况相比较，后现代社会的知识状况发生了转折性的变化。利奥塔认为，在后现代状况中，知识已经商品化，并且使知识的供应者和使用者的关系转变为生产者和消费者的关系。由于电脑网络霸权的形成，导致了知识以一种彻底符号化和外在化的方式与人分离开来，促使知识者淡漠道德灵魂的修养，奉行商品伦理。后现代知识不再以知识本身为最高目的，知识失去了传统的价值，而成为商品化的重要领域。

第二，大众文化是批判的批判，也是对权威的挑战。在历史上，高雅文化曾是对通俗文化的批判，是对低俗状态的流行于民间的文化的批判，因为其所倡导的是真、善、美，是人们可望而不可及的崇高目标，一切通俗的民间的文化在它看来都是应当提升与批判的，并且随着历史的发展，曾经被视为高雅的文化也不断地转变为通俗文化而受到了再批判。因此，这种高雅文化是历史上中产阶级的精神产物，确有其乌托邦的色彩。然而，20世纪晚期兴起的大众文化却无视这种乌托邦目标，它是对批判的批判，它的出现是中产阶级价值观的危机，是传统知识分子的危机。

第三，大众文化是一种草根文化，这种文化是对人类精神产物的改造，它宣布了多元文化存在的必要性与必然性。当代的大众传媒唤起了人们的消费需求与心理渴望，“‘群氓’现在成了文化饕餮之徒。所以连先锋派本身，不仅远远不需要批评家出面捍卫，反而投入了群氓的怀抱”①。大众文化所表现的是一种自由主义精神，是自下而上的文化创作，因而是一种平民百姓的文

① 丹尼尔·贝尔：《资本主义文化矛盾》，第186页。

化。正因为如此，它缺乏生命力与聚合力量，无法把社会的一切因素统一起来，这就不得不显现出其多元性色彩。因此，低俗文化在大众文化看来不仅不是邪恶的，反而是从中取乐。由于坐在文化批判法庭上的不是传统的知识分子，而是利润与有效需求。所以，“文化从政治中获得了自由，其所带来的是文化立法者权力的丧失”，难怪乎鲍曼判定传统知识分子已经没有可能再为高雅文化呐喊，“我们已经很少听到优秀文化的代言人要求收复他们失去的权利的声音；可以预料，由于这些要求愈来愈没有实现的可能，那种对于令人厌恶之现象的可怖的叙述，以及市场分配文化产品而导致的令人羞耻的感受，逐渐被一种对于多样性的‘趣味系统’、消费选择、文化时尚及其背后的制度网络的更清醒、更超然的研究所取代”①。

大众文化的泛滥，使文化从原来板着一幅严肃的面孔，过渡到了轻松、调侃、戏谑的状态，后现代主义放纵一切的精神提供了文化创作多元化的支撑。由于传统一体化的终极价值已消解，文化在价值观上处于无政府状态。社会大众也往往在无约束的狂欢中，在当下的享乐中抛开了对意义的思考，放弃了精神价值的追求，从精神的禁忌与压抑滑到了宣泄与放纵的一端，从生命中“不能承受之重”走向了“不可承受之轻”。

三　文化研究形成了新的范式

如何使文化为大众所分享，这是一个千百年来人类所追求的远大目标。20 世纪以来，文化学家对文化的研究逐步超越了对

---

① 齐格蒙·鲍曼：《立法者与阐释者：论现代性、后现代性与知识分子》，洪涛译，上海人民出版社 2000 年版，第 217 页。

文化现象的实证描述和对文化在历史进化中地位的一般探讨，他们把文化与社会政治结合起来。菲斯克说："文化（及意义和快乐）是社会实践的一种持续演进，因而它具有内在的政治性，它主要涉及各种形式的社会权力的分配及可能的再分配。"[①] 所以，在大众文化形成之前，人们研究文化仅仅是为了维护精英文化霸权地位。然而，今天的文化研究则至少涉及了那种精英垄断现状的改变，去讨论文化为大众所分享的问题，从而为形成新的文化话语权提供了可能。

文化研究从精英文化霸权向着大众文化的转变，多少带有点被动性。如果没有大众文化的泛滥，没有那种洪水猛兽般的来势汹汹，那么文化研究范式的改变是不可能的。

首先，工业社会的发展是我们改变文化研究范式的基础。工业化为人们创造出了丰富多样的商品，提供给了人们消费的自由选择，人们不再满足于自给自足的生产和生活方式。同时，工业社会发展了媒介推介自己产品的新途径，开辟了自己的市场。在交换的推动下，人们需要越来越丰富的产品，这些产品甚至是设计师们所不屑一顾的，也是他们无法腾出时间去创作的。"工业的文化特性在于其支配地位处于最不稳定的地方：他们知道人们要吃、要穿、要交通，但远不能确定人们要吃什么、穿什么、乘什么交通工具旅行，不能确定人们为什么要吃、要穿、要旅行。"[②] 所以，必须生产出全套产品以供大众选择。为达此目的，只有充分激发人们的生产热情。商品为生产者创造了无穷的经济利益，这种内在的对利润的追求，推动了人们通过一切手段开辟出人们的消费热情，生产一切可以满足人们需要的产品。过去的

---

① 约翰·菲斯克：《解读大众文化》，第2页。

② 同上书，第5页。

产品是为满足人们使用的，而现在不仅仅如此，还需要满足人们的快乐与欲望。

其次，人的研究的加强，使人本精神在文化商品中得到体现。20世纪以来，无论西方哲学还是东方哲学，都对人的主体性做出了探索，从欧美的存在主义到社会主义人的解放的革命哲学，形成了一切为了解放人民的革命与实践之最高目的。在政治上，倡导东西方之间的对话与平等关系，倡导各国之间的平等互利；在本民族内部，则强调人与人之间的平等与互尊。在经济上，充分尊重人的消费自由，因为经济的发展永远是向那些愿意消费的人倾斜的，休闲与工作之间、公私之间、需求与满足之间、内与外之间，一切都以人的需求为宗旨，充分考虑与吸引消费者的购物欲，这是经济生产者对人的尊重，同时也是对人的需求的研究结果，一切经济都将体现为人服务的特点。

当代文化从三个互相关联的层面来构建了文化的人本精神：一是确立自我及世界的意义。对人及其世界的意义的发现，是现代社会得以发展的根本，在全世界范围内，这个问题具有普遍性的特征。这可以看作当代文化发展的一个宏观层面，这种全球性的共同见解，提供了各国认识自己在世界上的文化地位的意识形态框架，提供了一个在共同文化背景下发展自己的基本理念。二是在普遍性的见解之下用某种特定的方式进行思维。因为各国之间存在着很大的差异，民族文化有着自己的传统和特点，它们相互各异，又具有各自不同的民族利益，如果不尊重这种民族特点，就是不尊重人类自己。同时，各民族内部也具有大量的亚文化，这些亚文化是民族保持其社会差异性之关键，因此，是无法与全球文化同步发展的。所以，全球文化发展趋势提供给各国文化发展的总体趋向，但各国之间不可能都朝着同一方向发展，否则全球文化的一体化就会导致文化的贫困。三是实践人类生活中的感性体验。当代文化虽然是一种大众文化，但当代文化与以往的文化不同，它体现了大众的消费个性，而不是少数人对崇高的追求。因为以往的文化之话语权在少数文化精英手中，精英知识分子的文化霸权不可能让文化扩散至一切领域，而是集中于真、善、美方面，集中于人的理性的崇高之上，集中于那些社会大众不可企及的文化理性之上。所以，只有在晚近社会发展过程中，在消费主义泛滥到各国之间时，大众才以一种平庸的文化形式来抵制精英主义思想的贯彻。“一般情况下，大众文化在休闲和消费领域找到了自己最肥沃的土壤，因为这是权力集团最脆弱的地方，尽管他们试图加强那里的控制。”① 于是，各种体现个性、新潮、时尚的文化形式便开始在全球泛滥开来，那些曾经被压抑的需求、被隐藏的意识、被克制的观念通通发泄了出来。费瑟斯通说：“消费文化的大众普及性还暗示着，无论是何种年龄、何种阶级出身，人们都有自我提高、自我表达的权利。”② “在创造一种知识的权力中所含有的快乐比任何可被创造的专门知识所提供的快乐都要大得多。”③ 于是，大众文化如洪水猛兽般铺天盖地而来。

中国近代以来文化研究可以分为两种不同范式，其一是五四时期的“体用关系”论范式，解决的是文化传统与现代化的关系；其二是近十年来的大众文化产业化和消费文化论，解决的是如何在文化全球化的前提下发展本土文化产业的问题。

可以说，今天的文化发展，出现了历史上从未有过的繁

① 约翰·菲斯克：《解读大众文化》，第232页。
② 迈克·费瑟斯通：《消费文化与后现代主义》，第126页。
③ 约翰·菲斯克：《解读大众文化》，第183页。

荣。原先重视冥想的高雅文化，逐步发展为重视行为与表征的大众文化；重视功能与相对性的审美情趣，替代了重视形式的绝对普遍性的美学追求。尽管大众文化是市场经济占主导地位的经济生产形态追求利润的结果，但是，大众文化毕竟是得到了大众的欣赏和追求的。因此，从文化主体的发展来说，过去是文化说“我”，而今天则是我说“文化”。

大众文化研究是文化研究的新范式。具体表现为：

第一，文化生产主体从“他者”向“自我”的转变。资本主义乃至以前的文化把大众看作是群氓，是受众，是被支配的他者。因为只有少数人才能谈论文化，才能欣赏文化，文化对于大众来说简直就是一个陌生的领域。然而，随着后工业化社会的发展，文化发生了改变，一种平民主义的文化开始兴起，通俗文化日益成为一种有影响力的文化。尽管人们还受着媒体的诱导，很多人在媒体的引导下进行消费，但是，过去的那种精英文化批判一切的现象已经荡然无存。现在的受众是积极的、自觉的精英文化的“颠覆分子，为了自己的目的利用媒介文化，抵抗和重新解释文化生产者们传播的信息”①。这正是表明了大众已经从一个完全被动的受众，从一个他者，转变成了一个自觉的文化主体。

当资本主义经济发展遇到了民族国家的抑制的时候，文化生产则能够抓住新的出路，创造出新的市场，这应当归功于平民主义的文化运动。丹尼尔·贝尔说道：“现代社会的文化改造主要是由于大众消费的兴起，或者由于中低层阶级从前目为奢侈品的东西在社会上的扩散。在这一过程中，过去的奢侈品

---

① 多米尼克·斯特里纳蒂：《通俗文化理论导论》，阎嘉译，商务印书馆 2003 年版，第 281 页。

现在不断地升级为必需品。”① 大众文化的一个明显特征就是它抛弃了精英主义制造的文化的神秘性与崇高地位，使附庸风雅的作品、大众化形式、差异多样性占居了文化的主流。可以说，今天的文化市场是一种扩张了的市场，它的合法性是通过外围知识分子与新文化企业家们确立的，是通过大众的消费确立的。

第二，文化从隐性到显性转变。文化是人类生活的表征，人类生活发生了变迁，文化就必然会发生改变，而当今社会生活最明显的变迁就是传媒的发展。传媒的发展使人们的生活空间变得越来越小，距离越来越近，交流越来越方便，印刷术、电子媒介的出现使生活方式变得日益符号化。于是，文化就越来越从后台走向了前台，文化间的交流、碰撞与融合也越来越频繁。狭义的文化在政治、经济层面本来处于附庸地位，现在却与政治、经济结为一体，经济与文化的融合也越来越紧密。文化，已经成为我们无法不感受到的存在，它充斥着我们的生活。我们可以讨论文化、研究文化。

正如20世纪哲学的“语言转向”一样，在当代也正在实现“文化的转向”。所谓文化的转向不仅是一个从精英文化向通俗文化的转向，而且也意味着通俗文化地位正在崛起，对文化的研究正在取代我们对实在世界的探索。我们要研究实在世界，首先就要研究文化；要研究我们人类，首先就要研究我们自己创造的文化；我们要研究政治与经济，首先就要研究我们正处在其中的文化。

第三，文化研究的标准正在发生变化。大众文化是面向人民大众，满足人民大众的精神需求的。因此，这样一种大众文化必

① 丹尼尔·贝尔：《资本主义文化矛盾》，第113页。

须是坚持正确的方向，是能够达到教育群众、培养群众自主创造性目的的文化。所以，大众文化的发展势必会改变历史上价值评价标准，即人们不再崇尚权威，而是崇尚对实际的需求。当然，文化与经济的一体化动摇了精英文化的支配地位，本来意义上的知识分子（立法者）已经让位给了大众化的知识分子（阐释者）。满足经济利益和为大众价值取向定位两者必须是紧密结合的。毛泽东曾经说过，“真正人民大众的东西，现在一定是无产阶级领导的。资产阶级领导的东西，不可能属于人民大众。新文化中的新文学艺术，自然也是这样。对于中国和外国过去时代所遗留下来的丰富的文学艺术遗产和优良的文学艺术传统，我们是要继承的，但是目的是为了人民大众”①。

从意识形态上看，现行的大众文化不是自上而下的意识形态所支配的文化，而是大众自发的文化形式，是一种适应人们休闲需要并商品化了的文化形式。马克思说：“要研究精神生产和物质生产之间的联系，首先必须把这种物质生产本身不是当作一般范畴来考察，而是从一定的历史的形式来考察。例如资本主义生产方式相适应的精神生产，就和与中世纪生产方式相适应的精神生产不同。如果物质生产本身不从它的特殊的历史的形式来看，那就不可能理解与它相适应的精神生产的特征以及这两种生产的相互作用。从而也就不能超出庸俗的见解。”② 所以，对这样一种文化形式，我们无法用为“革命”服务的标准去衡量与评价，而只能从历史的前提与现实的生产方式出发去评价。

---

① 毛泽东：《在延安文艺座谈会上的讲话》（1942 年 5 月），《毛泽东选集》第 3 卷，第 811—812 页。

② 马克思：《剩余价值理论》，《马克思恩格斯全集》第 26 卷，第 296 页。

四　文化批判与后现代马克思主义

当代的文化批判与西方马克思主义的发展息息相关。西方马克思主义是从解读马克思和恩格斯思想开始，逐步走向对资本主义的文化批判的，法兰克福学派是文化批判的开始，而后现代马克思主义正是这种批判的延伸。

马克思主义的发展经历了对资本主义社会的政治、经济批判、哲学批判到文化批判的转向。众所周知，马克思和恩格斯一生无时不在对资本主义的政治、经济与意识形态进行批判，而自法兰克福学派开始，则把批判的矛头直接对准现代资本主义的意识形态并进而向大众文化批判转移。今天的后现代马克思主义者们则认为，只有对后现代主义文化进行批判，才能真正揭示当今资本主义发展的实质。

那么，为什么西方马克思主义的发展会从解读经典马克思主义走向文化批判呢？其根由如下：

第一，由于西方资本主义的发展出现了新的经济—文化形态，从而迫使马克思主义的社会批判家们转变批评的对象。

作为辩证唯物主义的马克思主义，其经典形态的产生，是与早期资本主义的发展密不可分的。土地和劳动的商品化是经典马克思主义诞生的先决条件，因为把劳动商品化在马克思主义经典作家那里是人类历史上的第一次。因此，马克思是通过揭示商品的本质及商品本身所包含的矛盾从而批判资本主义生产方式的剥削本性的。马克思认为，资本主义的生产关系是一种阶级剥削与压迫的关系，其经济基础与上层建筑的界限是分明的，物质生产方式决定着资产阶级的上层建筑并为之服务。马克思研究的是社会生产方式的变迁，通过对社会生产方式的区分来划分人类社会发展的各个不同阶段，是马克思研究社会历史的根本方法与出发点。然而，令人瞩目的是，现代西方资本主义社会生产方式在生产对象方面的变化。20世纪20年代以来，随着技术革命与大规模使用家电时代的来临，大规模消费时代便来到了。大规模消费意味着人们在生活方式领域接受了社会变革的观念，这就给那些在文化和生产部门创新开拓的人以合法地位。后现代马克思主义者詹明信认为，在当今社会里，“文化的威力在整个社会范畴里以惊人的幅度扩张起来。而文化的威力，可使社会生活里的一切活动都充满了文化的意义（从经济价值到国家权力，从社会实践到心理结构）”①。同时，他也认为，曼德尔对后工业社会的介入以及跨国资本主义的论述，其实并未偏离马克思主义对19世纪资本主义社会所作的宏观分析。“曼德尔以为今天的消费社会才算是资本主义最彻底的形式。在此，资本的扩充已达到惊人的地步，资本的势力在今天已延伸到许许多多前此未曾受到商品化的领域里去。”② 资本主义在文化领域的扩张，正说明了资本主义社会生产为追逐利润把一切都商品化的本性。

马克思对资本主义物质生产、劳动商品化的分析，在今天必须扩充至对文化商品化的分析。因为自从有人类历史以来，只有社会到达大规模消费时代，文化产品才可能被大规模地商品化，这与资本把劳动商品化成为人类史上的第一次一样，文化商品化也是史上第一次。大众文化的泛滥，改变了当今资本主义的生产结构，使文化生产成了社会生产的主导产业。特别是美国，美国

---

① F. 詹明信：《晚期资本主义的文化逻辑》，张旭东编译，北京三联书店1997年版，第504页。

② 同上书，第484页。

的生产或者说是美国不断形成的娱乐业与文化产品，在全世界已经占据支配地位，这种支配地位正是晚期资本主义发展的新形式，是文化帝国主义的新形式。所以，当今对资本主义社会的分析与批判，就应该是文化批判。正如詹明信所认为的，“如果我们把自己看成是有政治责任和文化责任的知识分子，我们就有许多重要任务等着我们去完成”①。

第二，大众文化是当代资本主义经济扩张的又一新工具，它的泛滥导致了当代社会价值观的堕落。文化是一个民族的精神支柱，“人类文化是人的一种创造，即建设一个具有连续性、能维持‘非动物’生活的世界”②。由于现代社会中文化的特殊地位，使得我们不得不去思考文化究竟能起什么样的作用。在传统社会里，文化不仅是一种意识形态的力量，而且更重要的是指导着人们的行为。“在一个非宗教化的社会里，文化的作用往往类似于宗教，文化本身对人们的指导和要求较宗教更为隐蔽一些，同时也不是那么严格。”③ 传统社会往往受文化的制约，而现代社会特别是当代社会，由于一切都与经济相关，因而文化也受到了经济的制约。因此，今天的文化似乎是介于基础与上层建筑之间的，它是一种新的产业，是一种新的经济体。作为一种新的经济体，它似乎已经顾不上原先作为价值观的承载者的责任了，而彻底转变为一种资本攫取利润的工具。

然而，无论它怎样变化，文化本身又都隐含着价值观。特别是古典文化，更是一种道德教育的体系，故事、绘画、艺术、音乐等等无不表现出它的道德性，是社会道德教育的重要

---

① F. 詹明信:《晚期资本主义的文化逻辑》，第45页。

② 丹尼尔·贝尔:《资本主义文化矛盾》，第222页。

③ F. 詹明信:《后现代主义与文化理论》，唐小兵译，北京大学出版社1997年版，第62页。

资源。但是，在商品化的社会里，人们需要消费，而意识形态、道德等似乎成了不相干的陈腐观念，因为只有消费，你才能证明你自己，“你消费，所以你存在”，你买什么便是什么人。而文化生产者只要能获取利润便无所不尽其能，文化生产包含了特别丰厚的剩余价值，因此大众文化便迅速地在全球泛滥开来。正如费瑟斯通所言，“闲暇消遣、艺术作品与一般意义上的文化，为文化工业所过滤；随着文化的高雅目标与价值屈从于生产过程与市场的逻辑，交换价值开始主宰人们对文化的接受”。“商品的积累导致了交换价值的胜利，工具理性算计在生活之各方面都成为可能，所有本质差异、文化传统与质的问题，都转化为量的问题。”①

文化成了当今资本主义的工具。它不仅是和以前物质生产攫取剩余价值一样，获取了更大更多的利润，而且也是资本进一步从垄断、军事侵略到文化殖民的最有效、最隐形的手段。资本主义发展的现代阶段是展现资本主义全球秩序的阶段，资本主义通过消费主义而得以进一步扩张。所以，西方马克思主义的批判理论也正是将矛盾转向文化、转向资本主义新发展的“工具”。这是文化批判之成为后现代马克思主义者关注对象的根本原因。

后现代马克思主义者诸如詹明信、哈贝马斯、伊格尔顿等人，均以传统知识分子文化人的立场，对当代资本主义以文化为工具的扩张做出了符合马克思主义的分析批判。他们看到了马克思所处时代的资本主义政治经济状态已经随时间而发生了巨大变化，新的“福利社会”正在顺利地运行。但是，资本主义并没有改变其资本扩张的本性，关键是扩张的工具已经物是人非，正

---

① 迈克·费瑟斯通：《消费文化与后现代主义》，第20页。

如汤林森在《文化帝国主义》一书中所提及的，“文化是当今资本主义的工具”①。与其说马克思所处时代的资本主义是在商品领域内的纯粹形式，那么今天这个资本主义就更为彻底了，因为资本的势力已经充分地扩张到了物质领域、军事领域以及从前被忽视的文化领域。资本主义在文化领域也掌握了“话语的权力”。因此，后现代马克思主义者们对于大众文化的批评自有其深刻的社会基础。

第一，后现代马克思主义仍然继承了马克思的社会批判理论，并在此基础上对社会批判进行重新定位。后现代马克思主义者们认为，马克思对资本主义的分析需要延伸与扩展，马克思的文化观是建立在主—客体、基础—上层建筑、剥削—异化这种矛盾基础上的。然而，在后现代，基础与上层建筑的对立统一关系体现在大众文化中在很大程度上是相分离的、没有内在联系的。波德里亚认为，“从现在起，符号将只在符号之间进行交换，不与现实发生作用”，“决定论结束了，不确定论开始统治……一切都变得无法确定”，“不再有意识形态这类东西，只有幻象”。②他们认为，马克思恩格斯由于时代的局限，没有看到使用价值与交换价值相分离的现象，没有发现资本主义生产将会扩张到文化领域，他批评马克思的劳动价值论观点，认为马克思关于商品中包含的劳动量决定商品价值的观点忽视了物的符号价值的一面，而在后现代消费社会中，“波德里亚从理论上概括了商品的逻辑，他认为在资本主义社会中，商品变成了索绪尔意义上的一种记号，其意义任意地决定于能指在自我参考系中的位置。所以，

---

① 汤林森：《文化帝国主义》，冯建三译，上海人民出版社 1999 年版，第 240 页。

② 拉雷：《意识形态与文化身份：现代性和第三世界的在场》，戴从容译，上海教育出版社 2005 年版，第 151 页。

我们就可以来讨论‘商品—记号’、符号的消费了”①。这些后现代主义者看到了马克思所处时代的局限，但是，其分析其实并未能脱离马克思的观点，他们仍然站在马克思主义的立场上批判资本主义。正是在此意义上，我们才将他们称之为后现代马克思主义者。

第二，文化批判仍然继承了马克思对资本主义生产追逐利润和剩余价值的批判的观点。从马克思对资本主义社会的批判而言，马克思关注的是一个生产性的社会，一个为利润和剩余价值积累为目的所组织起来的资本主义生产系统。这个生产系统从今天来看仍然属于资本主义发展早期阶段，尽管马克思也看到了垄断资本主义的最初形式，注意到了消费社会以及食利社会的初期现象，但是那时的社会也仍是生产性为主的社会。只有到了大众传媒出现以后，资本主义社会才真正进入了一个新型的高消费时期。这个新型的消费社会是一个图像化的社会，不过它仍是植根于生产的，只是生产结构发生了变化。这种变化了的结构表明，资本主义生产的组织方式已经从物质生产向非物质化过程转变，生产、分配、消费从原来物的世界转变为脱离客体世界的抽象物。詹明信说：“我们当前的这个社会才是资本主义社会最纯粹的形式。”② 显然，对于资本主义这样一种转变，有一个重新认识的问题。后现代马克思主义的文化批判也正是基于此。

第三，后现代马克思主义对当今大众文化的批判继承了马克斯·韦伯的社会学观点。韦伯认为，当代资本主义的发展具有两个方面的动力：其一是西方新教禁欲主义的伦理精神；其二是西

---

① 迈克·费瑟斯通：《消费文化与后现代主义》，第79页。
② 同上书，第20页。

方新教中将劳动视为人赎罪的唯一方式，即追逐利润的动力。然而，由于当代资本主义生产结构的改变，特别是当代大众文化的出现，原来对精英文化顶礼膜拜的人们转变成了大众文化的饕餮之徒。文化的市场化、商业化促成了新的生活方式——享乐主义的形成，大众消费的兴起，使从前的奢侈品不断地升级为大众的必需品，大规模消费与追求生活质量、摆脱传统节俭的生活方式逐步被大众所接受，逐步被视为经济体制的合法目标，从而彻底摆脱了韦伯所言的“禁欲伦理”。追求享乐，必然会导致传统价值观的倒转，社会在大众文化的凌厉攻势面前，除了个人享受生活外，已无其他标准。贝尔说：“当每个人的内心都肯定无疑地缺乏价值标准时，不知会出现什么情况。这里就存在着对宗教态度的彻底摒弃……任何不再把上帝称为自己的上帝的人就投身于魔鬼的怀抱。他的本质问题并不是价值冷漠，而是一种价值颠倒。只要有人能够证明，‘不存在真正的价值’，那么反宗教情绪就会完全征服人。然而，无人能够证明这一点。”①

价值标准的缺失，使后现代马克思主义者甚至像贝尔这样著名的社会学家都坚持认为当代资本主义社会存在现代主义、大众文化制度化以及享乐主义生活方式三者之间相互制约、相互影响的文化矛盾。这种矛盾使得整个西方社会传统价值观的根基发生动摇。因此，只有对大众文化高举批判的大旗，才能重建价值体系与社会秩序。

五　用马克思主义指导我国大众文化建设

对于大众文化，究竟应持精英主义观点抑或持文化民粹主义

① 迈克·费瑟斯通：《消费文化与后现代主义》，第20页。

的观点？这个争论必定会使人们陷入形而上争论的困境，正像我们上世纪 90 年代对待市场经济与计划经济一样，如果仅停留于争论，将于事无补。

以往崇尚思辨的知识分子总是在研究过程中创造出一些别人无法阅读的作品，从而使自己的作品成了语言的孤独。现代性的特征是，强化了人能够认识世界的能力，在科学技术的作用下，人的认识能力在认识世界的过程中得到了充分的展现，成为自然界的主人，并想象在历史的终点达到完全自由的王国。但是，在现代人的理性背后，却隐藏着自我精神的狂妄与无限扩张。然而，正是这种扩张的精神与无限追求的本性，使现代主义在逻辑上走向了极端，即走向了对内在性的寻求，返回到文化自身。从今天的发展来看，我们对世界的反映需要人的主观性的概括，需要倾注于将来。随着文化商品化时代的到来，主观性的创造性潜能便得到了充分的发挥。在文化的柜台里，放置着的是各色各样的文化商品，而非传统的追求崇高的目标。这就不能不使当代知识分子做出深刻的反省。他们一方面是大众文化的消费者，另一方面也不能不改变文化生产的方式，转向生产大众所喜爱的作品。在文化与经济相结合的时代，知识分子根据市场行情，为了满足大众在情感、欲望消费、娱乐与休闲等消费需要，突破传统文化观念的封锁，生产与大众需求相适应的文化产品，这是势所必然。

由此看来，利用大众文化形式传播先进文化，这是我国社会主义文化发展中的自觉环节。马克思曾说："家庭和市民社会是国家的真正的构成部分，是意志所具有的现实的精神实在性，它们是国家存在的方式。"① 马克思的话表明了意识只有掌握大众

① 马克思：《黑格尔法哲学批判》，《马克思恩格斯全集》第 1 卷，第 251 页。

才是真正的力量，因为只有大众才是国家的真正构成部分。面对大众文化的攻势，当代知识分子已经没有能力充当传统文化的卫道士，没有能力去实践传统的文化观念，在所谓“世风日下”的时代，对文化的评判权已经不在传统知识分子手中，而是掌握在大众手中。这样一种趋势是完全符合马克思的历史唯物主义观点的。当然，“人民也是有缺点的”①。资产阶级利用大众感情，制造以性和暴力为主题的文化商品，虽一时吸引了追求低级趣味的人群，但是最终必然会遭到大众的抛弃。毛泽东同志认为，“只要不是坚持错误的人，我们就不应该只看到片面就去错误地讥笑他们，甚至敌视他们”②。

但是，在我国大众文化的发展过程中，也存在着人们面临的文化矛盾。第一，我们这个时代依然存在着传统文化与大众文化之间的矛盾，存在着文化全球化与本土化之间的矛盾。一方面，我们在不断地遗忘传统文化；另一方面，我们又没有真正建立起一种符合我国经济、政治社会发展的现代文化。现代媒介的发展，使文化变得一体化、同质化、世界化，似乎人们感到文化在向着一个与世界互相交流的方向发展，从而导致迅速地丢弃文化传统。第二，存在着社会主义文化发展要求与文化市场化、商品化之间的矛盾；社会主义的原则要求是文化必须按照马克思主义的真善美的目标来发展，但是市场逻辑则遵循着利润最大化的原则。第三，社会主义价值标准的普遍化与市场经济前提下的价值标准个体化之间的矛盾，实际上任何一个社会都会有一些普遍的价值标准，但是在市场化的前提下，总是会出现这样那样的个人

① 毛泽东：《在延安文艺座谈会上的讲话》（1942 年 5 月），《毛泽东选集》第 3 卷，第 806 页。

② 同上书，第 806 页。

主义与拜金主义，以个人价值观为核心评价外部世界的现象，这些现象必然会冲击原先的社会主义价值体系，甚至放弃我们曾经认为合理的价值评价标准。

党的十七大报告郑重地提出必须建构一个社会主义的核心价值体系，这一目标是紧密结合当前我国道德状况的，也正是针对解决上述诸矛盾的。所以，我们必须依据马克思主义为指导，在党的十七大报告的指引下，通过挖掘各方资源逐步解决上述文化矛盾。在西方，社会价值观的普遍化是通过宗教信仰来实现的，宗教教义包含着一整套价值观念与评价标准，通过宗教信仰，人们得到了价值观的教育。然而，在我国，要克服价值标准的个体化及其矛盾冲突，就必须用马克思主义来武装人民的头脑，离开这一点，社会在价值观方面的矛盾便无法得到解决。

首先，必须以先进文化为指导建立符合社会主义制度要求的文化发展体制。文化体制是指文化生产的体制，它主要是由媒介所制约的，控制媒介就是控制文化生产。对媒介的监督、评价是控制媒介的唯一方法。因此，通过媒介贯彻先进文化，是落实社会主义文化发展原则的具体途径。但是，针对目前大众文化的商业化性质，我们在文化生产中也不得不重视文化的经济价值，既要贯彻社会主义真善美的原则，也要适应市场经济发展的规律，这才是发展社会主义大众文化的基本要求。

其次，发展文化必须坚持把传统文化和现代文化相结合、中国文化与西方文化相结合的原则。脱离传统文化，现代文化是没有根基的，只有反思传统文化，搜索传统文化中的优秀成份，古为今用，使两者具有一定的同一性，才能使传统与现代的矛盾得以较好的融合。然而，在当今文化交往十分密切的情况下，广泛吸收外来文化，通过与各国的文化交往，取长补短，丰富本土文化的内涵，是使本国文化跻身于全球大家庭的适当途径。

再次，必须通过深刻反思传统文化与马克思主义理论，凝练与构建一套符合我国社会发展需求并能够在教育过程中加以贯彻的道德价值规范体系。这一规范体系必须要符合中国传统道德习惯，同时要体现今天社会发展的要求，对个人主义、拜金主义加大批判的力度，确立以社会和谐发展为核心、人的全面社会化为目标的道德体系。以爱国、爱家、爱人民、为人民服务为宗旨，全面开展社会主义道德教育。努力遏止某些媒介关于道德评价中的一些伪问题，诸如在救人事件中牺牲救人者的“值得不值得”等问题的讨论，对于社会主义的媒介来说，其实完全是不应当出现的所谓“讨论”的问题，却被一些人炒得沸沸扬扬。讨论“值得不值得”的问题是对我国道德体系的严重挑衅，是对我们这个社会的价值观的怀疑。把道德的价值与经济的价值混同起来是社会价值观的堕落，是追求真善美的民族精神和马克思主义信仰的衰退。

第四，必须牢牢贯彻知识教育与道德教育相统一的原则。我国自古以来一直实施教育过程道德化的措施，在知识教育的同时，也履行着道德教育的双重功能，尤其是在语文教育方面，选取的课文多数带有道德教育的性质。苏格拉底早在两千多年前就说过，道德即知识。人类社会是理性化的，是受一些社会规范所制约的。一个人掌握了这些规范，也就懂得了如何去履行。人们的价值观是在长期的学习和工作中潜移默化地形成的，只有不断加强教育，不断教育人们去反思、慎独，才能使人达到一定的道德境界。

从今天来看，大众文化是人们所喜闻乐见的文化形式，正是因为如此，它也是一种我们教育人们的最好方式。所以，对待大众文化，宁愿从正面来肯定它从而利用它，而不是将它扼杀在摇篮中。但是，大众文化的任何一种产品，都需要正确地贯穿适应我们这个社会的价值标准，利用它们对全社会进行教育，逐步改变当前市场化时代的价值观个体化的状况。

第一章

文化、大众文化与文化研究

一　文化与人的生活方式

（一）文化的概念

人总是文化的人，人的世界在某种意义上就是文化。著名哲学人类学家兰德曼指出："文化创造比我们迄今为止所相信的有更加广阔和更加深刻的内涵。人类生活的基础不是自然的安排，而是文化形成的形式和习惯。正如我们历史地所探究的，没有自然的人，甚至最早的人也是生存于文化之中。"①

德国古典哲学家康德曾经把地理学和历史学作了比较，认为这两门学科都有着共同点，即注意变化，然而其侧重点却迥异。康德认为，历史学注意的是事物在时间上的差异与变化，而地理学则是注意事物在空间上的差异与变化。也就是说，一个关注的是"what"、"when"、"why"，另一个则关注"what"、"where"、"why"②。因此，人类的生活方式也只有在时间和空间上来进行考察和分析。人类的生活方式是人类在改造自然的过程中形成的，在这个过程中，可以分为人化的自然

① 兰德曼：《哲学人类学》，彭富春译，工人出版社1988年版，第260—261页。

② 王恩涌：《文化地理学导论》，高等教育出版社1989年版，第3页。

和人类社会两个方面。无论是人化的自然和人类社会本身，都是人类改造或者创造过的世界，带有人类深刻的思想意识的印记，这是人类创造的一切物质产品和精神产品的总和，这个总和我们便称之为“文化”。

“文化”一词在西方来源于拉丁文 cultura，原意是指农耕及对植物的培育。自 15 世纪以后，逐渐引申使用，把对人的品德和能力的培养也称之为文化。在中国的古籍中，“文”既指文字、文章、文采，又指礼乐制度、法律条文等；“化”是指“教化”、“教行”的意思。从社会治理的角度而言，“文化”是指以礼乐制度教化百姓。汉代刘向在《说苑》中说：“凡武之兴，谓不服也，文化不改，然后加诛。”此处“文化”一词也为文治教化之意。文化一词的中西两个来源，殊途同归，今人都用来指称人类社会的精神现象，或者泛指人类所创造的一切物质产品和非物质产品的总和。历史学、人类学和社会学通常在广义上使用文化概念。

那么，文化这一概念是如何被使用？又如何在整个人类思想发展史中被重视？这些问题为何逐渐就成为一个跨学科研究的概念，甚至成为当代社会的一个重要特征的呢？人类学发展史以及西方哲学发展史的几大转向，是我们理解文化发展脉络的有效途径。

文化成为人自觉的研究对象，起源于 19 世纪后期，在达尔文进化论学说的影响下，文化开始成为文化学家、人类学家、考古学家的研究对象。19 世纪下半叶到 20 世纪初，涌现出了一大批著名的文化人类学家，他们通过田野考察和实证研究，对文化现象做了细致的描述。以人类学之父泰勒以及摩尔根、巴霍芬、麦克伦南、弗雷泽、韦斯特马克等人为代表的古典进化论学派是第一个自觉地以文化问题为研究对象，并提出关于文化的系统阐释的。他们深受达尔文生物进化论和斯宾塞社会进化论的影响，强调文化的普遍性和进化性等特征。以德国人类学家弗里德里希·拉策尔、弗罗贝纽斯、施米特和威廉·佩里等人为代表的德、奥文化传播论学派却强调文化只起源于地球的某一个地方，并以此为中心向世界各地传播扩散。因此，他们认为，全部人类文化史就是文化传播与借用的历史。以博厄斯、克鲁伯等人为代表的历史特殊论学派从另一个角度提出了相对主义的文化观，他们强调各种文化都是各个社会独特的产物，都有其特殊的发展脉络，他们强调文化的民族史，反对文化的世界史。

在20世纪，文化学家对文化的研究，逐步超越了对文化现象的实证描述和对文化在历史进化中的地位的一般探讨，开始转向对文化的具体功能、文化模式、文化结构等方面的研究。比如法国社会学家涂尔干对宗教的功能与形式的研究和社会结构的机械团结和有机团结的理论，英国功能主义文化学派的拉德克利夫·布朗、马林诺夫斯基对异文化的结构功能主义研究，米德、林顿、克拉克洪等人关于文化与人格等问题的研究，列维·施特劳斯等人的结构主义人类学对具体文化现象的研究，利奇、道格拉斯、特纳等人的象征人类学对仪式问题的研究，以及韦伯、格尔兹等人的解释人类学研究等等。这些文化人类学家从不同的角度、不同的层面对于文化问题作了极为细致与深入的探讨。

然而，尽管越来越多的人类学家、文化学家、哲学家、社会学家都对文化做了深入的研究，但关于文化本身的界定并未由此而形成公认、一致的意见，文化一词至今尚无统一的定义。在近代，给文化一词下明确定义的，首推英国人类学家 E. B. 泰勒。他于1871年出版了《原始文化》一书。他指出：“据人种志学的观点来看，文化或文明是一个复杂的整体，它包括知识、信仰、艺术、伦理道德、法律、风俗和作为一个社会成员的人通过学习而获得的任何其它能力和习惯。”[①]

英国人类学家B. K. 马林诺夫斯基发展了泰勒的文化定义，于20世纪30年代著有《文化论》（中国民间文艺出版社1987年版）一书，把文化看作一群传统的器物、货品、技术、思想、习惯及价值。他还进一步把文化分为物质的和精神的，即所谓“已改造的环境”和“已变更的人类有机体”两种主要成分。用结构功能的观点来研究文化是英国人类学的一个传统。英国人类学家A. R. 拉德克利夫-布朗认为，文化是一定的社会群体或社会阶级与他人的接触交往中习得的思想、感觉和活动的方式，文化是人们在相互交往中获得知识、技能、体验、观念、信仰和情操的过程。他强调，文化只有在社会结构发挥功能时才能显现出来，如果离开社会结构我们就无法观察到文化。列维-施特劳斯则从行为规范和模式的角度给文化下定义，他认为，文化是一组行为模式，在一定时期流行于一群人之中，并易于与其他人群之行为模式相区别，且显示出清楚的不连续性。英国人类学家R. 弗思认为，文化就是社会，社会是什么文化就是什么，如果认为社会是由一群具有特定生活方式的人组成的，那么文化就是生活方式。美国文化人类学家K. 克拉克洪和凯利在《文化的概念》一文中，认为“文化是历史上所创造的生存式样的系统，既包含显型式样又包含隐型式样；它具有为整个群体共享的倾向，或是在一定时期中为群体的特定部分所共享”[②]。所谓显型部分，即包括“行为模式、规范模式、倾向性、文化范畴以及文化公设”[③]。而隐型的文

① 爱德华·泰勒：《原始文化》，连树声译，上海文艺出版社1992年版，第1页。

② 克鲁克洪：《文化和个人》，高佳、何红、何维凌译，浙江人民出版社1986年版，第6页。

③ 同上书，第20页。

化现象则是一种抽象，一种“背景现象”，一种理想典型，它具有纯粹的推理结构，它只不过是“研究者引进的主题原则，用它来解释范围广泛而又不直接显见的文化内容和形式中的相关性”①。

从文化概念的界定我们可以看出，对于文化概念虽然众说纷纭，但基本上可以在某些层面上得到统一。狭义的文化就是人类的自觉意识，是人类所拥有的信念、思维方式、观念体系及心理结构，包括信仰、理想、价值、人格、认识、技艺、情感等等。广义的文化则包括三个层面：民族的生活方式、思维方式以及精神表现方式。生活方式是人们的实际生活经验以及在此基础上形成的习惯、语言、心理、文明的各种物质载体、生活环境等等，是文化生生不息的源流；思维方式则是由每个民族的文化人所构造的理论体系和逻辑思维能力，这是一个民族活的灵魂之所在；精神表现方式则是各民族在审美、价值观等方面的表达方式，诸如艺术作品、娱乐方式、名胜古迹、建筑风格、偶像崇拜以及各种宗教仪式等等。

文化是人与生俱来的本质性的存在方式，具有无所不在的普遍性特征。对于人的生活和人的世界而言，文化是最深层的结构，它是人的活动及其文明成果在历史长河中自觉或不自觉地积淀或凝结的结果。因此，文化是了解人类社会发展变迁的基本途径。如果我们把文化这一概念放在整个人类社会发展的深层结构来理解，那么文化也就是哲学，哲学是文化之本，离开哲学也就没有文化。所以，哲学是一门关于文化的科学，人类文化是哲学赖以生长的土壤，而哲学则是人类文化活动的灵魂。哲学从它发生、发展和演变的两千多年的历史中，可以说是关于人的文化活

① 克鲁克洪：《文化和个人》，第27页。

动的本质、规律及其目的的学问[①]。正如马克思所指出的，哲学是人类文明活的灵魂，是时代精神的精华，而时代精神则只能蕴藏在文化之中。因此，通过对西方哲学思想发展历程的梳理，我们可以更清晰地看到文化是如何从自在状态走向自觉状态的，两者在当代社会里又是如何交织在一起相互影响的，从而使当代社会呈现出了独特的面貌。

（二）自在的文化与自觉的文化

我们把文化理解为人们历史地凝结成的、以超越性和创造性为内涵的生存方式，也理解为人生存维度的价值规范体系以及表征体系。从历史发展来看，我们通过对自在的文化与自觉的文化之区分，有助于对文化自身的更深刻理解，也有利于我们更好地理解人类历史是如何在文化这一背景下演进和发展的。所谓“自在的文化”，是指“以传统、习俗、经验、常识、天然情感等自在的因素构成的人的自在的存在方式或活动图式”[②]。自在的文化一方面包含着从远古以来历史地积淀起来的原始意向、经验常识、行为规则、道德戒律、自发的经验、习俗、礼仪、习惯等等，另一方面包括常识化、自在化、模式化的精神成果，或人类知识，如简单化、普及化、常识化的科学知识、艺术成果和哲学思维。这些自在的文化因素通过家庭、学校、社会示范等方式而潜移默化地融入每个人的生活本身，顽固地然而往往是自在自发地左右着人的行为。

而所谓“自觉的文化”，则是“指以自觉的知识或自觉的思维方式为背景的人的自觉的存在方式或活动图式”（衣俊卿

① 参见洪晓楠《科学文化哲学研究》，上海文化出版社 2005 年版，第 3 页。
② 衣俊卿：《文化哲学十五讲》，北京大学出版社 2004 年版。

语)。科学对事物结构和运行规律的理性揭示，艺术对于对象和生活的自觉的审美意识，哲学对人和世界的命运与本质的反思等等，都是自觉的文化因素。除此以外，政治制度、经济体制、技术操作等的情形比较复杂，在以宗法关系和自然经济为基础的传统社会中，它们可能成为自在的文化因素。而在理性化和法制化的现代社会中，它们又有可能成为自觉的文化因素。一般说来，自觉的文化在现代社会中占据比较重要的地位，它不是自在自发地而是通过教育、理论、系统化的道德规范、社会典范等而自觉地、有意识有目的地引导和左右着人们的行为。

衣俊卿关于自在和自觉的文化的定义描述了文化的两种不同类型，其意义自不待言。但是，我们在此所说的“自在的”与“自觉的”文化与之并不完全相同。首先，自在的文化是指到目前为止人类所创造的生活方式、习俗规则、宗教仪式、科学、艺术等一切物质和精神成果的总和，而自觉的文化则是人类对文化本身的反思活动本身，是把文化作为对象，从人类学、哲学、经济学、价值观念等各方面进行研究的活动本身，是以人为主体使文化对象化的结果。因此，从西方哲学发展史和人类学、历史学、文化学、社会学等具体学科发展来看，如果从自在和自觉的角度来划分，那么“自在的文化”就是文化在社会发展中呈现出的无意识特征，即尽管在古代、近代都有人去讨论文化，甚至哲学人类学等学科发展历史本身就是人类文化的结晶，而有意识、有目的、自觉地把文化作为多学科研究的对象，却是从19世纪晚期才开始的。

从这个层面上来理解自在的和自觉的文化，我们就可以清楚地看到整个人类思想的发展脉络。众所周知，文化是人的生活方式，这是文化的本体论意义，与通常我们所说的各门学科所研究的对象相比，文化在本体论层面上的意义表现在，它不是与经济、政治、科技等领域或其他对象相并列的一个具体的对象，而是内在于人的一切活动之中，影响人、制约人、左右人行为方式的深层机理因素。文化，是人的第二自然，是人的类本质活动的对象化[①]。它是人的自觉不自觉的活动的历史积淀，是历史地凝结成的人活动的产物，它代表着人对自然的超越。从人的生物学领域来看，人与动物的最大区别在于人的未特定化或非专门化（un-specialization）。动物在体质上的特定化使它们可以凭借某种特定的自然本能在特定的自然链条上成功地生存，而人在体质和器官上则呈现出非特定化的特点，由此决定了人在自然本能上的薄弱。然而，正是由于人先天自然本能方面的缺憾，使他能够从自然生存链条中凸显出来，用后天的创造来弥补先天的不足。这种补偿人的生物性之不足的活动，就构成了人的文化。因此，文化既超越自然，又补充着人的自然。德国生物学家格伦由此把文化称为人的第二本性。

所以，自觉地研究文化就是自觉地研究人类本身。文化是人用以弥补先天本能之不足的一种“后天的”、“人为的”行为规范体系，人的行为是靠人自己获得的文化来支配的。这种从本体上给文化下的定义，囊括了人类改造自然的活动的总和。可以说，凡是有人活动的地方，皆有文化。这样的定义一方面做到了把人类历史所有的物质的、制度的、精神的成果都看作文化的产物，从而给人类发展历史确定了一个基本的分析框架。以此综观人类文明发展历史，就可以清晰地把握其发展脉络和基本走向。另一方面，因为这样的定义无所不包，似乎什么都说明不了，而自在的文化和自觉的文化之区分则显然有助于解决这个问题，它

① 衣俊卿：《文化哲学十五讲》。

把人类文化的发展区分成了无主体性和有主体性的两个不同阶段。在19世纪晚期以前，文化这个概念并没有被真正提及，关于文化科学的研究也并没有自觉地形成。虽然关于人类学研究可以上溯到古希腊时代，如被尊为“人类学之父”的历史学家希罗多德在其《历史》这一巨著中，使用的有一半都是人类学的材料。亚里士多德也提到人类学这一名称，以及在我们中国古代的文化典籍如《山海经》里有大量的人类学材料，但这些都是不自觉的研究，称不上真正意义上的文化研究。只有自欧洲文艺复兴以后，西方进入了资本主义萌芽时期，资本主义的原始积累和经济得到了巨大发展。为了适应这种发展，促使欧洲社会生活结构发生巨变，资产阶级生产方式导致城市大量增长，为了扩张原料和销售市场，人们努力寻求新的海外殖民地，于是出现了大批为了各自目的去发现新大陆的航海家。他们的行动极大地开阔了欧洲人的视野，也在无形中促进了不同文化的交流和发展。他们研究文化是为了征服一个民族。但是，我们却可以发现，从此人们开始对异地文化产生了浓厚的兴趣，他们利用大量得来的异域文化资料，对它们进行综合概括，以期发现不同民族之间、文明与野蛮之间在文化上的差异和共同的规律。文化人类学因此而开始作为一门自觉的学科出现了。也就是说，关于文化的研究，肇始于对不同文化模式的比较研究，正是在这种具体的比较研究中，人们开始自觉地用文化的视角来关注人类生活。

所以，人类学是第一门研究文化的科学。文化概念开始正式提出并作为一个对象来研究，这标志着文化研究进入到一个自觉的时代。然而，这并非“自觉的文化”之全部，自觉的文化还包括文化开始以一种独立的、以文化特质的形式影响社会生活的各个方面，而不是潜在的抽象的隐含在具体的政治、经济等领域中，文化开始以显性的特征获得政治、经济乃至意识形态的中心地位。

二 文化转向——文化哲学研究和跨学科的文化研究

正因为有了自在和自觉的文化之区分，所以也就有了文化转向的问题。这种文化转向是指“文化哲学研究的文化转向”和“跨学科文化研究的文化转向”。前者是哲学意义上的，与形而上学哲学相对立的一种作为“文化学”的哲学观；后者是在具体学科出现以后，在各门具体学科之间出现的一种跨学科的以“文化”为研究对象的理论倾向。这两种文化转向彼此关联，但又不尽相同，各有特点和来源。从共同点来看，两者都是以文化转向为特征，无论是文化哲学的文化转向，还是跨学科文化研究意义上的文化转向，都是在文化是人的生活方式，文化是人的第二自然的范畴中所表现出来的特征。

（一）文化哲学意义上的文化转向

文化哲学的文化转向是立足于两种不同的哲学观而产生的。这两种哲学观分别是作为形而上学的哲学与作为文化学的哲学。通过哲学史的考察，北京大学教授赵敦华认为，作为文化学的哲学古已有之，至少与作为形而上学的哲学同样古老，只不过西方哲学的传统和主流是形而上学，它掩盖、贬低并取代了与之相对的文化学倾向。西方哲学的形而上学传统表现为不同形态，但对自然的先入为主式的关注却始终如一。在各门自然科学尚未被分化出来之前，形而上学提供的是一种世界观。世界被看作是人和自然的整体，形而上学研究自然和人以及两者的关系。与形而上学相对的是另外一种哲学传统，即文化学的传统，虽然古希腊中无“文化”一词，但用 techne 表示非自然生成的人工创造活动，可译作“技艺”，包括现今所说的“技术”和“艺术”。希腊人注重的技艺只是艺术，因为艺术可以成为一门学问。亚里士多德把诗学和修辞学作为两门主要艺术的学问，这些虽然比现在所说的艺术的范围狭窄，但它们对公众生活的影响却胜过现代艺术，特别是修辞学对于政治、法律和教育具有举足轻重的作用。可以说，修辞学和诗学是文化哲学的最初形态，它们作为哲学的分支，与形而上学并存并平行发展①。可以说，古希腊罗马的修辞学传统、文艺复兴时代的人文学科及其在近代的延伸，甚至在一定意义上西方后现代哲学代表着文化哲学发展的方向。赵敦华把西方哲学的历史分成四个危机时期，他所谓的危机，就是形而上学失落而文化学兴盛的时期。在第一次危机时期，出现了第一批教授修辞学和论辩术的职业教师，即智者，他们把哲学的主题由自然转向人事，提出了一系列关于国家和社会、法律和制度、习俗和历史等文化学的问题。在第二次危机时期，西塞罗等把修辞学提高到道德伦理的高度，强调哲学是优雅内涵和道德哲学相统一的追求幸福的事业。在第三次危机时期，人文主义者推崇古罗马的修辞学传统，批判经院哲学的辩证法，用人文学科代替以逻辑为核心的技艺，发展出艺术哲学、政治哲学和历史哲学等文化学的新形态，尤其是维柯的历史哲学对文化学的贡献不亚于笛卡尔的沉思对形而上学的贡献。最后，在第四次危机时期，形形色色的西方哲学流派和分支，如精神科学、历史科学、价值学、符号学以及生命哲学、存在主义、结构主义和解构主义，都能用文化学的精神来概括他们的家族相似性特征。所以，文化哲学作为一种与理性主义哲学相对的思维传统，不仅表现在古代西方哲学中，而且在现代哲学发展的过程中也得到了特别的彰显。正是在

① 赵敦华：《作为“文化学”的哲学》，《哲学研究》1995年第5期。

这个意义上，尼采被称为“文化哲学家”，他不仅开辟了20世纪西方非理性主义的先河，而且还是存在主义和后现代主义的先驱。从狄尔泰的人文科学到海德格尔的此在本体论再到伽达默尔的解释学，都试图颠覆西方哲学的形而上学传统。人文主义哲学如此，科学哲学也不例外，从对逻辑经验主义的理性主义到否证主义的批判理性主义，再到库恩的历史主义学派，到美国后分析哲学家罗蒂那里达到了一种新的综合。罗蒂作为分析哲学的主要批判者，他呼吁分析哲学应当与欧洲大陆人文哲学相结合，组成一种“后哲学文化”。

在赵敦华等人看来，所谓文化哲学的文化转向，其实就是西方哲学发展在面临危机出现时的文化学哲学观的兴起。对于这四种危机分期的划分法我们并不完全赞同，如果说在古希腊时代就已经有修辞学和诗学，以及后来出现的人文学科就能证明作为文化学的哲学古已有之的话，未免牵强，如果这样的话，那么人类学就应该是与哲学一样古老的学科了。实际上，那时的文化学只能说是一些萌芽，而真正的文化哲学只是到了第四个危机期才出现，才真正意味着形而上学的哲学思维的终结，文化作为自觉的哲学思维方式才开始，也即是说才真正意味着新的文化转向。因此，我们所认为的文化哲学的文化转向，正如先前所说的在整个西方哲学史上由独断论哲学到批判哲学，再到生存论哲学之后出现的第四次哲学转向，即文化哲学的文化转向。这种哲学转向意味着在此之前的哲学即“大写的哲学”，或者叫“哲学王”的地位消失。哲学既失去原来没有具体学科分化之前的世界观哲学的地位，也已经没有资格再称之为各个具体学科之后的“元叙事”的称号。哲学已经沦落为和具体学科一致的一门独特的学科。正如维特根斯坦所说：哲学并不给我们提供新的或者更多的信息，而是通过对语言的澄清活动来增加命题的清晰性。维特根斯坦的这一思想把以往的哲学观全部打破，把哲学与科学分离开来，让哲学回到日常生活的语言层面上来。因此人们将维氏的哲学称之为哲学的语言转向。维氏用澄清语言命题的意义来完成对以往哲学体系的消解，事实上，在以后的许多现代和后现代哲学家那里，都从不同的角度对以往传统哲学观进行了消解，或者从某种意义上完成了终结。费耶阿本德就是其中的一位，在《告别理性》中，费氏强调：他关心的既不是理性，也不是科学，更不是自由——诸如此类的抽象性已经表明弊大于利——而是个人的生活质量。他通过对文化多样性的强调，从而指出："排斥了文化多样性，科学本性一无所有。"① 文化多样性与被视为自由自在和无拘无束的探索的科学并不矛盾。所以，费耶阿本德的思想从反对科学沙文主义和唯理性主义出发，最终告别理性，强调文化多样性。正如王治河所说："如果说欧洲大陆的后现代哲学家着重于否定传统形而上学坚持为王的合法性的话，那么费耶阿本德这位从科学哲学阵营中冲杀出来的后现代思想家则以追查科学这位自封的女王并非金枝玉叶为己任。"②

同样，让·弗朗索瓦·利奥塔在《后现代状况——关于知识的报告》一书中，详细阐述了在高度发达的后工业社会中出现的知识问题。他把知识看作是一种对外部世界的叙事，科学知识是叙事文化家族里的一个变体，科学知识通过两个原则来获得合法性：一是辩论原则，即可以提出一项不仅能够证明，同时也可用于作为证据的指涉物。二是形而上学原则，即只要是相同的指涉物，就无法同时提供矛盾多元化的证明或者完全相异的证

① 费耶阿本德：《告别理性》，陈健等译，江苏人民出版社 2002 年版，第 12 页。

② 王治河：《扑朔迷离的游戏——后现代哲学思潮研究》，社会科学文献出版社 1993 年版，第 249 页。

明。这其实就是证实法和证伪法。通过这两个原则，科学知识获得了合法化，逐渐树立了在知识领域的权威地位，甚至排斥了其它的叙事知识。但是，有关合法化问题的形而上学运思，结果就逐渐演变出了“元叙事”或“宏大的叙事”也即哲学与政治。然而，随着计算机时代的到来，一切能转译为信息的知识获得了社会的支持，而不能转译成信息的知识则被当作没有价值的符号被搁置起来。也就是说，元叙事或者叫宏大叙事受到了商品化时代的挑战，科学的合法性标准发生了改变，科学知识的权威性便受到了挑战。人们的思想出现了不确定性，“宇宙中并不存在绝对的、恒定的、特定的基本点，相反每个事物都在与其它事物的相关中运动着”①。不要说是机械主义，就是生命与进化的原则也发生了动摇。因此，人们对于稳定系统和决定论的拒斥直接导致了后现代主义，模棱两可的、测不准的、因资讯匮乏所导致的冲突对抗，支离破碎的，突变的语用学的悖论等在人们的思想中占居支配地位②。

理查德·罗蒂擅长分析哲学派的语言哲学，提出了一种新实用主义的后现代哲学观，他认为“大写的”哲学已经死亡，而“小写的”哲学（即人们创造概念、创造意义的精神活动）仍然存在。罗蒂的思想其实质是一种美国后工业社会的哲学，后分析时代的哲学，或者如他自己所说，是一种后哲学文化。他在《哲学与自然之镜》里宣布了传统哲学的终结。他认为，柏拉图关于真理与知识的学说是关于表象的一般理论，实质上是把人比喻为自然界的一面镜子。而自从笛卡尔创立心灵学说以来，镜子

① 斯蒂芬·贝斯特：《后现代转向》，陈刚等译，南京大学出版社 2002 年版，第 279 页。

② 参见让·弗朗索瓦·利奥塔《后现代状况——关于知识的报告》，湖南美术出版社 1996 年版。

开始向内移动，成为内视镜，心灵就是内在的镜子，认识在心灵中发生。到了康德，则认为哲学的使命是研究科学、艺术、道德和宗教文化的基础，并裁决这些领域主张的是非，他的三大批判，实质上就是检查、修理和擦亮那面镜子。紧随康德哲学之后的是现代分析哲学与欧陆哲学，分析哲学通过语言分析获得语言学式的精确表象，大陆哲学里的现象学则通过本质还原和先验来获得表象。所以，罗蒂批判实在论、表象论和本质主义传统，通过镜子理论来反对表象主义，即传统哲学认为的“认识就是精确地表象心灵之外的东西”。罗蒂认为这一观点并无强制性，它完全可以用一种实用主义的认识观来代替。在他看来，感官和心智只是我们使用和支配对象的一种工具，甚至我们的语言，也不仅仅是一种用于表象的中介，而是一种符号和声音交换的方式，它是使我们最终实现占有某种客观事物的工具。罗蒂的反实在论、反表象主义和反本质主义终结了传统哲学的认识论和形而上学，终结了整个西方传统哲学。此后，罗蒂提出了“后哲学文化”的概念，认为以往哲学试图寻找某种不变的、用知识代替意见的东西，而后哲学文化则放弃了这种希望，放弃了现象与实在、意见与知识的对立。在他的后哲学文化里，他提出了以解释学代替认识论，以弱理性代替强理性，用协同性（亲和性）代替诠释客观性，以建立一种种族中心主义者的理论。他认为，以往认识论把哲学的任务强调为“研究”，而他的解释学则提出用“对话”来代替“研究”，但这种“对话”不是传统哲学认识论的“常规对话”，而是他的后哲学文化里的“非常对话”。“常规对话”是建立在人与事物的“可通约性”的基础之上的，而“非常对话”则是建立在人与事物的“不可通约性”的基础之上的。在传统认识论的“常规对话”里，有一种对话的基础，即可以把对方的词汇转译为自己的词汇。在“非常对话”里，要想理解对方，就只能学会对话者的“行话”，而不是将其转译为自己的语言。罗蒂认为，所谓人类的进步，就是使人类有可能做更多有趣的事情，变成更加有趣的人，而不是走向一个仿佛事先已为我们准备好的地方。人类认识不是为了达到真理，真理根本就不存在，我们放弃真理，也就是放弃认为真理是某种我们对之负责的东西的看法。相反，我们应把“真”看成大致上与“得到证明的”是同义的，是可以运用于我们能够同意的信念的①。

罗蒂认为人类一直企图按照两种主要方式使生活与更广阔的领域联系起来，第一种是描述他们对某一社会作出的贡献的历史，第二种方式是在他们和非人的现实的关系中来描绘自己的生存。前一种描绘方式说明了人类追求协同性的愿望，后一种描绘方式则说明了人类追求客观性的愿望。罗蒂的这种后哲学文化，如果借用当代法国哲学家利奥塔的术语，也可以说是后现代文化。这种文化是对我们人类迄今发明的各种谈话方式的利弊的比较研究。他认为，在后哲学文化中，大写的哲学已经死了，小写的哲学依然存在，哲学作为文化的一个部门本身没有消失。但哲学已经不能成为文化乃至其他学科的基础，也没有任何其他学科可以担当以前哲学所承担的角色。

综上所述，文化哲学研究的文化转向，实际上是意味着从传统哲学（包括现代哲学）到后哲学文化或者叫后现代哲学的转向，也意味着从形而上学思维的哲学到文化思维的哲学的转向。维特根斯坦从语言学把人们的思维从抽象拉回到日常生活之中，费耶阿本德从反对理性主义到强调文化多样性，利奥塔从反对元

① 参见罗蒂《后哲学文化》，黄勇编译，上海译文出版社1992年版，第83页，我们应该以协同性来诠释客观性。

叙事到强调多样化叙事，罗蒂则汲取英美分析哲学和欧洲大陆人文哲学的两个传统，从反对实在论、表象主义、本质主义到强调后哲学文化。这些“哲学家”用不同的视角宣告了文化哲学的文化转向，即整个西方哲学的文化转向。这种文化转向的实质就是大写的哲学的死亡。哲学研究在很大程度上成为没有学科界限的“跨学科研究”。这种现象的出现实际上并非偶然，在具体学科领域，“边缘学科”、“跨学科领域”的出现，从另外一个角度上已经昭示着哲学和具体学科关系的消解。人类学、社会学、文化研究从来就没有独立的界限分明的学科界限，它们似乎跨越了人文社会科学和自然科学的所有领域，而且它们提供的方法论也被各个学科广泛使用。这就是跨学科文化研究意义上的文化转向。

（二）跨学科文化研究意义上的文化转向

跨学科文化研究意义上的文化转向，实际上就是在具体学科出现以后形成的一种跨学科或多学科的以“文化”为研究对象的研究趋势。“文化”成为这些学科共同关注的东西，但又不完全属于各个具体学科所专属，也就是说，任何一门具体学科都无法涵盖文化这个领域，只有各门学科整合起来，从不同视角来对文化加以研究，才可能完成对文化的整体认识。而这种对文化的一致关注，却有其深刻的内在根源。它发端于人类学的文化研究，勃兴于人类学、社会学、心理学、历史学、经济学、政治学等具体学科，从而渗透到各个学科领域。事实上，这也是文化在社会领域各层面上的反映。

人类学对文化的关注，发端于 19 世纪晚期。在一般哲学不能完全适应对文化研究的时候，满足从各个角度研究文化的需要的途径之一便是综合其他学科的特点，从人类学的观点出发。另外，人文社会科学，几十年来一直依循自然科学建立的模式，现在开始考虑它自身的方法和目的了。人类学成为时代的潮流①，近现代以前，人类学大多探讨人本身的问题，先是神学，后是体质人类学乃至囊括人类学的全部研究领域。后来，在 19 世纪关于人及其文化的研究中，人类学则相得益彰，形成了高潮。美国于 1901 年把专门研究人类文化部分的人类学称为“文化人类学”。而在英国，1906 年前后，剑桥大学和利物浦大学分别设立“社会人类学”讲座，社会人类学遂与“文化人类学”成为对峙的两个特色学派。在欧洲大陆，民族学一直被认为是可以替代文化人类学的概念，甚至有的和人类学概念相同，而且形成了自己独有的学科体系和研究方法。但无论是美国的文化人类学，还是英国的社会人类学以及欧洲大陆的民族学，都是围绕着文化和结构的概念来研究的。“文化”成为他们研究不同族群之间外显性差异的目标，而“结构”则是他们进行分析的工具。人类学对文化的关注绝非偶然，人类学这一名称从词源学上来说是人的研究——它是关于人类研究最全面的学科群。因此，正是它的学科特性决定了它在具体学科中担当起跨学科研究的起点，并引起了方法论上的转变。

人类学的学科性质决定了其一定是关于“人”的研究，关于人的体质以及人的群体生活即文化的研究。发轫于“异文化”的研究更是让人类学对于“文化”的观照有了不同于其他学科的特殊意义。因为正是远距离的反观文化的比较研究，才让人对其自身有了更清楚和完整的了解，而近现代人类学正是从不同的视角，运用人类学以及社会学独有的学科研究方法，对现代人类生活群体进行剖析，从而用文化这一概念缓解了现代性所面临的

① 兰德曼：《哲学人类学》，第 7 页。

困境，给人类社会发展提出了与以往截然不同的解释框架。从进化论学派把人类学的研究对象放到了人本身，传播学派侧重于研究文化的地理空间的传播，到法国社会学派把人类社会和结构等内容作为研究的重心，文化这一概念就牢牢地成为所有人类学研究者共同研究的命题，而且也开始蔓延到社会学、文学等诸学科。文化研究成为了一种跨学科的界限模糊的一门新的“学科”和新的研究方法。

三　当代文化研究的兴起

许多学科诸如人类学、历史学、社会学、文学研究、人文地理学等长期以来已把它们自己的学科关注点置于对文化的研究之中。在过去的二三十年间，有一种新兴的对文化的研究兴趣已跨越了学科的界限，随之而产生的活动——文化研究，已经作为知识活动的富有魅力的领域而出现，这种新的研究方式已经对人类文化特征做出了新的重要阐释。

文化并不是一个我们单纯去吸取的东西——文化是习得的。在人类学中，这一习得的过程被认为是文化移入或文化适应。在心理学中，这一过程被描述为条件作用。社会学家倾向于“社会化”这一术语来描述这一过程，我们正是通过社会化过程而变成社会的或文化的人。文化移入和文化适应、条件作用和社会化这些概念，意味着各个学科介入文化研究的不同视角，给文化研究带来了活力，也意味着文化是一个需要多学科多角度来观照的研究对象。也就是说，这些学科既然对文化有共同兴趣，那么，就存在所有这些学科都必然要涉及的主题和问题在对文化的研究中，我们把这些焦点称为核心主题和问题，是对文化这一题目的共享兴趣或对共同主题的认知，才把来自不同领域的开创者汇聚到一起，他们相信只有通过合作，理解和解释才可能获得强有力的发展。这种围绕着一个共同研究对象的不同学科观照点的汇聚，为一个以新的分析方法为特征的独特研究领域的发展提供了可能。正是围绕着文化的不同学科的整合，才构成了文化研究的内容，也构成了文化研究的方法。这些内容与方法的特征就是没有固定的边界、没有堡垒和围墙，理论和主旨可以来自不同学科，又反过来影响那些学科思想的发展。

马修·阿诺德、利维斯、威廉斯、霍格特、霍尔、汤普森等既是文化研究的理论奠基人，同时又是出色的文学研究者，所以文化研究从一开始就没有拒斥文学研究，而是把文学作为文化研究特殊的和重要的参照对象。在文学研究领域，一些文学研究者也从文化研究那里发现了一些可供参照和借鉴的地方。

传统的"文化研究"一直默默无闻地隶属于人类学领域。然而，现今时兴的"文化研究"却不再局限于传统人类学或历史学所指向的那个冷僻的学术领域，而是广泛包括文学、艺术批评、大众文化、媒体研究、跨文化交流、女性主义、后殖民主义、晚期资本主义、全球化研究……其包罗万象的开放性主题，似乎在宣告传统的学科边界正在消失。

正是在这个基础上，大众文化研究作为文化研究的一个分支，占据着越来越重要的地位。特别是继英国伯明翰学派、法兰克福学派研究之后，已经逐渐把研究视野转向通俗文化或大众文化。后现代马克思主义理论家詹明信更是声称大众文化的兴起是晚期资本主义的文化逻辑。大众文化以其平面化、复制性、商业性为特征席卷了整个西方社会，而且在后发达国家也有愈演愈烈的趋势。大众文化的研究，早在法兰克福学派那里就已经初见端倪。从理论流派来看，有"文化与文明传统"，其中以马修·阿诺德为代表，以及以利维斯为代表的利维斯主义；有文化主义，代表人物有雷蒙德·威廉斯、汤普森、斯图亚特·霍尔，有早期西方马克思主义的阿尔都塞、葛兰西，法兰克福学派的阿多诺、马尔库塞、本雅明、霍克海默等，有后现代主义的李欧塔、伊格尔顿、博德里亚、詹明信等等。

(一) 利维斯主义

对大众文化的研究，最早出现的是英国的利维斯主义。利维斯主义发源于马修·阿诺德。阿诺德把大众文化置于文化大范畴中，站在一个精英主义的立场上来审视大众文化。他的著作《文化和无政府主义》主张，文化是人类智慧之光，它使上帝的意志与智慧得以体现与传播，文化的社会功能是控制那些没有修养的没受过教育的民众行为。

阿诺德的思想精髓有两点：其一是认为，文化的发展其最终目标是保留过去丰富的文明遗产，进而把现在与过去相贯通，把现在与未来连接起来，完善和丰富人类文明的宝库。其二是认为，文化的发展反对无政府主义，社会民主并不意味着文化可以走向多元化和无政府主义，真正的文化是构筑社会权威和社会秩序的，在此意义上，无产阶级、贫民大众的文化则是意味着社会文明的衰落和文化的混乱，它所导致的是权威的失控，社会的失序。

阿诺德的这些思想对利维斯主义产生了深刻的影响。利维斯认为，20 世纪文化的发展正在走向衰败。他极其怀念大众绝对服从于权威的年代，认为传统的文化一直都是掌握在少数人手中的，依靠少数人，我们才拥有了保存过去最精微又最容易受破坏的精神食粮，只有这些人才给我们确定了人类美好生活的标准。而大众文化则是一种新的破坏力量，是文化恐怖主义之源，而广告等大众媒体则是文化疾病的主要症状，广告是永无休止、无孔不入地对大众手淫式操纵和愚弄的主要手段。不仅如此，大众文化还破坏与诱惑了高雅文化，这种诱惑主要是两个原因：一是大众文化的经济回报；二是潜在的受众，迎合了一个消费社会的到来。最终的结果则是大众文化使生活失去了个性，高雅文化不断地被大众所同化，最后被当作大众文化所消费。

美国大众文化研究者们在二战以后的年代里就曾是这样认为的。例如希尔斯，他把美国文化分成三个层次，上层是优秀的高雅文化，中层是中庸文化，下层是粗野的大众文化，而处于下层的大众文化改变了文化发布，压制了优秀、高雅文化的作用，助长了“平庸”和“野蛮”文化势力的作用。但是，与利维斯主义不同的是，希尔斯却看到了另一面，即大众的发展意味着权力的解放和大众社会内在潜力的释放。

从现在来看，利维斯主义对大众文化的态度是基于当时时代的立场，而不属于前瞻性的理解，也没有想到在经过几十年之后，大众文化发展成全球性的商业文化。他所面对的是大众文化与高雅文化之间的对立，而不是当今高雅文化与大众文化之间界限的消弭。因此，他对大众文化的评价从今天来看是非客观的，基于当时时代水平的。但是，自利维斯主义之后，大众文化与高雅文化之间的斗争并非很快消失，这个矛盾的发展只是渐渐地得到了缓解，人们对大众文化的评价仍然有着不同的标准与见解。

（二）伯明翰学派

20 世纪 50 年代，在英国伯明翰大学出现了一批研究大众文化的学者，诸如理查德·霍格特、雷蒙德·威廉斯、E. 汤普森、斯图亚特·霍尔和帕迪·沃内尔等人。

伯明翰学派的理论观点有点类似于马克思主义，他们对大众文化持批判态度。霍格特认为，20 世纪 50 年代出现的文化形式，是一种文化的衰落，在大众文化中，他所看到的是原先工人文化中“道德严肃性”的丧失。但是，这种文化是由人民创造的文化，是公共的、自娱自乐的文化，这种文化带有非学术性。但当霍格特转而思考当代生活特点时，他又看不到工人文化的创造性，而是把大众文化看作是文化的衰落了。他在《识字的用途》一书中以通俗小说为例证明了文化的衰落，认为这些大众文化的生产者意志消沉，他们中大部分不如普通人，因而毫不掩饰地破坏着大众的时尚，对自己对他人都没有责任心，或责任心非常淡薄。这些人追求享乐，坐着公共汽车去看用上亿美元打造的电影，眼睛盯着墙上的美女照和电影银幕。可见，霍格特最为关注的是工人的文化态度。从这一点看，他与利维斯主义是不同的。

威廉斯是伯明翰学派的另一个有影响的代表人。威廉斯对大众文化的分析认为，每一种文化都是由其所代表的利益所决定的，在《文化与社会》一书中，他把资产阶级文化与工人文化区分开来，认为资产阶级文化是基本的个人主义观点、制度、生活方式、思维习惯和资产阶级目的的产物，而工人文化则是基本的集体主义观点、制度、生活方式、思维习惯和工人文化目的的产物。由此看来，威廉斯非常重视文化的意识形态特征。威廉斯在《漫长的革命》一书中，将文化分为三类：一是把文化看作人类自身完善的一种状态或过程；二是把文化看作是智力和想象性作品的总称，用丰富多彩的方式记录了人类的思想和经历；三是主张文化是对一种特殊生活的描述。威廉斯高度重视文化的社会性，从而确定了他的文化研究的总体思路，即文化分析的目的在于重新建立威廉斯所说的“情感结构”，即指特定群体或社会所共享的价值。任何活的文化，都是某一特定地域和时期的文化，是人们在日常生活中体验和经历的文化，文化是和生产、商业、政治、持家等一样的活动，是一种特定的生活方式。因此，大众文化和以往的传统一样，是一个特定的社会群体在特定时期的生活方式而已，我们对之应有适度的宽容，而不是一味地批评。

然而，汤普森则认为，工人也是一种历史现象，它既是派生的，又是自我创造的，他看到了英国工人阶级创造历史的能动性，从而把大众文化作为工人阶级自己创造自己的一种表现方式。因此，他的观点是不同于利维斯的文化主义的。

除此之外，伯明翰学派的霍尔与沃内尔也提出了文化身份的问题，认为我们必须根据某种文化自己的标准来评判文化作品和文化实践，在高雅文化与大众文化之间的区别，只不过是由于价值观的不同，而不存在两者绝对高低之间的差别，不存在所谓的优与劣。这样，我们就可以防止高雅文化对其余一切文化的反对，或者防止以大众文化的商业性、大众性来诋毁高雅文化的艺术性与孤独。当然，霍尔与沃内尔的思想在骨子里头是颂扬高雅文化而贬低大众文化的，尽管他们认为大众文化折射出了当代青年人、工人阶级的态度和情绪，大众文化也是一种生活方式，是一个富于表达的天地，是青年人自我表现的场所，是商业文化提供的水清草肥的大牧场。但是，大众文化的流行特征也会阻止青年人的嗜好、欲望、审美能力等的提高，大众作品的质量是经不起考验的。这表明了他们内心的矛盾性。

利维斯主义与伯明翰学派对大众文化的研究，确立了今后研究大众文化的基本思路，为今后大众文化的研究提出了一个基本问题，即如何评价大众文化与传统文化或高雅文化之间的关系问题。文化主义之后所出现的后结构主义观点以及西方马克思主义的文化观，均建立于这个基础上。

（三）西方马克思主义

法兰克福学派的文化批判理论以阿多诺、马尔库塞与哈贝马斯为代表。经典的马克思主义强调文本与社会、与经济现实之间的关系，把文化看成是经济基础的反映，是一个社会阶级的意识形态。而法兰克福学派的批判理论则认为，当今大众文化是文化生产工业化的产物，文化工业通过生产一种以标准化、老套、保守主义、虚伪、受操纵的消费品为标志的文化，致力于使劳动阶级非政治化。“今天的新特点是，通过消除高级文化中敌对的、异己的和越轨的因素（高级文化借此构成现实的另一向度），来克服文化同社会现实之间的对抗。这种对双向度文化的清洗，不是通过对‘文化价值’的否定和拒绝来进行的，而是通过把它们全盘并入既定秩序，在大众规模上再生和展现它们。”①

在西方马克思主义者们看来，大众文化在今天已经是一个不容否认的事实，谁忽视了这一点，谁就会在生存中受到威胁。大众文化的商业性质在逐步驱使文化同质化发展，不断地挣脱原有文化的评价功能与标准。不仅如此，文化工业的发展导致了工人阶级政治意识的泯灭，因为大众文化的作品和实践会迫使人们忘却自己的政治目标，文化工业所带来的乐趣促使人们听任摆布、与世无争。同时，文化工业还导致了工人们再度回到文化的生产中，重新回到劳动过程，工人们在工作中感到疲劳，而在休闲时又为大众文化的刺激，为了追求大众文化的新奇感而忙得精疲力竭；这样也就更使他们忘却了自己的工作环境与生存环境，使他们丧失了革命的意志，忘却了自己的历史使命。

阿尔都塞把文化看成是意识形态，而这种意识形态所反映的不仅仅是经济，而且还反映人们的实践与现实生存环境，是我们在表征层次上沟通我们与现实生存环境之间关系的方式，这种方式既是现实的，也是假想的；现实的环境是客观存在的，同时它

① 马尔库塞：《单向度的人》，张峰译，重庆出版社1988年版，第49页。

通过一定的方式呈现给我们，而另一方面，它又包含着一些隐含的内容，这些隐含的内容必须通过“症候新闻记者法”把它们揭示出来。这种方法被后人用于分析大众文化，认为我们不能仅从大众文化的外在方面来理解大众文化，而应该将它看作一种有待揭示的意识形态的对象。例如广告，就再现了我们与现实生存环境之间的假想关系，从这个意义上来说，广告是意识形态的，它不断告诉我们，真正重要的不是以我们在生产过程中所起的作用为基础而产生阶级的差别。在这里，意识形态被作为一种物质实践——各种仪式、风俗习惯、行为方式以及教育、宗教、家庭、政治、传媒、文化工业等形式展现出来。例如广告，人们面临广告的铺天盖地的宣传，对广告产生质询心理，并成为广告的对象，最终就会去消费、购买并再次购买和消费。正是因为这样，消费者逐步遗忘了阶级之间的对立、冲突，从而失去了反抗与对抗的意志。

与阿尔都塞等人不同的是，葛兰西用文化霸权的概念解释各种文化关系。在任何一个历史阶段，某个与占支配地位的阶级与其他阶级之间的关系，是一种霸权统治关系，资本主义三百年来不但在政治上实行霸权，而且在经济、文化等方面继续这种霸权关系，而当今的大众文化的出现，表明了资本主义霸权关系的松动，它的形成取决于文化工业，当文化工业最终成功地将亚文化的抵抗推向总体消费市场而获得利润时，文化便开始走向与工业的融合。

葛兰西认为，大众文化是“自上而下”的，又是“自下而上”的。既是商业化的，又是“真实的”文化，它是各种利益与价值观互相竞争的矛盾的混合体。大众文化并不总是被动的下层百姓的文化，从文化工业中创造出来的大众文化，可以使居从属地位的集团能够认识和理解外部世界，并抵制占支配地位的集团。

（四）后现代主义的大众文化研究

使高雅文化与大众文化之间发生变化的是后现代主义的文化理论。其中，詹明信这位具有西方马克思主义特色的后现代主义理论家，极有代表性地把大众文化、后现代主义思想和资本主义发展的最后历史阶段——晚期资本主义相联系，把大众文化、后现代主义看作是晚期资本主义的文化逻辑的必然结果。

詹明信认为，社会发展是与文化范式的变革相对应的。他把资本主义社会的发展分成三个阶段：市场资本主义、垄断资本主义和晚期资本主义，与此相对应的文化范式则是现实主义、现代主义和后现代主义。在后现代主义的文化范式中，过去拥有的经验普遍失效，文化上发生了根本的断裂，大众文化艺术形成了新的文集话语，诸如拼贴的艺术品、耦合音乐、无声音乐、以性与暴力为主题、单纯追求卖座率的电影、法国的新小说等等，简直是一个后现代观念的试验场。在对待这些文化范式时，我们需要形成新的评价标准，需要我们放弃原先高雅文化的标准。在后现代主义流行时期，“各种形式的后现代主义都无法避免受到这五花八门的‘文化工业’所诱惑、所统摄。在如此这般的一幅后现代‘堕落’风情画里，举止便是下流拙劣次质（包装着价廉物亦美的诗情画意），矫揉造作成为文化的特征”①。大众文化是后现代主义流行时期的主导性文化逻辑，第一，后现代文化给人一种深度的全新感觉；第二，给人一种日趋浅薄微弱的历史感；第三，这种文化是一种崭新的“精神分裂症”的艺术形式；第四，这是一种高强度的情感方式；第五，这是一种新的时空表现方式；第六，这是一种跨国资本主义的经营方式。

在后现代时期，文化生产领域发生了深刻的变化，整个文化

---

① F. 詹明信：《晚期资本主义的文化逻辑》，第 424 页。

生活视像化，形象取代了语言，社会充斥着影像文化，所有真实的、不可视的、不可言说的东西都成为可视物，成为感性的形象与惯常的话语，这正是一场“文化转向”。这种转向意味着是一种新型社会的开始，“一种新型的社会开始出现于二次大战后的某个时间（被五花八门地说成是后工业社会、跨国资本主义、消费社会、媒介社会等等）。新的消费类型；有计划的换代；时尚和风格转变方面前所未有的急速起落，广告、电视和媒体对社会迄今为止无与伦比的彻底渗透；市郊和普通的标准化对过去城乡之间以及中央与地方之间紧张关系的取代；超级高速公路庞大网络的发展和驾驭文化的来临——这些特点似乎都可以标志着一个和战前旧社会的彻底断裂”[①]。因此，詹明信认为，后现代主义大众文化形式的出现是与晚期的、消费的或跨国的资本主义这个新动向息息相关的，它的形式与特点在很多方面表现出了那种社会系统的内在逻辑。在詹明信看来，后现代文化只是历史发展到某一阶段的产物，是一种深度的文化风格，作为历史发展的一个环节，人们不可能仅停留于这种状态。

利奥塔作为后现代主义理论家，他对大众文化的评论也与詹明信类似。他认为，后现代状况下的大众文化是一种玩世不恭、懒散懈怠的文化，这种文化的唯一标准是商业价值。因为，随着计算机科学的发展，知识的那种哲学的政治的准则被彻底摒弃，人们普遍地怀疑元叙事，知识已经不再被视为目标本身，而是实现目标的手段，人们关心的是知识如何作为一种资本来使用，而不需要去关心这些其究竟为真还是假。

波德里亚对大众文化的批评则更为明显。他认为，我们这个时代文化的经济化与经济的文化密切相关，人们已不再可能把经

① F. 詹明信：《晚期资本主义的文化逻辑》，第418页。

济生产与文化生产分离开来，因为各种文化工业制品、形象、表征与情感等都已成为经济领域的一部分。西方社会正在实现一个从冶金技术向符号技术社会的转变，后现代主义简直就是符号文化与赝品文化的时代。

在大众文化社会里，原作与赝品已经无法区分了，仿制品甚至看上去比真实的东西更好、更逼真，乱真现实主义无处不在。之所以存在普遍的乱真现象，在波德里亚看来，这是由于现代主义创作手法的枯竭，是现代主义的高雅文化创作源泉的枯竭。他一方面似乎对这种变化予以推崇，确认这样的变化是那么的无奈；另一方面也觉得这是一场文化的堕落，是理性的堕落。

相对于英国传统的阿诺德、文化主义的观点，后现代主义文化理论则是完全不同的新感性论。对于后现代主义文化理论来说，高雅文化与通俗文化之间的界线已经模糊，强调两者的差别已经显得越来越没有意义。在后现代主义文化理论家看来，高雅文化地位的神圣性已经过时与陈腐，现代主义文化已经成为资本主义文化，其原先的破坏力量已经被消磨得荡然无存。因此，当人们欣赏后现代主义的作品时，人们得到的第一个感觉就是它已经消弭了所谓的高雅文化与通俗文化之间的区别，高雅文化由于其强调本质越来越成为语言的孤岛，形成了语言的孤独，而大众文化则摆脱了这种局面，成为人人都可以参与的文化。因此，仿真、拼贴、视像化成了大众文化的特征，尽管仿真不是真实，但两者之间的区别已显得没有意义，人们在观看一个仿真的电影录像时，谁也不会去计较与原版究竟有什么区别，他们所欣赏到的是与原版同样的画面与声音。正是在这样的理论影响下，各国出现了反文化的现象。“美国的反文化具体表现为反对越南战争、对黑人民权的支持、对高雅现代主义的杰出人物统治论的排斥、第二次女权主义浪潮的诞生、文化实验主义、传统文化的剧院、拉观众参加的即兴表演、爱情聚会（指颓废派和花癫派庆祝和表达性爱的集会）、对日常事物的赞颂、引起人亢奋感觉的艺术、迷幻摇滚乐、'迷幻的透视洞悉论'（海布第奇）。"①

（五）后殖民主义文化理论

后殖民主义文化理论最主要的是围绕文化全球化与本土化这一核心问题展开的。后殖民主义文化理论的典型代表人是汤林森等。汤林森认为，视觉文化深深地植根于西方发达国家。因为，文化是政治与经济的派生物，是一种用来辅助政治经济权力控制的工具，作为一种权力与统治方式的文化，也是帝国主义者们在经济上渗透到地球各个角落的现象；文化从原先的高雅文化、从那些服务于资产阶级贵族、宫闱雅士的形式扩充到"流行文化"或大众文化感性娱乐，以及扩充到现代大众媒体，被认为是文化帝国主义的核心表现，或者说是"媒介帝国主义"的基本话语。由此看来，从经济的扩张到文化的扩张，其实质仍然是由经济利益驱动的，是西方帝国主义和军国主义在军事、政治、经济上的强势地位，"文化帝国主义"是一个不言而喻的名词。

汤林森之所以用"文化帝国主义"一词来概括当代大众文化发展的趋势，还有另外一重含义，即"文化帝国主义"暗含着全球资本主义生产体系的一体化趋势，如同生产的全球标准化、商业规则的全球统一等，这些统一的标准是在资本主义发达国家利益的前提下被制定的。由此，一些国际性的组织纷纷形成，诸如欧盟、WTO、七国峰会等等。这些组织的形成与存

① 约翰·斯道雷：《文化理论与通俗文化导论》，杨竹山等译，南京大学出版社2001年版，第250页。

在，使国际社会在政治、经济、文化等方面均能观其色而行之。尽管一些第三世界国家先后也成立了“新国际经济秩序”和“新世界信息与传播秩序”之类的组织，但是，由于第三世界国家在教科文组织中的发言权受到物质方面的影响而终究有限，话语的权力总是与资本主义全球秩序的经济权力紧密相连的。

有的西方学者认为，文化帝国主义是“媒介帝国主义”的一种话语。发达国家在文化方面的支配权是以媒介问题为核心的。孤立地看，媒介作为话语的权力同样是离不开全球秩序的经济权力的影响的。在汤林森看来，“媒介帝国主义”的说法将使我们对帝国主义的文化霸权失去“批判”的用意，使这个术语不具有任何的批判力，它只能当作文化帝国主义的若干方面来看待，不过提及“媒介帝国主义”也使我们清醒地认识到，在文化帝国主义中媒介地位的重要性。

我们在这里谈及“文化帝国主义”一词，是否像西方学者那样认为这是马克思主义话语下对西方文化霸权的批判呢？不是的！我们论及文化帝国主义的宗旨是为了说明文化全球化与文化本土化的关系问题。因为，随着文化全球化过程的逐步展开，必然会涉及文化本土化问题。从“文化帝国主义”这个词的表面意义看，它有一种“民族国家”话语感，论及文化帝国主义，无不使人联想到本土文化在文化全球化背景下的生存问题。在此问题上，汤林森持西方中心论的立场，他否认詹明信等人对后现代主义文化所持的批判观点，而是作为一种“民族国家”的话语，他不同意文化帝国主义是外来文化对本土文化的侵略这一批判视角，只承认有“影响”，是全球文化的同质性发展。他就批判文化帝国主义的理论指出：“这个批判有深有浅，就其最肤浅的层次来说，它只是简单地埋怨同质性的发展，以及拥护文化多元性，……其次，另一个也是简化的说法是，它把现代性这个概念等同于‘资本主义社会’。一方面，我们固然必须承认，资本主义在塑造现代社会的过程具有举足轻重的地位，但我们却必须同时指出，资本主义是现代性的某种‘映射’，而并不是说先有资本主义而后有现代性；更何况，同样也是很重要的事实是，作为批判资本主义的主要理论视野之马克思主义，在若干意义上，也必须安放于现代性的文化语境之中才能求得适当的理解。”①在汤林森看来，发达资本主义国家之实行文化全球化战略，是由于消费主义的滋长所导致的，资本主义文化的重点是消费的总体化过程与经验商品化。而消费文化之兴盛，主要原因在人们良知的批判并不容易。所以，消费不仅刺激了西方社会现代化的迅速发展，而且也使其迅速向第三世界扩张。消费主义文化不仅直接影响了人们的生活方式，而且引导了全球社会文化向享乐文化偏航；不仅使人们沉浸于消费的热潮之中，而且也使现代文化失去其精神生产的能力。

（六）东方主义

“东方主义”研究的代表人是赛义德，他利用西方人心目中想象的“东方”以及东方人心目中的“西方”概念，形成东西方文化之间的对立，即所谓西方人看“东方”与东方人看“西方”的意识形态对峙。在赛义德看来，东西方的对立的模式是一个需要得到纠正的对立。虽然，东方主义与“西方”话语在本体论上是有差别的，西方人眼中的东方是完全不同于自己民族文化的，他们用想象和虚构去理解东方，人为地杜撰“东方”的神秘色彩，使帝国主义权力者产生征服之并据为己有的侵略野

① 汤林森：《文化帝国主义》，第55页。

心。这种研究与视角，无异于成了帝国主义殖民主义者的理论基础与指导思想。然而，当“东方”被帝国主义列强霸占后，东方的神话毁灭以后，“东方”便又成了空虚、失落和灾难的代名词，现代的胜利使西方人得到了心理上的安慰。于是，种族歧视、文化霸权、军事优势等占据每个西方人的心灵。而东方或者构建仇视西方的话语，充满了失败感，在西方文化霸权的前提下，考虑如何保持个性、保持民族文化不为西方文化所同化、所牵制，或者臣服于西方的文化霸权。而赛义德则希望通过分析“西方”与“东方”的对立，揭示文化之多元特性，批评东西方各自对对方文化的误解与曲解，随着东方文化的再度兴起，必将会使全球的文化结构发生变化，东西方中心主义也必将解体与破产。他认为，随着世界文化的发展，东西方的对立形式必将消解，真正地进入到多元共存的后现代文化的格局上来，无论是西方文化霸权还是东方主义，都将走向融合，第三世界与发达国家在政治、经济、文化等各个方面，由于帝国主义不再热衷于领土征服与军事侵略，而过渡到文化交流与渗透，过渡到平等对话过程。

（七）消费社会理论

法国著名的后现代主义思想家波德里亚把当代大众文化的发展看作是与消费社会相关联的。他给予消费以特殊重要的地位，从以往生产决定消费，到今天的消费决定生产，从以往的物质生产到今天的符号生产，使物质生产力的概念骤变成为“消费生产力”，“消费者与现实世界、政治、历史、文化的关系并不是利益、投资、责任的关系——也非根本无所谓的关系：是好奇心的关系。根据这种简图，可以这么说，我们在此已经明确的消费尺度，不是对世界认识的尺度，也不是完全无知的尺度，而是了解的尺度。"[①] 好奇心与缺乏了解，是指对真相所产生的同一个整体行为，是大众交流实践的主体普及化了的行为，在我们这个消费社会中，人们消费的特点是：不是消费物的使用价值，而是消费符号的形象，并通过这些形象得到心理上的快感。波德里亚认为，富裕的进步必然导致社会的浪费和堕落，似乎极大丰盛只有在浪费中才有其实际的意义，人们吃着几千元一桌甚至几万元一桌的酒菜，购置金银珠宝、珍珠玛瑙，坐着奔驰、宝马豪华汽车，住着宫廷式的奢华别墅，过着纸醉金迷的生活。但是，丰盛与匮乏不是绝对的，"从人们不再把国民生产总值当作物质丰盛的标准时起，就应当看到增长既没有使我们远离丰盛，也没有使我们接受它"[②]。但是，人们的需求是变化的，因为需求是由生理的、心理的个体所决定的，不可能有确定不变的个体。从另一个方面说，物的价值也不仅仅在于其使用价值，因此，"消费的真相在于它并非一种享受功能，而是一种生产功能——并且因此，它和物质生产一样并非一种享受功能，而是即时全面的集体功能"[③]。消费与生产是处在一个交换系统中的，只要人们在进行消费，那么这种行为就不是一种孤立的行为，因此"消费系统并非建立在对需求和享受的迫切要求之上，而是建立在某种符号（物品、符号）和区分的编码之上"[④]。消费"是一种主动的集体行为、一种约束、一种道德、一种制度"[⑤]。

人们的消费是可以培训的，"消费社会也是进行消费培训、

---

① 波德里亚：《消费社会》，刘成富、全志刚译，南京大学出版社2000年版，第13页。

② 同上书，第39页。

③ 同上书，第69页。

④ 同上书，第70页。

⑤ 同上书，第73页。

进行面向消费的社会驯化的社会——也就是与新型生产力的出现以及一种生产力高度发达的经济体系的垄断性调整相适应的一种新的特定社会化模式”①。例如工业革命之后的社会消费，必须对大众进行驯化与培训，才能使大众能够消费工业社会的产品，而当计算机时代到来之后，培训已经成为日常生活、日常工作的一个重要组成部分了。

波德里亚认为，当代大众文化是一种传媒文化，它在否定事物和现实的基础上对符号进行颂扬，符号的生产是一种“文化的再循环”，它彻底地颠覆了继承下来的文化传统、思想、著作、遗产等，文化再也不是为了延续而被生产。“具有决定意义的，并非只有几千人或者有好几百万人分享了某部作品，而是这部作品和当年的汽车一样，和绿地所代表的自然一样，注定了只是昙花一现的符号，因为不管有意无意，它都是在一个如今已经成为生产的普遍范畴即循环和再循环范畴中被生产出来的。”②他认为，大众文化是一种清炖汤文化，它的产生并不是为了提高人们的文化修养，而是将文化和知识排除在外，因为大众文化是一种媒介文化，是一种视听觉文化，它通过对大众的挑动、询问并通过大众的消费而实现。大众文化是通过大众传媒得以推进的，在传媒中，符号的所指与能指的界限日益模糊，两者被循环混同，“一个符号参照另一个符号、一件物品参照另一件物品、一个消费者参照另一个消费者”③。真实与模拟、真品与赝品之间没有区别，最美的消费品是人的身体，尤其是女性的身体。

波德里亚对大众文化的论述似乎有着心理上的矛盾，一方面

---

① 波德里亚：《消费社会》，第73页。

② 同上书，第103页。

③ 同上书，第135页。

他觉得大众文化、大众传媒是时代发展的必然，是消费需求的产物；另一方面，他也指出了这种文化的变化标志着以往文化的枯竭，标志着一个文化重复的时代，一个文化衰败时代的到来。

（八）女权主义

上个世纪80年代，各国先后出现了不同的女权主义。这些女权主义有激进的女权主义、马克思主义的女权主义、自由女权主义和沃尔比的二元制理论、精神分析的女权主义、社会主义的女权主义、后现代主义的女权主义等，他们以社会科学为对象，主要视角是认为妇女在各个领域都是被压迫被奴役的，其根本原因是父权制所造成的。

女权主义对大众文化的探讨，主要是因为大众文化方面的女性主义作品经常被看成是带有特征并因此是特殊的，而男人消费的大众文化则不带有任何性别的色彩，因而是普遍的。1978年，伯明翰文化研究中心选编了《妇女们说“不”》的文集，收集了一些女性作家在大众文化研究方面的早期作品，然后是这些女性作家分别写了《狂热的爱》、《女性的个体》、《女性眼光》等作品，讨论了女性是如何在大众文化中获得自己的需要与娱乐信息的，并获得文化对她们的主导性定义的。

除了在大众文化作品中阐述女性立场外，女性主义主要是从自己的视角去阅读、理解大众文化作品。

女性主义有许多种类型，心理分析的女权主义探讨了通俗电影是如何按照男性眼光产生并复制的，女性形象具有双重性：（1）她是男人的个体的对象，（2）她是阉割威胁的能指，通俗电影中的窥淫癖，不仅是通过观看，把别人当作性刺激的对象，以满足性渴望，而且这是观看者以控制式的眼光将别人当作窥视的对象；同时，观众还从窥视别人的性行为而对自己有所认识，导致自恋癖。这种观点认为，在通俗电影里，女人是供人看的，而男人则是看，它是为了满足与迎合男性个体的。“通俗电影主要是围绕着两个时刻构成的：故事发生的时刻和演出的时刻。第一个时刻与主动的男性有关，第二个时刻与被动的女性有关。男性观众将目光锁定在男主角（‘看的承受者’）身上，以满足自我的形成，同时又通过男主角将目光锁定在女主角身上（‘充满性欲的看’），以满足力比多（即性欲）。第二种看是将女人定为性对象。”① 精神分析的女性主义者马尔维认为，必须要消除通俗电影的乐趣，使女人们从男性凝视的对象地位中解放出来，消除影视界为满足男性个体户服务的状况。因为在大众传媒时代，大众传媒只是起着父权制、意识形态传送带的作用，女性仅仅是一群虚假自觉的被动消费者。

通常女性主义认为，大众传媒对男人和女人的表现通常是：男人通常起支配作用的、主动的、敢作敢为的和有权威的，扮演着各种重要的多变的角色，而女人则表现为从属的、被动的、顺从的和边缘的，仅限于家庭生活，起着数量有限的、次要的和无趣的作用，是性对象或家庭主妇、母亲。由于妇女在文化上的不在场，女权主义者们认为，这是把妇女歼灭了，所以女性主义认为应该从广告开始分析批判当代文化的男权主义作风。这样就形成了性别与文化的研究。文化的性别研究者们认为，男权文化把通俗文化中有害的方面的责任归之于妇女，而把高雅文化和艺术与男性相联系。莫德勒斯基认为，在男权文化中，男性主宰着所有高雅文化或艺术，是生产、工作、理智、主动性、写作等的象征，而女性则是大众文化、消费、休闲、情感、被动性和阅读的象征。一切把大众文化或通俗文化批判为消极的、倾向于消费主

---

① 约翰·斯道雷：《文化理论与通俗文化导论》，第199页。

义的观点都是男性文化的表现，是他们对于女性占据支配地位的文化的蔑视。对于这一切，我们都在《大众文化时代的消费问题研究》一书的有关章节中加以分析与论述，在此不想过多地讨论这一论题。

对于大众文化的评论有着多种不同意见，一般而言，有精英统治论与平民主义以及马克思主义等观点。精英统治论从传统的精英文化的标准出发，认为大众文化违背了文化发展的一般规范，毁坏了文化价值标准，特别是对真、善、美的贬损。平民主义认为，大众文化空间是否值得存在，不能由知识分子说了算，而应当以平民百姓在日常生活中对大众文化的印象为基础，以平民的喜好为标准。马克思主义则强调精英文化与大众文化之间的辩证关系，强调文化的意识形态性与经济效益之间的统一性，以此为原则，大力发展社会主义的适应于劳动大众的文化形式，以民主性、大众性、科学性和民族性为标准来评价一切文化和艺术。

第二章

现代传媒与大众文化

大众文化之所以是大众文化，主要是因为传媒的发展。印刷及电子传媒的出现，使原先的文化从形式上、内容上都发生了根本的改变。传媒制作出来的文本就是大众文化，大众文化就是传媒的文本表现。它与以往文化类型不同，你可以从高雅文化，通俗文化、民间文化等一切文化类型中找到大众文化的影子，但它是一种全新的文化。它既是一种经济形式，也可以是一种意识形态。

一 大众传播媒介与现代人的生活

（一）大众传播

人类传播是一个综合系统，这个系统是由各种不同类型的传播活动组成的，每种类型的传播同时也是社会传播这个总系统内的一个子系统。同时，传播也是一种社会实践活动。传播的类型是多种多样的，主要有人际传播、群体传播、组织传播和大众传播，以及互联网出现后的分众传播等。在大众传播出现以前，人际传播（personal communication）是信息传播的主要手段，人际传播就是个体与个体之间的信息传播活动，是两个行为主体之间的信息活动，也是人与人社会关系的直接——更是社会生活中最直观、最常见、最丰富的传播现象。二人谈话、书信往来、打电话、发送电子邮件等，都属于人际传播的范畴。人际传播具有以下特点：

首先，人际传播传递和接受信息的渠道多，方法灵活。也就是说，传播者可以使用语言、表情、眼神、动作等多种渠道或手段来传达信息。同样，受传者也可以通过多种渠道来接受信息。

其次，人际传播的信息的意义更为丰富和复杂。

再者，人际传播双向性强，反馈及时，互动程度高。双方的信息授受以一来一往的形式进行，传播者和受传者不断相互交换角色，每一方都可以随时根据对方的反应把握自己的传播效果，并相应地修改、补充传播内容或改变传播方法。因此，人际传播是一种高质量的传播活动。

另外还有组织传播和群体传播，这也都是小范围内的传播类型。

随着工业革命以后科学技术的发展，使社会发生了巨大的变化，现代印刷媒介和电子媒介的出现和普及，使传播媒介发生了质的变化，从而使传播类型也发生了改变，即大众传播的出现。大众传播最明显的标志就是媒介类型的转变。媒介（media）是传播学的核心概念之一，它大致有两种含义：第一，它指信息传递的载体、渠道、中介物或技术手段；第二，它指从事信息的采集、加工制作和传播的社会组织，即传媒机构。这两种含义指示的对象和领域是不同的，但无论是哪一种意义上的媒介，都是社会信息系统的不可或缺的重要环节和要素。媒介作为信息传递、交流的工具和手段，在人类传播中起着极为重要的作用。没有语言和文字的中介，人类传播就不能摆脱原始的动物传播状态；没有机械和电子传输等大量复制信息的科技手段的出现，就不可能有近现代的大众传播，也不可能有今天的信息社会。媒介的发展和社会的演化变革密切地结合在一起，同时，它在社会发展中的意识又是复杂的和多方面的。

大众传播，是我们这个时代的典型传播方式。书籍、报刊、广播、电视、电影等大众传媒的信息传播活动不仅普及到社会的各个角落，而且渗透到社会生活的各个领域。在现代社会里，大众传播是人们获得外界信息的主要渠道，也是社会上各利益集团争取和维护自身利益的工具，又是社会文化娱乐的提供者。大众传播的影响之普遍，作用之强大，使得它成为现代社会中最重要的信息系统。大众传播就是专业化的媒介组织运用先进的传播技术和产业化手段，以社会上一般大众为对象而进行的大规模的信息生产和传播活动①。

传播过程是由以下几个要素构成的：传播者、受传者、信息、媒介、反馈等。这几个要素构成了传播的过程，但它们之间并不是信息的单向流动，而是一个循环和互动的过程。关于大众传播过程的研究主要在三个方面展开，即机构、文本和受众。这里的媒介，主要是指以电子媒介为核心的现代大众传媒。媒介研究的出发点是将电子媒介作为现代社会的一个重要组成部分，既有自己的组织结构、组织文化，也以各种方式同社会其他意识和生产领域发生联系。

首先，在资本主义社会，媒介机构（media institution）是生产媒介产品的产业或行业。其次，在更广泛的意义上说，媒介机构可以看作是大型的组织实体或任何社会团体，如家庭、教堂、教育团体以及有关的机构。通常我们认为的媒介机构如报刊杂志等印刷媒介和广播、电视、电影等电子媒介，这是现代媒介机构的主要特征。而这些大众传播媒介的影响力最大，构成了我们现

---

① 参见郭庆光《传播学教程》，中国人民大学出版社 1999 年版，第 111 页。

代社会的传播体系。特别是电影、电视出现以前，从来没有任何一种媒介拥有如此多的受众和如此普遍的影响。电视的吸引力来自于它的媒介特性：电视集视听觉手段于一体，通过影像、画面、音效、字幕以及特技等多方面传递信息，给受众以强烈的现场感和冲击力。它不仅是人们获得外界新闻和信息的手段，而且是丰富多彩的文化生活和娱乐的主要提供者。电视的出现使人们每天的传媒接触时间由过去的几十分钟一下子提高到了几个小时，看电视成了人们业余生活的主要内容。电视不仅大大改变了人们的生活，而且对现代社会的政治、经济各个方面都产生了广泛而深刻的影响。

我们生活在一个大众传播的时代，生活在一个大众媒介环境之中，接触大众传媒是现代人的重要生活内容。施拉姆在《传播学概论》中曾经写到美国人的生活与大众媒介的关系：美国人平均把醒着的几乎四分之一的时间用在这些媒介上，而且这个数字还在继续增长①。

现代传播媒介对我们的生活产生了前所未有的影响，因此对传媒的控制权，是获得在这个社会中话语权的决定因素。谁掌握了传媒，谁就拥有话语权。国家和政府凭借其强大的实力一度控制了传媒机构，使之成为其从意识形态上统治大众的工具。但大众传播的功能有很多种，既有环境监视和解释与规定的功能，又有社会化和提供娱乐的功能。统治者虽然从一个方面控制了传媒，使大众成为传媒统治的“牺牲品”，但从另一个方面，媒介对政府也是一种监督和制约。与此同时，大众也从中获得快乐和对自己有用的信息，尽管这些信息是被筛选出

---

① 参见 W. 施拉姆《传播学概论》，北京大学出版社（印影版），第 248—249 页。这充分说明，大众传播是我们现代社会的最重要的特征。

来的。但比起以前连信息都无法获得的状况，也依然是一种巨大的进步。

（二）从大众传播到分众传播

在大众传播研究中，受众（mass audience）指的是大众传媒的信息接受者或传播对象。受众是一个集合概念，最直观地体现为大众传媒信息接受者的社会人群。例如书籍、报刊的读者、广播的听众或电影、电视的观众等等。现代受众与商业社会的逻辑和历史的联系直接地刻画了现代受众概念的最基本特征。现代受众是在商业社会的条件下诞生的，因而受众通常首先表现为广告商考虑的对象，现代受众概念在诞生时更主要地是作为商业操作的术语而使用，但它几乎同时也广泛地应用于社会科学的研究。关于现代受众的研究最主要的代表人有拉扎斯菲尔德、拉斯韦尔、施拉姆等。而把受众研究引入到文化研究中的，当属伯明翰学派的戴维·莫利，他在《电视、受众与文化研究》一书中，对受众作了细致的分析。

大众传播时代的受众研究主要经历了两个阶段，一是此前的从传播者或传媒的角度出发，考察传媒活动是否达到了预期目的或者对受众产生什么影响。这就是早期的“子弹论”或“皮下注射论”的效果研究。二是“使用与满足”理论，它是从受众角度出发，通过分析受众的媒介接触动机以及这些接触满足了他们的需求，来考察大众传播给人们带来的心理和行为上的效用。这一研究开创了从受众角度出发考察大众传播过程的先河。

随着时代的发展，媒介技术也发生了变化，第四媒介——互联网络的出现打破了报纸、广播、电视“三足鼎立”的态势。网络媒体不仅真正实现了个性化的传播服务，而且也使“广播”变成了“窄播”（narrowcasting）成为可能。在网络上，受众的地位发生着变化，从被动接受到主动选择。传统受众只能根据传媒已经安排好的节目时间表来接收信息，而网络传播的受众能在任何时间自由调阅自己需要的东西，受众主观能动性大大提高，受众不再是被动的客体，而成了驾驭信息的主人，传受之间的关系发生了根本的改变，“传者中心”为“受众中心”所替代。相应地，大众传播也不得不把目光投向不同类型群体的“小众”，以迎合受众的需要，受众的选择显得越来越重要。大众传播时代开始逐步迈向分众传播的时代。

简单地说，从人际传播发展到大众传播是社会的进步，其表现特征是个人融入社会，融入国家；从大众传播发展到分众传播，是社会的又一进步，其表现特征是尊重个性，承认差异。在这种背景下，受众在文化研究领域，就表现为文化消费者。也就是说，在分众传播时代，文化消费者已经不再是被动地接受文化信息的对象，他们不仅具有能动性，甚至完全超越了“传”与“被传”的模式，演变为媒介与个体之间、个体与个体之间的互动。那么，互动的“文化文本”——大众文化，也发生了根本的变化，即从电子媒介没有出现以前的高雅文化与通俗文化壁垒分明，到电子媒介出现以后的高雅文化与通俗文化界限模糊，再到未来的大众文化一统天下的局面。

（三）大众传媒是推动视觉消费的现代手段

W. 宣韦伯作过这样一个比喻：人或者像人的动物在地球上出现至少已有 10 万年。若把 10 万年比作 1 天，传媒的出现不过是最后几分钟的事。自从人类创造了文字，把信息复制到报刊书籍中并通过这些传媒来交流信息后，人类便由口传社会进入了传媒社会。人们对于社会及世界的印象大多是从传媒中获得，甚至人们的生活方式、行为准则、价值观念、审美趣味都无形中受着大众传播的影响。

新的媒体创造了新的受众。不管社会是多么的进步，大众都会接受社会媒体所发出的信息，媒体创造了一个单一的受众。“相比之下，印刷媒体创造了许多不同的社会群体，这些社会群体因解读词语编码的能力不同而彼此不同。”① 由于对印刷媒体的阅读能力的不同，接受媒体的群体可能分类为各个等级：精英的、普通知识分子的、大众的等。这些等级之间互不相融，他们的理解能力各不相同，其认同的文化符号也各不相同。而在大众社会，大众传播媒体促进了广泛的社会认同，电视、电影、广告与因特网等所具有的能力对整个社会产生了重要影响，它瓦解了建立在对印刷媒体控制基础上的传统政治权威，形成了全新的意识形态与全新的媒体受众。因此，传统知识分子和大众之间的区分便消解了。因此，大众文化是非知识分子的文化，是一种语言游戏的产物。因此，从认识论上说，是一种表层文化，而非深层次的反映事物深刻本质的文化。新的媒体创造了表意性的认识，从而抵斥了本质主义的发展。大众文化是一个芸芸众生的世界，追求新的、最切近的联系和体验，人人都意识到生命只有一次，因此，努力去追求享受与体验并加以表达。而新媒体世界则提供了人们表达自己体验的机会。

电脑、电影和电视并不代表所有的技术进步，但它们是其中最典型的标志。诞生于19世纪末的电影整整一个多世纪以来都在影响人类、影响着人类的日常生活、价值观念乃至思维方式，电视更是全方位地渗透到人类生活的几乎每一个角落。而互联网这个巨大的信息传递工具是一个全球交流的空间，一夜之间改变

---

① 戴安娜·克兰：《文化生产：媒体与都市艺术》，赵国新译，译林出版社2001年版，第21页。

了人们交往的方式和习惯。可以说，互联网不仅是一场科技革命，它的潜力更在于提供了全球文化的基础，一种全球公民的全球认同。但是，我们也应看到，大众文化的生产者和传播者以“为大众服务”为借口，不断制造各种畅销的卖点，从而使自己的市场效益最大化。“市场唯大众的马首是瞻，认定最畅销的东西就是最好的东西。它的铁的规律是不能接受一个无销路的好东西。”① 于是，电影首先追求票房价值而非艺术价值，电视首先追求收视率而非节目质量，网络首先追求点击率而非意义本身……总之，大众文化的生产、传播和消费像其他任何商品一样，首要的是占有市场、占有消费者，其内在的质量、价值、意义倒在其次。现代传媒无处不在、无时不有的覆盖率，几乎可以忽略空间距离的共时性，与现实生活如影随形的同步感，使传媒拥有无数的消费大众。有人说，现在的影视剧生产的“文化快餐”，犹如电子游戏机、俄罗斯方块，没有深度，只有平面，没有过去，只有未来，只有一个个玩的瞬间，大家非常痛快地沉醉在瞬间里，玩完就算，并不留意。的确，大众面对的是越来越多的带有过眼云烟性质而且是毫无意义的娱乐，人们从中得到片刻宽慰。但这种娱乐基本上已成了一种战略性产业，成了维持秩序和各种力量平衡的重要因素。我们确实也常常需要借助它淡化生命之旅中的险恶和各种不安定因素，从而对生活本身产生一种宽容的态度和心理。

现代传媒越来越像是一种“经济动物”，或者说是一架追求利润的机器。它通过买卖信息而生存，通过不断扩大大众文化产品的再生产而发展，并向其他的经济领域扩张。可以说现代传媒

---

① 戴锦华：《中国文化蓝皮书（1995—1996）》，漓江出版社 1996 年版，第 30 页。

制造的大众文化产品是一种具有双重价值的特殊商品，其一，市场要求产品具有“物质消费”价值的一面，它可以直接转化为生产力，并作用于人的经济活动、社会活动。对消费者来说，这是一种明显的价值，这一价值可称之为“即时报酬”效应；其二，市场还要求它具有另一重价值，因为大众文化产品包含着意识形态的影响力，它潜伏进消费者体内，沉淀于消费者的心底，它长久地浸润人、改变人，这就是大众文化产品本质中天然存在的一种被称之为“导向”的东西。大众文化产品的意识形态导向性，体现着它的另一重价值，一种潜在价值，也可称之为“延时报酬”效应。这两种价值定位，生成了大众文化产品的卖点，价值越高，利润越丰厚。因此，它总是锲而不舍地表现出明显的“不同”：（1）它总是在“文化”风格上不同于过去的审美经验和习惯认识。它是时尚的、前卫的、偶像化的，符合不断变化着的时代潮流的全部特征。（2）它总是在实用价值上不同于同类性质的产品。它是体贴入微的，善解人意的，急他们之所需，想他们之所想，千方百计满足他们渴望产品物超所值的欲念。（3）它总是在市场形象上不同于自己的过去。它喜欢不断变化更新产品形象，以成为明星品牌而获得高额利润。与过去不同，与同类不同，与自己不同，这三个不同好比三道光环，挂在大众文化产品的脖子上，它让传媒每一天捧出的太阳都迸射着“新颖度”的光辉。消费社会不允许守旧和重复，市场不需要“过去式”。

现代媒体具有“敞开”（呈现）和“遮蔽”（误导）的二重性。通过镜头组接而形成的弥天大谎层出不穷，甚至电脑特技制造的“真实的谎言”或“虚假的真实”比比皆是。于是，媒体不断地制造各种“热点”和“事端”，媒体成为当代价值的命名者——在制造虚假和谎言的同时，不断地塞给人们虚假的幸福感和存在感。“电视传媒通过其技术组织所承载的，是一个可以任意显像、任意剪辑并可用画面解读的世界的思想（意识形态）。它承载着的意识形态是，那个对已变成符号系统的世界进行解读的系统是万能的。电视只是希望能成为一个缺席世界的元语言。”①

人们通过媒体看到的是：某一媒体与其他媒体之间不断参照、传译、转录、拼接而成的“超真实”、“超文本”的媒体语境，一个“模拟”组合的“数码复制”的世界。这种复制和再复制使得世界走向我们时，变得主观而疏离。“它就这样伪造了一种消费总体性，按麦克卢汉的说法就是使消费者们重新部落化，就是说通过一种同谋关系、一种与信息但更主要是与媒介自身及其编码规则相适应的内在、即时的勾结关系，透过每一个消费者而瞄准了所有其他消费者，又透过所有其他消费者瞄准了每一个消费者。”②

尤其是多媒体电脑加工的文化品，更日益成为沟通中的“绝缘体”。传媒在多频道全天候的持续播出中，人不断接受储存很多杂芜的信息，而这些信息却无法处理，并因超负荷的信息填塞而导致信息膨胀焦虑症和信息紊乱综合症。人们在放弃了最终的价值承诺以后，开始在消费社会中充分地享受身体欲望的放纵。身体的满足成为灵魂逃亡的最新形式——休闲。于是，在消费中进行集体性的身体“指导性自恋”，成为今天社会欲望再生产的一个无穷宝库。“休息、放松、散心、消遣也许都是出于‘需要’，但它们自身并没有规定对休闲本身的苛求，即对时间的消费。自由时间，也许意味着人们用以填满它的种种游戏活

① 波德里亚：《消费社会》，第131页。
② 同上书，第133页。

动，但它首先意味着可以自由地耗费时间，有时是将它‘消磨’掉、纯粹地浪费掉。”[①] 休闲并非对时间的自由支配，那只是它的一个标签。身体的外表前所未有地成为虚假的美丽修饰，在错觉的年代里身体策略成为刺激生命原始欲望的方式。人们在高速社会节奏中，将身体和欲望作为交换价值并被它所操纵，个体在日常生活的错觉中，自觉主动地变成了金钱和时间的附庸。

（四）传媒是连接文化—经济的纽带

如果把受众看作是社会群体的成员，就会发现受众并不是孤立的存在，而是分属于不同的社会集团或群体，有着不同的社会背景。受众对大众传媒的接触虽然是个人的活动，但这种活动通常受到他的群体归属关系、群体利益以及群体规范的制约。那么，这种群体背景或社会背景决定着他们的态度和行动，这种影响甚至超过传媒的影响。作为权利主体的受众意识是受众作为构成社会的基本成员和参与社会管理和公共事务的公众，拥有各种各样的权利，比如传播权、知晓权、传媒接近权等，这些基本权利使受众能够自主地获得自己的需求和不受传媒的左右。“使用与满足”研究把受众看作是有着特定需求的个人，把他们的媒介接触活动看作是基于特定的需求动机来使用媒介，从而使这些需求得到满足的过程。

传媒与受众两个主体之间重心的位移是受众理论的明显特征。在早期，受众被理解为传媒利用和控制的对象，受众被认为是“被动”地接受媒介信息。随着时代的发展，传媒的技术手段越来越多样化，人们获取信息变得更加容易，受众自我处理信息的能力也得到了提高。信息已经不再是一种刺激—反应的模

① 波德里亚：《消费社会》，第 171 页。

式，而是交流，甚至是意义再造的过程。受众作为最后一道信息"把关人"的角色地位越来越重要。传媒与受众之间的关系不再是一种传播主体和传播客体的关系，甚至不再是传播主体和具有能动性的传播客体之间的关系，而是同一传播活动中共生的两个主体。传媒和受众并不存在主客关系，而是两个主体之间的关系，而且，这种主体与主体之间的重心不断地发生着位移，各自在不同的状况下起着相对重要的作用。如果说在信息的来源和信息的搜集阶段传媒起着重要作用的话，那么在信息到达受众之时，传媒已经退居次要的地位，受众最后一道把关人的角色和受众自主处理信息的能力开始占据主要地位。

麦奎尔 1984 年提出了"文化满足模式"，以此来解释传播媒介与文化创作的关系。他认为在这种模式里文化的意思有两种：一是构成媒介内容的文化产品；二是受众的文化品位和偏好，这受制于受众的家庭、环境、接受的教育等。构成媒介内容的文化产品遵循着"利润原理"。"利润原理"来源于日本学者清水几太郎的"拷贝（copy）支配"社会的观点，他认为现代社会是一个"拷贝支配"的社会。在现代社会里，环境的不断扩大和社会生活的间接化导致人们需要更多的"实物"，而实物是有限的，那么只能依靠现代技术手段来"拷贝"，作为实物的代替物。在"拷贝"的制作过程中存在着两条"抽象的原理"，第一条是利润原理，第二条是政治或宣传原理。利润原理就是"拷贝"收集、制作和提供等是作为营利活动来进行的，为了获取利润，传媒必须争取最大多数的受众。因此，传媒通常有两种做法：一是为特定的受众提供特定的"拷贝"，即根据不同受众群体的口味偏好来满足他们的需要；二是提供满足最广泛的普遍兴趣的"拷贝"。最广泛的普遍兴趣也就是超越人的阶层、群体、职业、学历等社会属性的兴趣，即与性爱、犯罪、冲突、猎奇等有关的存在于人本能之中的“原始兴趣”。在大众文化兴起之后，逐渐地受众的文化品位和偏好以及对传媒控制的“反抗”开始使以传媒为主体重心的状况发生改变，受众作为主体的地位愈来愈彰显出它的重要性。

在约翰·费斯克那里，媒介文本不仅仅是对意义的语言编码，而且还是把编码的文本与受众赋予的意义相结合的意义构建的产物。媒介文本是受众的产品，一个节目由业界所生产，但一个文本则由解读者所生产。受众的主体地位体现得尤为明显，在这个层面上，主体的重心已经位移到受众这一方了。所以，在受众的文化研究传统里，受众已经完全不同于传统传播学意义上的受众了，那么受众（audience）这个概念也愈来愈显示了它的局限性。所以，用文化消费者这个概念来替代受众这个概念，至少在文化研究领域，也许更为合适。消费者这个词本身带有主动性，有其自身的主体性，而且在大众文化时代，文化产品的商品化已经是一个事实，既然有商品的存在，消费就成为必然。所以，用文化消费者这个概念，更能体现出其作为主体的特征，而受众由最初信息的接收者，被传媒控制或统治的对象，转变为以自身为主体，最终是以受众嬗变为文化消费者的面目而出现的。

如果说技术和媒介使现代社会变成“拷贝支配”社会，从而在利润原理的支配下形成大众文化的话，那么大众文化的发展和走向取决于文化消费者（受众），传媒相对于文化消费者主体来说只是起到“共谋”的作用。因为文化消费者作为一个主体，既参与了文本的“编码”过程，又参与了文本的“解码”过程；既是文本的创造者，又是文本的阐释者和解读者。这样看来，既然文本是由解读者所生产的，那么文本的性质也当然由解读者所决定了。我们由此来理解高雅文化与通俗文化的关系，那么就会发现它们之间实质上就是文本的性质问题，高雅与通俗只是文本性质不同而已，而决定高雅与通俗的关系和走向的，正是决定文本性质的解读者，即文化消费者（受众）。由此我们可以看出，高雅文化和通俗文化的关系以及走向应该取决于文化消费者。

文化消费者是如何决定高雅与通俗的关系及其走向的呢？雅和俗自古就有明确的分野和界限。雅变俗、俗变雅的情况始终存在，但却是一个漫长的过程，二是它们之间依然有着清晰的界限。这种二元对立式的关系在技术和电子媒介出现之前是很明显的。随着工业革命之后，印刷和电子媒介的普及，促使了“受众”的形成。也使原有的高雅文化与通俗文化发生了质变，少数人的文化开始被多数人的文化所威胁。通俗文化的通俗性、普及性、即时性、娱乐性、狂欢性、感官性等特点使受众更容易接受。而这些特点与现代传媒“臭味相投”，产生巨大的效力，迅速冲击了精致、深刻的精英式的高雅文化。因此，高雅文化被消解、被解构，和通俗文化一道被变为文化产品，完成了文化商品化的过程。我们在法兰克福学派、英国文化主义到伯明翰学派以及后现代主义的理论里，可以清楚地看到高雅文化与通俗文化界限模糊，成为以大众文化为主导文化的当代文化特征。但我们也清楚地看到，这些理论并没有指出高雅文化与通俗文化是否最终归于大众文化。如果说文化多元化是当代社会的特征，那么这种多元化是高雅文化、民间文化、大众文化等并存的状态，还是所有文化都将最终被商品化，成为大众文化时代意义上的多元化？从文化消费者的视角看，也许能提供一个更好的答案。

第一，文化消费者创造文化文本。文化消费者在接受信息的过程中，把信息作为一个文化文本来消费，在消费的过程中再造了文本的意义。这个文本是什么样的性质，就由文化消费者来决定了。这个消费的过程，已经不完全是一个纯粹的审美过程，也不全是一个娱乐行为，而是大众整个生活方式的表征。比如“超女现象”，在超女冠军产生的过程中，决定力量正是文化消费者，那些观看“超女”比赛的观众，是他们的口味、爱好决定了冠军的归属，虽然传媒在这个过程中参与了“共谋”，获得了自己的利益，但只是搭建了一个观众文化消费的平台，观众自主地消费了这一文化文本。李宇春的中性形象正是大众审美趣味的体现，而不是传媒的选择。

第二，通俗文化在大众文化时代已经不再具有传统的意义，而是一种被消解之后的“重构”。大众化社会中的大众文化并非就是感官的、浅薄的、无深度的、快餐式的文化，而只是大众文化早期的部分特征。文化消费者本身知识、文化素养的提高，意味着大众文化必然会发生变迁。简单的复制、拼贴不是大众文化永久性特征。与通俗文化的界限模糊是文化消费者的“口味”及“嗜好”的结果，高雅文化从少数人享用的文化神坛上逐渐走下，被通俗文化消解、拼贴甚至扭曲时，传媒只是提供了技术上“拷贝”的可能和满足文化消费者的“需要”而已。

因此，高雅文化与通俗文化的合流，并最终归于大众文化是时代发展的必然，大众文化的产生是传媒和文化消费者共同作用的结果。而大众文化的发展及走向却由文化消费者来决定，大众传媒是引导消费者并为消费者提供与推介文化产品的中介，是连接文化与经济的纽带。

二 大众媒体的消费导向功能

现代社会中人们的生活已经离不开现代媒体，他们的所见所闻都在受媒体的影响。大众化时代消费主义的蔓延，其实就是现代媒体所诱导的。现代媒体对大众消费的主导功能已经毋庸置疑。在消费领域，大众传播以其强大的影响力左右着大众消费价值目标的确立、消费方式的选择，甚至直接影响大众的消费内容。

大众媒介所传递的信息是人类精神产物的一种外化，正在发展变化中的客观事实以及文学、艺术、科学、广告等信息形态都是大众传媒涉猎的范围。现代社会中，人在实际生活中需要的信息之丰富已远远超过了人的经验范畴，必须从四面八方吸收自身所需的信息，以指导自己的生活。大众媒体持续不断地向广大公众传递着来自各方面的事件发生、发展、变化的重要信息。

从媒介引导消费的历史来看，最早出现消费导向的美国政府。在19世纪30年代，美国政府前后两次通过媒介大力提倡“消费爱国”，激发民众的消费热情，使消费剧增。通过对消费的引导，从而带动了全美的生产，使美国走出了经济危机的怪圈。而另一个引导消费的例子莫过于迪斯尼的动画片了。《米老鼠与唐老鸭》动画片放映后，商家立刻将米老鼠与唐老鸭的形象转变成商标，从而大大地推动了商品的销售，获得了丰厚的利润。在我国，媒介对消费的引导经历了一个由节制到全面放开的过程。建国初期，国家“一穷二白”、“百废待兴”，50年代末和60年代初，遭遇三年自然灾害，苏联撤销对华援助，60年代中期到70年代的“文化大革命”十年浩劫，国民经济到了几乎崩溃的边缘，在此背景下，我国人民但求温饱而已，更无其他奢求，各种媒体宣传的是勒紧裤带干社会主义，要求人们用最低限度的消费来增加积累，节约资金，战天斗地，用于国家建设。所以，当时的消费以俭朴为荣，在计划经济体制下的人们，凭票购物，经历了“票证年代”的人们还记得每人每月定粮、定肉，就连到商场买烟买酒也得有票。80年代，胡耀邦同志提出“一要吃饭，二要建设”，宣传的仍然是低消费政策。改革开放以后，搞活经济，唤醒了人民的生产潜力，特别是几大特区人民的致富如同春风吹拂中国大地，人们开始向往新的富裕生活。电视机的普及标志着中国进入大众传媒时代，中国人所习惯的白天看报纸，晚上听广播，在不知不觉中发生了根本性的转变，人们关掉了收音机，转坐于电视机前收看新闻节目、娱乐节目。电视机、电话、摩托车“新三件”代替了手表、自行车、缝纫机“老三件”。可是没过几年，人们又用手机、房子、汽车丰富了“新三件”的内容。1984 年，当中国第一颗试验通讯卫星成功发射升天时，电视新闻终于向中国传统的“两报一刊”提出了挑战，在改革开放的新时期成为向全体民众传播主流意识的最重要的渠道，成为当代主流意识传播的新贵。随着我国市场经济的发展，再次调整消费政策，媒体发布消息做出相应消费导向。1999 年，国家提出扩大内需，加大基础建设，扩大消费市场，媒体新闻报道促进信息的传播，成为家喻户晓的新闻。九届全国人大三次会议上，朱镕基总理指出：“进一步运用税收、价格等手段，并继续清理某些限制消费的政策和法规，鼓励投资、促进消费、增加出口。”这番讲话通过各大媒体发表，再次起到了指导国民消费的重要作用。所以说，媒体发布的信息对受众消费有重要影响。

无论在国外还是在国内，电视台播出的所有节目中，分量最重、最受人们重视的、形式最稳定的是新闻类。在我国，中央电视台新闻除《新闻联播》、《早间新闻》、《午间新闻》、《晚间新闻》、《焦点访谈》、《东方时空》之外，还分别有其他对象化新闻栏目，如《体育新闻》等。而在各报刊杂志中均有新闻报道，对热衷网络的大众来说，互联网已经同电视等其他媒体同步报道新闻，并且发表民众个人意见更快、更直接，从某种意义上来说，我们的生活是没有围墙的。

大众传媒对于某些问题的着重强调和这些议题在受众中被重

视的程度成正比。1999 年元旦前夕，中央电视台报道了首都部分中学生和大学生发起停寄明信片的活动。这个报道的目的就是要阻止人们邮寄明信片这种消息，原因在于明信片是用优质木浆制成，生产明信片，要耗费大批木材，要砍伐大片森林，这是一种破坏生态环境的不利之举。这个报道发出后，得到了广大学生的支持，原先每年密集的邮发明信片被打电话等方式代替，而这种影响不仅作用于当年，也将作用于今后相当长的一个时期。这个报道成为一种有益的消费导向，它得到人们的广泛认同。2005 年 7 月，中央电视台发起创造节约型社会的新闻报道，就是在可持续发展的方针政策下应运而生的全民节约系列活动。倡导“节约是美德，节约创造价值”，假设每人节约 1 度电，中国 13 亿人口一年就能节约 450 亿度电，三峡年发电量为 850 度，那么节约的用电量则相当于三峡年发电量的一半，这就可以缓解华东地区居民用电的紧缺情况。荷兰水利学家戴尔斯说：“水是生命的源泉，繁荣的信使，旅游的要素，幸福的根子。”据估算，假如全国城镇居民每户每天节约 1000 毫升水，一年能节水 1000 多万吨。而每节约一万吨水的作用就可节约供水工程投资 1000 万元、排水和污水处理工程建设投资 800 万元、节约供水和污水处理用电 200 万度/年、企业单位和个人可节省水费支出 2. 5 万元。不但要节约用水，还要防止水污染。电视台以制作纪实片的方式真实地向观众展示了缺水的生活。甘肃省某偏远小村原本是水土肥沃，而今变成黄沙漫天，全年降水量也只有十几毫米，落到地上就立刻被干裂的土地吸干，整个村庄迁移得只剩几户贫困户，全家人的用水是每天赶一头毛驴到十几里外的一口井打出来的浑浊水，打水的小女孩从不知道纯净水是什么味，她家的水总是用了又用，她每天去上学带着喝的凉开水也不过 200 毫升，也许她的世界最纯净的水是自己的眼泪，当记者拿一瓶矿泉水给小女孩喝的时候，她抿一下嘴，很舍不得多喝，她说水是甜的。看到这样的画面，听到这样的讲述，又有谁不为之动容。没有水的生活是无法生存的，珍惜水资源是每个人的义务和责任，是保护你我生存的根源。新闻报道的价值取向能够引导大众价值观，当类似的新闻报道环绕在大众身边时，消费方式就会转变为可持续消费。所以，媒体人的取材很关键。

广告是现代媒体重要组成部分。广告不仅仅是推销商品，而是承担了重要的社会文化功能。通过广告，将消费人关于幸福生活的梦想与商品消费联系起来。它利用文化的梦想把消费人最隐秘的欲望调动起来，把最自然的欲望予以更新和升华，从而刺激了消费欲望的产生，促成购买行为的实现。

广告不仅是大众由节俭走向奢侈的催化剂，而且还使大众的奢侈拥有了合理合法的包装。广告不是实事求是地把某种消费说成奢侈和享乐，而是尽量以顾左右而言他的艺术方式淡化奢侈消费的色彩，以不断的暗示告诉人们，大家有权将凡是能使自己的生活丰富、愉快的产品都放在周围。当广告对一种产品大肆宣传时，一个本来过得不错的人也会觉得自己过于寒酸。要克服这种自卑的最有效方法就是立即行动起来，成为消费大军中的一员。无论在什么环境中，多数人都希望自己能与大多数人保持一致。

广告对消费者的欲望诱导事实上是在与消费者的理性思考对话，理性的判断力和选择力很可能成为阻止消费者采取购买行动的障碍。这样，为达到目的，广告便必须绕过或摧毁理性的防御性堤坝，向大众的无意识主动出击。因此广告的创作往往需要广告人对受众心理的视觉表达有超越化茧为蝶的领悟和蚌病生珠的砥砺。而为了能够吸引消费者已经麻木的感知力，广告创意成为当代艺术的一种指令。在这个意义上，阿多诺曾说，“广告成了唯一的艺术品”。

制造消费“形象”，图解消费“可能”，是广告“虚拟的存在”的全部。消费在艺术修饰的广告形象中，完成了对现代社会的文化象征。“虚拟的存在”所期待的是把日常生活的价值凝固为一个又一个广告的商品形象；人们对于某种欲望的满足动机在这样的“形象”上被赋予生动的外观：男人的风采，尽显在“皮尔—卡丹”的西服；女人的美丽，则显在那“玉兰油般美丽的约会”。广告制造出的虚拟现实，已经使商品的虚拟价值大大超过了商品的物质功能价值。人们花钱，与其说是购买商品的功能，莫如说是在购买它的“品牌”。品牌是什么？它就是一个梦幻形象。当人们越来越生活在品牌中的时候，也就是人们的生活被影像化了的时候。当人们越来越通过广告和广告形象来认识生活世界，生活就成为纯粹的欲望对象。

现代广告借助于现代文化工业日臻完善的传播技术手段，创造生活图景、制造模范消费“形象”、传达生活信息、诱导消费期盼，形成一种无所不在的对生存的压力和心理暗示。它把不现实的却可能的生活附加到大众的期盼心理中去，诱导大众通过“消费”来实现或提前达到大众所期盼的生活。而消费者在对产品占有的同时，也完成了对幸福生活的想象性占有。广告不仅是欲望诱导，而且让欲望具有一种合理合法的存在理由。

然而，这种广告“逼真”毕竟不是“真实”本身。人们看广告似乎常常觉得效果“正相反”，广告中吹得天花乱坠的同它实际上指涉的东西恰好相反。“问题”正是在其“没有说出的话”中无意透露的。“广告既不让人去理解，也不让人去学习，而是让人去希望，在此意义上，它是一种预言性话语。”① 现代

① 波德里亚：《消费社会》，第137页。

某些传媒广告在许诺人世间温情时又显示出钱权交易性。这种表面热闹的画面其本质是将虚设和冷漠作为其性格，其外热内冷的冷漠性表征出现代社会意识话语的冷漠性，并以其内部和外部的巨大反差显示了空隙的界限。这表明意识话语同真实历史的冲突关系，从而以自我揭露的方式不断消解虚假。当消费的意识形态通过传媒而上升为大众的显意识时，人们一旦误认为钱是正常的唯一意义所在时，社会的失序就已然不可避免。广告中的形象不是现实的真实表征，它的作用与价值是作为拟像或类像去引发与满足人们的幻觉。通过类像在商品与人类无意识欲望之间建立虚幻的联系是广告成功地欺骗观众的根本原因。广告再现了我们与自己的生存环境之间的假想关系，它不断告诉我们，真正重要的不是以我们在生产过程中所起的作用为基础而产生的阶级差别，而是在某些特殊商品的消费方面所形成的差别。因而社会身份也就变成了一个我们消费什么，而不是我们生产什么的问题。与所有的意识形态一样，广告通过“召唤”来发挥其功能：它产生了各种主体，而这些主体反过来又隶属于广告的各种含义以及广告的消费模式。在广告所设置的语言环境中，它通过“你”这个代词来把你召唤为一个假想的主体，在由“你”所打开的假想空间中，“我”认识到了自己的存在，并变成了广告中那个假想的“你”。由于这个“你”实际上是一个由广告创造的虚假主体，所以这样的过程是一个主体的“误识”过程。广告在讨好我们，让我们很快乐地想到我们就是广告话语中的那个特别的“你”。而我们在这样想的时候就已经变成了其物质实践的主体与附属品。[①] 消费社会中被虚假的自我平衡——崇尚同一时装、在电视上观看同一个节目、大家一起去某个场所消费等所迷惑，

① 约翰·斯道雷：《文化理论与通俗文化导论》，第168页。

甚至用消费平均化术语来掩盖真实问题，其本身就已经是用商品消费与符码标志来替代对真正不平等问题和对其进行的逻辑的和社会学的分析。进一步看，问题的深层在于：在当代社会中，电视广告正在对“公共领域”和“私人领域”间的界限加以消解，从而使得一切私人生活空间都有可能被公众化。

屏显影像的出现大大地改变了人们的阅读方式。海德格尔在20世纪中叶曾说：“我们正进入世界图景的时代，世界对于人来说已经变成一系列图景。”网络的迅速发展不断验证着这位哲学大师的语言。我们今天生活的世界图景好似光怪陆离的万花筒，绚丽纷呈的图景包围了我们，甚至从某种意义上说是图景的世界代替了原有的物质世界。在号称“第四媒体”的网络媒体中，传统的以地方种族生存模式为内涵的时空模式被转化为普遍化、标准化并且纯数量化的时空模式。图像成了一种不被当作符号的符号，伪装成具有自然的直接性和呈现性。语词则是他者，通过将非自然的成分引入时间、意识、历史的世界之中，并运用符号思维的外在干预，造成自然呈现的中断，形成人为而任意的对人世间的愿望的生产。这一转化，往往是抽空独特性并对真实而具体的本地日常生活经验、特有的民族性格加以取消。虚拟的世界和一厢情愿的情景替代了人们的真实处境。

网络时代，文化的载体和传播将发生大跨度的飞跃。先前以文章、印刷为媒介的传播方式正在被电脑网络的多媒体传播所取代，枯燥的文章和冰冷的逻辑变成了鲜活的、融声音、文章、图像、色彩等于一体的画面世界。鼠标只需轻轻一按，五彩缤纷的信息、声光色影的世界就会翩然而至。读者将日益倾向于超文本的多媒体阅读，倾向于参与交互式阅读，越来越频繁地逃离文字的围城而进入几乎乱真的仿真世界。网络空间开启的“后纸张”时代撇开传统的“文房四宝”，以敲打键盘代替“爬格子”、“码字儿”，实现了以机换笔的工具革命；网络就像马路边的一块小木板，谁都可以走过去信手涂鸦。网络作品提供给人们的是屏显电子文本，以“读屏”替代“读书”，“阅读”变成“观看”，“想象”变成“直观”，比特化的“信息DNA”代替原子运动，是计算机网络带来的媒介革命，也是后现代社会“视觉消费”对文学诗性体验的拆解。迈克·费瑟斯通描述这种情形说：在日常文化体验的层次上，后现代主义暗含着将现实转化为影像，将时间碎化为一系列永恒的当下片断。因此，后现代的日常文化是一种形式多样的异质性的文化，有着过多的虚构和仿真，现实的原形消失了，真实的意义也不复存在。由于缺乏将符号和形象连缀成连贯叙述的能力，连续的时间碎化为一系列永恒的当下片断，导致了精神分裂似的强调对世界表象的紧张体验：即生动、直接、孤立和充满激情的体验。不断换着频道的MTV观众对世界的碎片化的看法，体现的就是这样的范式形态。① 网络阅读面对的就是这样的形态范式。网上阅读追求的畅神和逸趣、自适而快心，往往是网恋故事读情节，神怪作品看稀奇，幽默文章找乐子，大都省略了诗性体验、审美品位和艺术感悟等重要环节，任由文字和影像从眼前飘过，却不容许悠悠品位和舒展艺术想象的翅膀，更谈不上追求克莱夫·贝尔所说的“有意味的形式”和康定斯基所倡导的“艺术里的精神”。所以，本雅明曾感叹：“艺术作品的机械复制时代凋谢的东西就是艺术品的光韵。”② 上网读屏没有韵味，只有影像；没有体验，只有速度。文字的诗性被速度蒸发了，“字立纸上”的诗化平台被声光电屏拆解了。

---

① 迈克·费瑟斯通：《消费文化与后现代主义》，第179—180页。

② 瓦尔特·本雅明：《机械复制时代的艺术作品》，中国城市出版社2002年版，第10页。

“上网为人排遣孤独同时也能够使人更加孤独；网络给人一个虚拟的广阔天地却同时也会使人与实在的生活隔绝；网络给予人们高科技带来的便捷与享受，却同时疏离了绿地和自然；网络使人成为世界上知道信息最多却同时又是思考最少的人——当我们被笼罩于那覆盖全球的巨网之下，狂热迷乱之中，还有没有透气的网眼让我们呼吸?”①

网络空间作为一种符号化的图像和信息的存储库的这样一种最基本的特征，实际上也就决定了人们在网络空间中的交往行为中介，而且更进一步地构成了人们可以与之直接进行互动的对象。人们的网络交往行为在很大程度上都是奠基在并依赖于由这些信息符号及其相关的知识系统所构筑而成的一个虚拟性的抽象王国之中。互联网不止是人类传媒的革命，它给予我们的是一个滋生于现实世界却更具想象的生存空间。

复制文化消费品时代，受众的选择面孔多异，五彩缤纷，本质相同的“文化快餐”，受众常常觉得很难找到适合自己个性需求的“食品”，网络实现了一部分人际传播的回归，使人们有了传播沟通的渠道，减轻了人们工作生活的压力。

许多人舍弃掉20世纪风靡世界的电影和电视，疯狂地迷恋网络，这正由于网络所提供的是一个虚拟的世界里展开的互动的游戏，无论是原初意义上的网络游戏还是被游戏化了的网络艺术。事实上，从远古的神话传说，到随着人类的发展而产生的文学、戏剧、音乐、舞蹈、美术、雕塑、建筑，再到20世纪最典型的艺术电影和电视，无不是人类理想和梦幻的一种投射，投射出人类追求美好境界的永恒冲动，创造了一个个虚构的艺术世界。但只有在网络时代的虚拟世界里，人类才能全方位地沉浸在

---

① 张抗抗：《网络文学杂感》，新语丝电子文库，http：//www. xys. org

一个几乎乱真的时空之中。它不仅能够提供一个虚拟的三维世界，还可以让人全方位地感受视觉、听觉、嗅觉、味觉、触觉的综合刺激，作用于电脑进而作用于人脑并进而对此做出反应。这样一种多元的、互动的过程是传统艺术中所难以见到的。当借助最新科技完成的电脑游戏进入我们的日常生活时，它实际上使我们这个已经有些司空见惯的世界发生了某些变化。从某种角度来说，电脑游戏与电影一样，也是一种现代视觉神话。游戏的这种似幻似真的特点甚至使一些疯狂的玩家模糊了现实世界与虚拟世界的界线，误把虚拟世界当成了现实世界。这正是电脑游戏让人爱不释手的原因之一，也正是它的巨大吸引力之一。

在网络时代，以报刊、书籍为载体的文学已经成为一种传统的形式，它的结构是线性的、以时间关系为基本序列的。以网络为载体的文学则被称为“超文本”，它的结构是非线性的，每一处链接都包含着大量信息，包括文本信息和图形、动画、声音等多媒体信息。这样网络文学就具有丰富的信息特征，人们可以根据自己的需要和爱好重新安排情节、设计结局，分别写出不同的故事，而网络检索又异常地快捷，同时在阅读者一方，这种“超文本”结构又给读者提供了更多更大的想象和创作空间，读者甚至可以直接参与创作。也就是说阅读的过程真正成为一个再创造的过程，文学的意义恰恰是在阅读和接受过程中才得以实现的。阅读不再是一种不可逆的线性的历史过程，而变成了交互指涉的快乐游戏。我们在网络时代所面临的，是一个无休止的创作过程，没完没了的阅读过程。在新的创作和阅读过程里，时间消失了，顺序不见了，界限打破了，所以网络文学的“超文本”结构是一个永远开放的结构。而计算机软件的设计者事实上是在从事德里达所说的“分裂写作”，计算机的交互性把他浪漫主义的作者个人主义化。同时，多入点取代单入点的线性文本，超文本系统对时间和多角度的开放，这将对多中心、多时间的网络影像有重要意义。它用一个有无限通道和路径的影像取代了“只有一个最后结论”的排他主义逻辑。

艺术的世界都是虚拟的，而网络却有着更加“真实”的虚拟性，因为它可以把虚拟的所有内容直观地呈现于人的眼前，又可以在与网友一对一或一对多的交流中，让虚拟的空间浓缩人生的时间，如诗人所形容的“把宇宙留在手上，让永恒在一刹里收藏”，充分感受这份虚拟真实的真实性。不可否认，虚拟现实是一种人为的作品；但是，如果这种“真实”产生了更多的快乐，人们有什么理由固执地拒绝呢？如果人与电脑的对话远比种种社会关系纯净，人们会不会抛弃詹明信提到的不安而开始信任这种新型的真实？事实上，某些人正在提出一个口号：“相信就是存在”——“真实的存在是因为我们‘相信’其存在。”因此，在网络这个“赛伯空间”中，人们一般不寻求它在现实生活中的印证，因而在表露情感时可以更加开放和大胆。网恋之成为网络文学的永恒主题和网络交友的永恒话题，就在于网友可以在虚拟中大胆流露真情、倾吐心曲。同时，又由于网络的匿名性抽走了现实生活中的“面具焦虑”，使作者有可能以最“无我”的方式袒露最“真我”的情感本色，表露平日里最隐秘的心灵暗角，从这个意义上说，网络上的情感世界是最真实的心灵世界。

在当今商品社会，人们为满足物欲而拼命奔波。消费文化鼓吹人的欲望，甚至将之不遗余力地推向极致。汽车梦、别墅梦、出国梦，五光十色的夜生活、满身名牌打扮、万人艳羡的目光，无时无刻不充斥着人的大脑，逐渐变为压迫人的文化霸权。异化的人群于是处在极具张力的夹缝中。一端是消费文化霸权消解人的情感，另一端是人心仍然潜藏着念念不忘的情感渴望，两者互相撕扯。被压抑的情感需要喷发，网络文学正好充当了喷发口，人们的情感渴望被网络释放出来。网络文学是一场说不尽的故事，在那里，异化，像刽子手，拿着寒光凛凛的刀片威胁真爱——爱，总在现实中受阻。于是悲情、离情成为网络文学的主角。网络写手不存心、不刻意走向深刻，重在真切地表达出现代人在社会中的情爱追求、人生遭遇和生命挣扎。真挚的情感才是他们的最高追求。写情、读情，是“网络文学”一道亮丽的风景线，是网民情感生命的大释放，是物欲挤压下的心灵喷火口。“网络文学”提供的情感世界是它给今日社会提供的宝贵的重要发现。

大众传媒把人们的思想观念和日常经验加以一体化，在型塑大众的个人经验和社会经验的过程中，直接把大众塑造为一种波德里亚意义上的“黑洞”，塑造为一种漠不关心的“沉默的多数”，大众接收各种各样的传媒内容时，只是为了获得其中的娱乐性场面，从而进一步消除了传媒资讯与现实之间的界限。媒体迎合大众的心理，利用心理学技巧，创造出“消费崇拜”，通过娱乐性的“狂欢文化”场面“复制”着大众的口味、兴趣、幻想和生活方式，因而媒体实际上是从外部将意识强加给大众。

媒体将人们引入一个符号化、幻影化、理想化的物质世界，让人们在这个世界中幻想、消费、享受和审美，人们在感官体验中失去了自然真实的世界，原来的消费观念也开始动摇并最终未能战胜欲望的诱惑。在消费成为象征身份和特权的符号时，我们步入了符号价值时代。符号价值表达的是式样、风格、声望、权力等。这种符号价值已经成为商品和消费品的重要组成部分，购置物品已经不是因为这些物品本身具有的内涵，包括使用价值和交换价值，而是因为这些物品所代表的符号价值。媒体广告就沿着符号的道路诱惑人们消费。

在上述分析中，媒体如广告、时尚杂志、娱乐等制造“虚假需要”，其根本目的是追逐高额利润，越发背离了社会道德价值。马尔库塞在《单面人》中分析到，人的真正需要是创造、独立和自由的需要，把握自己命运的需要和实现自我完善的需要。而在物的体系对人的异化作用之下，媒体在创造无度、虚幻的世界，利用诱惑力和煽动性的宣传，在现实世界中制造出了一个可望可即的“拟象世界”。被“搁浅在个体孤立的沙滩上”的原子化的大众人完全浸淫于媒体所宣扬的消费意识形态之中。这也正是消费主义衷情于大众传媒的原因所在。总之，媒体在创造一个无深度的、浅薄的世界的过程中扮演了一种十分关键的角色。

三 媒体诱导下的政治、经济、文化一体化

通过传媒而发迹的大众文化，必然是与经济相联系的。许多经典社会理论家都对文化与政治、经济的关系做过深刻的阐述。毛泽东同志曾指出：“一定的文化（当作观念形态的文化）是一定社会的政治和经济的反映。”① 经济是基础，政治则是经济的集中表现，这是我们对于文化和政治、经济关系的基本观点。政治、经济与文化作为分析社会的三个基本概念，是我们分析社会结构的基本理论方法，同时也是我们分析现今大众文化的基本方法。

（一）大众文化与政治

1. 大众文化意识形态性批判

任何媒介都有一定的意识形态性质，从而使大众文化也体现出一定的政治性。大众文化的政治性主要体现为它的部分意义上

① 毛泽东：《新民主主义论》，《毛泽东选集》第2卷，第655页。

的意识形态性。因为即便从狭义上来理解文化，文化也不等于意识形态。只是从社会功能角度来看，文化与意识形态具有某种重合的成分。也正是这重合的一部分，使文化与政治、经济在宏观意义上有着紧密的联系，文化成为一种霸权，成为统治阶级统治大众的工具，从而行使着意识形态的功能。文化与意识形态在法兰克福学派那里绝非是完全一致的，只有当文化行使了意识形态的职能，或者说当文化丧失了对社会批判与否定的力量而被同化为维护现实统治的合理性时，文化才异化为意识形态。法兰克福学派的一些理论家之所以要把本不属于意识形态范畴的科学技术当作资产阶级的意识形态，主要原因就是他们认为科学技术的社会功能（科技异化）同意识形态的社会功能是相同的。因此，法兰克福学派对大众文化或者叫文化工业的批判，就变得理所当然了。

文化工业是法兰克福学派对资本主义社会文化生产与消费进行批判的文化分析模式，它是由于科技进步文化变成一种工业以及文化艺术产品商品化的产物。文化工业使文化彻底地产业化了，它完全是依照产业的要求和规则来进行生产和流通的。产业化中的市场化和商品化规则，尤其是追求个人利益最大化的原则，使文化生产服从交换价值，而不是审美价值、批判价值。这样，他们对文化工业的批判，也就是把这种文化产业与某种意义上沦为资本主义工业社会对人进行控制的意识形态工具相关联，认为它助长了对社会的肯定态度和以生产的齐一化、标准化而取消了个人的创造力和独立的批判力。作为意识形态，文化工业对人的欺骗性更具有隐蔽性，它潜移默化地培养人们对现实社会和现存制度保持满足和顺从的心理，使人们在对文化消费的追求中丧失了批判和否定现实的意识。在《启蒙辩证法》中，阿多诺和霍克海默之所以主张以“文化工业”概念取代他们以前使用的“大众文化”概念，也在于他们深刻地认识到了文化工业更能准确体现出其为现存制度辩护的意识形态工具的特点。他们认为，现在的大众文化是意识形态的，它的所有生产与消费都具有文化垄断的特性，这种文化产品的“标准化”和“伪个性”只能让人们对统治阶级的文化——意识形态观念一致地接受和被动地服从，而不能使人形成积极主动的批判否定精神。因此，相比于大众文化概念，文化工业更能反映出工业社会中文化所具有的意识形态的特点。

法兰克福学派的文化工业理论不仅在资本主义发达国家得到证实，在发展中国家也正在逐步得以验证。但大众文化也决不仅仅是统治阶级统治大众的工具，它更是大众反抗的有力武器。大众把政治领域里阶级之间、国家与个人之间的斗争转移到文化领域，文化成为斗争的场所，大众文化同样成为大众解放自己的自由之匙。

2. 大众文化与微观政治（micropolitics）

微观政治出现的语境来自于文化研究，这并非偶然。在现代性语境里，国家、政党、父权制社会等宏观机构是政治斗争的场所，宏观政治理论是所有的政治话语形式。虽然在传统社会转向现代社会之初，就有一些社会理论家对现代性进行批判和反思。但由于现代性本身的弊端如追求普遍性、绝对性、整体性特征，是无法用现代主义理论的批判和反思来加以解决的。随着后工业社会的来临，一些后现代理论家运用不同的思维方式对现代性进行反思，如解构主义、去中心主义、相对主义，反对宏大叙事，主张不确定性等，在批判的角度、深度等方面有独到之处。在选择批判的路径上，一致反对宏观视角和总体性分析，大多采取从微观角度去分析、批判现代社会的策略。这样一种策略必然导致对个体、边缘弱势群体的关注，也更多采取迂回的策略来与国家、社会、父权制结构等宏大叙事相抗衡。这也就理所当然地出现了许多与以往完全不同的理论话语，如后结构主义、解构主义、后殖民主义、女性主义、身份政治等。而这些几乎都与文化有关。因此，文化研究就成为政治斗争的新工具，政治性旨趣也成为文化研究一大特征，微观政治应运而生。

福柯是后结构主义和后现代主义的杰出代表，尽管他从来不承认自己是后现代主义者。但他始终贯彻了一条主线，即颠覆真理、解构主体。他首先对精神病学和临床医学等知识进行考古，考察这些知识得以建立的条件，从而揭示出那些我们认为代表真理或理性的知识实际上蕴涵了权力。从这个意义上说，他颠覆了真理。随后，福柯又转向了权力的谱系学研究，考察了现代社会两种主要的微观权力技术，揭示了现代理性通过建构系统的知识和话语体系，将一切个人的经验和实践整合进社会秩序之中，从而解构了主体。在“权力谱系学”的研究当中，福柯考察了现代社会权力的新技术，提出了“微观权力”的概念。20 世纪 70 年代福柯发表的《戒与罚》以及《性史》第一卷对现代社会两种主要权力运作技术——规训与话语鼓动——进行了详细的考察。他认为，监狱既像工厂、学校，又像军营、医院，而所有这一切都像监狱一样，这种权力技术往往和身体联系在一起。

另外一种现代社会的权力运作方式是有关性的话语。将性从隐秘变成一种可以讲述与阅读的东西，这正是这种新权力技术的重要组成部分。从 18 世纪开始，权力技术的一项重大改进就是人口成为政治经济的关键环节，政府不是和臣民，也不是和抽象的人民打交道，而是和人口打交道，人口意味着财富、劳动力、兵源，最终意味着国家的富强。而处于人口这一政治经济问题的核心的就是性。因此，整个人口的性行为成为国家干预的目标，而这种干预要凭借丰富的知识来进行，国家要分析出生率、结婚年龄、性关系提前的程度、性关系的频率等。而从19世纪兴起的性科学正好充当了这个角色，这就是福柯的“人口的生命政治”。

福柯的生命政治强调的是个体在微观政治层面被压迫被建构被规训的过程，这为身体政治斗争提供了一个平台。福柯也强调个人要从被他人改变转向自我转变，从而发展出以分散、多元对抗统一性的“微观政治”。“微观政治”是反体系性的、反中心的、多元化的，是强调主体行动的自觉性的，“必须把政治行动从一切统一的、总体化的偏执狂中解救出来，通过繁衍、并置和分离，而非通过剖分和构建金字塔式的等级体系的办法，来发展行为、思想和欲望”。[①] 在大众文化时代，身体成为人们特别是女性斗争的战场，个体对自己身体的关注已经到了惊人的地步。越是处于弱势的个体，越是关注自己的身体。这个时代是一个痴迷于青春、健康和肉体之美的时代。优雅自然的身体和美丽四射的面庞上露出的带酒窝的微笑是开启幸福实质的钥匙。在消费文化中，人们宣称身体是快乐的载体。无论是男性还是女性，都把身体作为自己幸福的重要砝码。男人要通过运动使自己的身体健康，女人要通过各种各样的化妆品和护肤品使自己看起来美丽，甚至通过整形手术让自己看起来更加苗条更加有曲线。然而这还不够，不仅仅是要让身体外形看起来美丽和健康，身体还要得到最大限度的满足。各种各样的视觉文化产品大行其道，色情片、性玩具成为大街小巷里随处可见的商品，人们要在感官上尽情地满足自己的身体。身体得到满足，这还不够，精神上也要满足，寂寞，是可耻的象征。一夜情、网络聊天、旅行，让所有空闲的

---

① 福柯：《反俄狄浦斯序言》，转引自道格拉斯·凯尔纳《后现代理论——批判性的质疑》，张志斌译，中央编译出版社2001年版，第70页。

时间全部被填满，全部被打发。身体和自我，成为最重要的服侍对象，也是活着的最大价值。在世界上的一切都没有得到解放之前，先解放自己的身体，是大众文化时代的政治理想。

3. 大众文化与性别政治

性别政治问题是由女性主义发起的。在女性主义产生之前，女性在政治、经济、文化、思想、认知、观念、伦理等各个领域都处于与男性不平等的地位，即使在家庭这样的私人领域中，女性也处于与男性不平等的地位。男权制思想认为，这种男尊女卑的性别秩序不仅是普遍存在的，而且是不会改变的，因为它是自然形成的；而自从德·波伏娃的《第二性》和贝蒂·弗里丹的《女性的奥秘》出版后，女性主义却认为，这一性别秩序既不是普遍存在的，也不是永不改变的，因为它并不是“自然形成”的，而是由社会和文化人为建构起来的，这就是社会性别理论。

社会性别并非由生物特性或生长习性决定，而是根植于社会情境之中，因此也就可以说，权力在社会性别的建构中具有至关重要的作用。社会性别的意义是社会地建构的，我们中的每一分子均被纳入这种建构。因此，社会性别是指一系列社会建构的关系，它产生并再现于人们的行动中。实际上，从西方文明开始萌发时起，都将两性视为二元对立的，这种二元对立孕育出两种相对立的品格和特质，比如：理性和感性、刚强和柔弱、主动和被动、逻辑和无序等，这样的区分和判定逐渐形成一种包裹了厚厚的“神话”外衣的话语权力，而这一策略的成功使得男性永久地取得了优势的地位，而置女性为被言说、被书写、被建构的“他者”。女性作为“他者”在男权话语编织的社会文化结构中最为显著的特征就是身体的书写。人类文明的进程似乎也伴随着身体的解放，但是这种解放是不彻底和模棱两可的。当女性的身体成为视觉文化的中心时，身体解放的含义似乎在这里显得更为明确：女性就是身体，身体成为美丽的载体。在社会角色的划分上，女性依然是“被看者”，女性形象的构造和呈现依然是基于男性的兴趣和欲望。大众媒介在承担身体书写的功能时拟订身体美丽的定义，并且将美丽身体的元素进行反复组合与呈现，调动对象的兴趣和认同并且加入到这一过程中。大众媒介发动的这场“美丽身体”的运动是通过多种策略来实现的，大众传媒所表现的男权话语在展示女性身体的同时使女性等同于身体，小心翼翼地包装身体的同时又大胆热烈地展示身体。对于看者而言，对象只是身体，除了身体以外一无所有，对于被看者而言，能展示的只有身体。正如波德里亚所说：“不论在何处，问题都在于性膨胀，性欲是消费社会的头等大事，它从多个方面不可思议的决定着大众传播领域。”

实际上，在大众文化时代，性别政治也在悄悄发生变化，一个很明显的例子就是现代媒体所营造的“超女”现象。在经历了长达半年的波折之后，令人颇感意外的是，最后评选出的“超女”冠军李宇春（及亚军周笔畅）似乎并不具有男性话语所定义的女性的“美丽身体”。李宇春身材瘦削，脸部线条棱角分明，显然偏离了传统的女性身体审美的标准。但就是这样一个少女，依靠如此“中性”甚至稍偏“男相”的外形和并不出众的嗓音得到了成百万计的“拥趸”的狂热追捧。作为一个社会公共事件的“超女”评选，采取了公众投票的方式决定最后的结果，无疑是一种公众作为消费者主动参与、寻求快感的自由选择的过程。经过公开充分（“超女”前三名通过短信获得票数累计约有800余万张）的竞逐，惯见的强势形态的男性话语“准则”似已遭遇女性主体话语和诉求的有力反击。值得注意的是，各方面的情况显示，作为超女总冠军的李宇春，其“拥趸”绝大多数是女性。公众偶像的建立首先意味着其本身特质被广泛认可，一种传统意义上“非女性化”的少女形象能够得到作为庞大人群的女性公众的认可与热捧，的确具有强烈的象征意味。女性主义在20世纪的文化语境中开始了争夺话语权的斗争，颠覆已有的父权制话语和摆平性别结构话语的斗争成为解构时代引人瞩目的文化景观。

所以说，文化研究领域所关注的其实是个体生存状况，或者说是个体在政治权力斗争中的生存状况。更深入地说，它关注的是个体的身体如何被权力话语所建构，从女性主义角度来说，社会又是如何建构出一整套性别差异的政治身份的。但大众文化的繁荣，使文化与政治不仅在意识形态的宏观层面与政治紧密结合，而且反过来又成为大众的有利武器，使政治领域被大众文化全面渗透，被泛文化化了。

（二）大众文化与经济

现阶段的媒介是一种帝国主义的媒介。通过现代媒介，地理的距离对人类事务的影响大大地被压缩了，人们生活在一个被压缩的空间里，生活在一个传播的世界里。文化本来处于一个民族之中，而一个民族是受地理所限制的。然而，随着当今媒介的影响，那种由地域限制的文化正在消失。媒介帝国主义的一个重要特征是向不发达国家输出本国的文化，行使其文化霸权。“帝国主义扩张造成的与其他文化的交锋常常是界定现代西方的一个驱动力。……西方世界在寻求霸占全世界时懂得了相对他者、相对‘非洲’来界定自己的独特性。如果政治现实一直是充满冲突和不统一，那么构建想象中的东方有助于给西方的概念中注入统一性和凝聚力。此外，这个东方是欧洲（及随后是美国）能够看到自己至尊影像的一面镜子。它在懂得阐释其与非欧洲的区别时，还不得不阐释这种霸权地位，阐释它在向‘劣等’文化群落强施霸权方面已经取得的无可置疑的胜利。”[①] 媒介技术革命越来越深刻地影响着我们的生活，从世界范围来看，现代科技的发展尤其是信息技术、传播技术自动化技术和激光技术等高科技的发展，现代科技的广泛运用于各类文化艺术活动之中，在文化领域掀起了新科技革命的旋风，已经导致新兴文化形态的崛起和传统文化形态的更新。文化生产方式工业化，实现了从文化手工业到现代文化大工业的深刻变革，直接导致文化工业革命。媒介改变了世界。从历史来看，工业革命的初期，正是造纸和印刷的现代工业化发展，它的低成本、低价位、大批量，才引发了传播媒介的根本性革命，使印刷文明一举代替口传文明，居于社会传播方式的中心。反过来，纸媒介的发展又进一步促进了专业化、现代化的造纸工业、印刷工业和出版工业。而正是在纸质印刷媒介的基础上，才创生了以小说，特别是长篇小说为主打类型的文学，文学也因此在各种文化艺术方式中取代戏剧而一举上升到宗主地位。纸媒质文化在图书的基础上相继创造了报刊文化，新闻产业、纸本广告产业等，文化不断经历创新扩容，由之文化的领土前所未有地猛烈扩张。近年来，现代传播媒介的高速发展，宽带技术、多媒体传播、数字化与互联网的兴起，对传统的经济与文化方式产生了巨大的冲击，这种飞速发展的电子、数字通讯、信息技术给当代社会产业结构带来了革命性的影响，文化市场发生了急剧变化。不仅文化艺术领域内部发生了行业内的大调整、大改组，新的艺术传播媒介如电视、卫星电视及网络文化的发展，使得像电影这样一些昔日文化艺术界的“龙头老大”风光不再，转而成为电视业、音像业的补充，而且网络文化从根本上

---

① 戴维·莫利：《认同的空间：全球媒介、电子世界景观与文化边界》，司艳译，南京大学出版社2001年版，第185页。

为人类创造了新的数字化生存的新方式。因此，可以这么说，传播技术媒介是大众文化产生的一个基本条件之一。那么为什么文化与经济如此紧密地融合在一起呢？文化又是如何介入到经济生产活动中呢？

资本主义是一个经济—文化体系。其经济组织根据财产制度与商品生产而来，其文化的根本事实则是买与卖的交换关系。事实上，如果我们把文化看成是生活方式来理解的话，就很容易清楚一切经济活动都是人的生活方式的不同面貌，即一切财产制度、交换行为、商品生产都是人类文化的具体体现。正因为文化的广义上对经济的涵盖关系，才使狭义的文化与经济的紧密关系看起来是如此地理所当然。我们无须从印刷业、出版业、电子传媒等行业里寻找文化与经济一体化的影子，即使单单在经济领域，文化因素从来都是必不可少的。只是在工业社会之前，文化在经济领域的体现不是那么明显而已。随着资本主义的发展进入高级阶段，经济生产与消费已经渗透到生活领域的各个方面，也渗透到世界的每一个角落。物质产品得到极大的丰富，人类社会的经济结构中心已经逐步从生产转向消费，消费成了生产的唯一目的，也成了刺激生产的唯一手段。整个社会开始走向以消费为中心的时代。消费既是社会发展的结果同时又引导着社会生活的进步。也就是说，市场经济的发展，经济的全球化使跨国公司出现，这使世界不同地域的人们可以同时享受到同一种消费产品，比如麦当劳、可口可乐等。这些跨国公司给世界各地的人们所带来的不仅是美国的食品和饮料，更多的是一种现代的西方的或者说是美国的消费方式，麦当劳文化和可口可乐文化成为美国化的典型特征。这也就是说，单纯传统的经济产品的跨国生产，已经不再是单纯的物质消费品，而是携带着一种特有原生产国的文化特色。然而，另一方面，单纯的传统的文化产品经由媒介的传播，也带来了巨大的经济利益。好莱坞电影、NBA 联赛这些本属于文化领域内的活动，现在转化为庞大的赚钱机器。而且给消费者带来的不仅仅是视觉上的享受，还在引领时尚，促使服装行业、运动产品等一系列物质产品的繁荣，经济与文化水乳交融在一起。事实上，人们已经很难分清楚何谓经济产业，何谓文化产业了。

总之，当代文化若与传统文化相比较，最大的特征可能就是它借助于媒介和市场，从而是经济化了的文化，是一种文化与经济完美结合的商业文化。变成了彻头彻尾的经济产业。它是资本驱使之下所进行的文化生产，从中处处可以感受到现代媒介的推动作用，体现资本这只无形之手在背后的操纵作用。

不同国家或地区鉴于自身优势和国家总体发展战略的需要，提出了不同的发展文化工业的理念。如美国主要以版权产业作为总体理念，英国、澳大利亚等国主要推出创意产业概念，日本等国则十分重视“内容产业”的提法。文化经济作为重要的宏观总体概念，表明了文化工业区别于一般文化的根本性质；它体现了当代文化与经济的相互交融，体现了文化的经济化和经济的文化化的当代趋势，表明了文化对于当代世界经济发展的重要意义。创意产业是从创造者、策划者、设计者出发的理念，它强调创意者的个人创造力，同时又倾向于各国政策性的设计、规划和推动；而内容产业则是从产品自身的内容出发考虑的理念，是知识经济浪潮中以网络高新技术、互联网与数字化为基础产生的理念，它关注当代数字类产品的文化内容；版权产业是从知识内容、市场权益出发做出的分类理念，主要是美国（北美）采用的对总体文化产业的概括性表述，它高度关注知识产权的归属，与美国这个版权大国的国家利益有着密切的关联；与创意产业高度关注创造者个人创造力不同，注意力经济、眼球产业依据当代媒介革命的巨大成果，更关注文化产业的当代传播方式，它的中介组织如广告等手段；而体验产业与休闲产业则更突出了当代文化产业满足人们精神性、文化性、娱乐性、心理性需求的特质，更关注文化产品或文化商品的消费者、体验者与当代文化消费、文化体验的独特方式；文化贸易则是文化经济链条上的相关环节，如果说文化产业直接关注产品的生产的话，文化贸易则关注文化产品的下游，关注与文化产品制造紧密连接的文化产品的流通、交易与销售领域。

在人类历史上，用文化商品进入市场运作由来已久，但是，与传统的文化商业相比，现代文化产业具有非常鲜明的时代特点，那就是凭借科学技术创造出表现人类生活的文化产品，并且大规模地复制和传播这些文化产品。如今，在媒介推动下，科技推动力、文化创造力、商业运作力，已成为发展现代文化产业的三大动力机制。

媒介和文化工业在社会经济中的作用已日益重要，已经成为当今国际竞争新的角力场。这主要呈现出如下特点：（1）文化产业已成为国民经济的主导产业。根据英国文化部的统计，英国的创意工业 2000 年的产值占 GDP 的 7.9%，美国的文化产业外贸收入和出口额以年均 9.41% 的速度持续增长，领先于其他产业。日本的文化产业更是日本经济发展的一个重要的支柱产业，2000 年的市场规模为 85 万亿日元，占 GDP 的 17%[①]。从文化产业创造的价值来看，文化产业在发达国家已经成为支柱性产业，而且文化产业对相关产业的带动效应也十分显著。文化产品只是一个载体，一个平台，在此基础上形成了完整的产业链，并创造

---

① 刘吉发、岳红记、陈怀平：《文化产业学》，经济管理出版社 2005 年版，第 50 页。

了更为巨大的产值。日本动漫产业的利润中，2/3出自于影视放映、音乐、电子游戏，玩具、文具、服饰等相关衍生品；美国电影院收入不足总收入的40%，巨额利润来自电视、影碟出租、电影纪念品以及将热门影片改编成游戏和小说等。（2）本国优势文化产业构成了国家经济竞争力的核心。国家竞争力是个综合的概念，经济、军事、文化是综合国力的三个重要的组成部分。随着现代社会的发展，文化竞争力开始扮演着日益重要的角色。美国著名未来学家托夫勒曾经预言，人类社会将从农业经济、工业经济和服务经济时代迈向体验经济时代，作为代表了体验经济时代一个重要的主导产业门类——文化产业代表了未来社会经济发展的趋势，被誉为全球最有前途的产业之一，世界各国主要发达国家纷纷将发展文化产业提升到提高国家竞争力的战略高度，集中力量发展优势文化产业。美国电影业和传媒业、日本动漫业、韩国的网络游戏业，德法等国的出版业、英国的音乐产业等，都是着重发展各自的强势文化产业的典型。

然而有一点值得指出的是，在当今文化产业大发展的前景中，我们可以看到，谁拥有媒介的制导权，谁就是文化产业的强者。未来发展也仍然如此，网络经济、数字经济、传媒产业将是当代文化发展的最突出的领域。在其中，美国由于占据全球互联网的重要资源，依然是一个全球最大的媒介帝国主义者。

第三章

大众文化的功能与本质

当代文化产业集中体现在开发人的视觉、听觉与精神愉悦以及娱乐等需求，首先是视觉需求即视觉文化，它以满足人们感官需求为目标，实现人的感官的愉悦。随着大众文化的全球化，视觉文化正日益改变着人们的消费方式与消费心理，并且引导着社会生产向非物质生产转变，激起了社会大众的非物质性消费。从而，改变了人们的消费观念。大众文化一方面荡涤着传统文化，与高雅文化形成对垒；另一方面，它却引导着文化市场的根本性转变，以追求利润为目的，从而开辟了文化市场，激发了文化生产的积极性。因此，批判地对待大众文化，正确认识文化全球化及其视觉消费方式，维护主流文化的先进性，是我国文化工作者的重要任务。

一　大众文化引导着非物质性消费

大众文化现象的兴起及其研究的勃兴，是 20 世纪下半叶尤其是近 30 年来令人瞩目的文化景观。依托于现代电子传媒的大众文化是跨国的、全球的、世界性的，又是本土的、民族的、地域的和社群的。作为公共空间，它是不同意识形态汇集、交流、沟通、共享、对立、冲突的公共场域，又是社群特别是弱势群体和边缘话语的表达场域。当代“文化研究”一直致力于关注社会中弱势群体的利益，批判、解构精英主义的文化概念，重新审视文化转型期大众弱势群体在不平等社会现实中的地位变迁。这样，文化研究就发展出了一种尝试重新发现与评价被忽略边缘群体的文化的研究机制。由此决定了文化研究的一个基本原则，即坚持审美现代性的批判意识和分析方式，不追逐永恒的形而上价值关怀。相反，它更关注充满压抑、压迫和对立的生活实践，关注现实语境，对晚期资本主义文化制度进行严肃的不妥协的批判。可以说，对文化与权力的关系的关注以及对支配性权势集团及其文化意识形态的批判、否定和超越，是大众文化研究保持其持久生命力的原动力。

（一）大众文化是一种趋向商业化的文化态度

大众文化究竟是什么？它在当今社会中起着什么样的作用？

首先，大众并不具有社会阶层的属性，大众文化只代表一种趋向于商业化的文化态度。大众文化作为后现代主义与后工业社会的产物，是以都市大众为消费对象、通过大众传媒的服从市场需求的一种彻头彻尾的商业化制作，它具有无深度、模式化、易复制等诸多特点。

其次，大众文化也称通俗文化，是与高雅文化、精英文化相对的市场文化。它不同于毛泽东同志《在延安文艺座谈会上的讲话》中所说的“大众文化”，毛泽东所说的“大众文化”代表一种知识分子的文化创作立场，强调文化必须反映社会现实，为工农兵服务。而大众文化只代表一种文化趋向于商业化的态度。这一点是与传统的精英文化、高雅文化不同的。精英文化孜孜于终极关怀与未来构想，更注重一种理想境界的向往与构造，所关注的是自启蒙运动以来以解放人性为目的的现代性，反对神权主义，鼓吹人本主义。从这一点看，精英文化无疑是可敬的。然而，当现代性的启蒙理想实施了二三百年后，人们对科技在今天的地位也已经有了足够的认识，对现代性的一切有了足够的认识，其遥不可及的乌托邦品性已经让人生疑。特别是在学术领域，现代性追求学术的高尚，探求客观事物真、美、善本性，然而，随着理论探讨形而上的增强，学术研究逐步形成了一些个人的语言代码，成为语言的孤岛，其深不可测的专业性难以为大众所接受。另一方面，人类社会血与火交织的历史，特别是近代大规模的战争悲剧表明，理性和技术都不能拯救人类，未来并不仅仅是善的诱惑，技术也并不一定能够为人类带来美好的明天。而大众文化则只是满足个人肤浅的文化消费，借助于得力的当代传播媒介，具有其他任何文化形式无可比拟的广泛性与平等性，使整个社会文化普及与民主达到一定程度。

再次，大众文化是一个特定的范畴。它主要是指与当代大工业生产密切相关（因此也必然地与当代资本主义密切相关），并且以工业方式大量生产、复制消费性文化商品的文化形式。这种文化形式除了必然地与大工业结成一体外，还包括着创造和开辟文化市场，以公司规模的行为去组织产品的销售，以及尽快获取最大利润等经济行为。这使得畅销小说、商业电影、电视剧、各种形式的广告、通俗歌曲、休闲报刊、卡通音像制品、MTV、营利性体育比赛以及时装模特儿表演等，不仅构成大众文化的主要成分，而且成为只有在买和卖的关系中能够实现自己文化价值的普遍商品。因此，我们不能够再按照传统知识分子的那种精英关怀或者审美批评的方式来要求大众文化。大众文化和精英文化的一个很大的区别，就是大众文化要最大限度地攫取市场利益，这甚至是它唯一的诉求。

（二）大众文化引导着新的消费方式

“大众文化是一种居于从属地位的人们为了从那些资源中获取自己的利益而创造出的，另一方面，这些资源也为支配者的经济利益服务。”[①] 因此，面对现代消费社会，一切文化都成为消费品。“消费社会需要商品来存在，但更确切地说，需要摧毁它们。商品的‘用途’只会导致其慢性堕落。在慢性堕落中，所创造的价值要强烈得多。因此，破坏仍然是唯一代替生产的根本办法，消费只是两者的中间阶段。”[②] 根据波德里亚的观点，今天的消费就是要摧毁过去，即摧毁现代性的文化产品。大众文化是以技术工业的形式进行的，它利用现代科学技术手段，遵守工业生产和市场运行规则，最大限度地追逐利润，原来意义上的文化事业转变成了文化工业。在这个生产活动中，它将个性、独创性的文化创造转变为模式化、流水线式的工业生产。在此意义上，文化艺术品与商品的界限被彻底抹平。信息技术革命使大众文化产品不再是艺术家的手工制作，而是依赖机器与电脑，进行大规模地拼贴与模仿，使得原来意义上的高雅艺术作品变成了现代科学技术操作下的赝品文化，大量的艺术品充斥文化市场。大众文化得以蓬勃兴起，经济的发展与文化的互动在大众文化中得到深刻的体现。这种大众文化在精英文化看来显然是一个等级的概念。严肃文化、高雅文化是高一级的，大众文化是低一级的。高一级的文化对低一级的文化具有支配和统摄功能。但是，在20世纪中叶以后，特别是在后现代主义出现后，大众文化则变成一个类型关系，从一个支配关系变成了一个平行关系。大众文化引导着当今消费社会的发展，是适应新的消费实践而形成的文化形式。

---

① 约翰·菲斯克：《解读大众文化》，第2页。

② 波德里亚：《消费社会》，第30页。

第一，大众文化的市场化引导着人们消费观的变化，使原先的物质消费开始向非物质消费转变。因此，詹明信认为，“……到了后现代主义阶段，文化已经完全大众化了，高雅文化与通俗文化、纯文学与通俗文学的距离正在消失。商品化进入文化，意味着艺术作品正在成为商品，甚至理论也成了商品……后现代主义文化……进入了人们的日常生活，成为了消费品。”①

第二，大众文化是意义和快感的触发者。快乐是大众文化的最高的目的，它所追求的是一种轻松与情感的释放。因此，所有会给它的读者带来痛苦的因素都被剔除，所有令大众感到沉重和压抑的东西都被排斥，这实际上是解构一切的一个主要动机。大众文化以媚俗的姿态，攫取最大限度的市场利益，但同时既然作为文化商品，它就有不同于一般商品的特征，大众文化交换和流通的不是财富，而是意义、快感、社会身份等。

文化商品在不同但却同时存在的两种经济中流通，即财经的和文化的。早期法兰克福学派只看到财经对文化商品的决定性作用，一再强调文化商品的商品性和商品拜物教特征。而菲斯克认为，财经的机制不能充分说明所有文化因素，但是，在对消费社会的大众艺术的研究中仍然需要把财经考虑进去。它的用处，即使在某一层面上是把文本描述成文化商品，我们也必须时刻注意到文化商品与市场上其他商品之间的区别。文化商品和其他商品是不同的，其对大众性起关键作用的流通发生在与其对应的经济之中，即文化经济。意义、快感、社会身份是其交换和流通的对象。意义和快感在大众文化中并不矛盾，快感不仅是逃避，它自身就是一种新的意义探索和诠释，这是对某种强制性的社会意义的抵抗。对于消费大众来说，大众文化是意义和快感的触发者。

① F. 詹明信：《后现代主义与文化理论》，第162页。

这种快感是人们自己生产、自己需要的。随着人们消费方式的变化，消费视角从原来的耐用消费品转向了情感、快乐及梦想和欲望等方面，闲暇时间不断增多，于是文化的功能便开始发生变化，感性视听的满足成为文化消费之亟需，从而使社会充斥着影像作品。由于影像文化的大量生产，人们的消费必然过渡到符号的消费，生产必然过渡到对符号的积极操纵，社会通过媒体无休止地复制出符号、影像和仿真品。

第三，大众文化以其"仿真"本领和刺激性的形式，淡化了真实与"拟真实"之间的距离。"真实性"作为一种文化理想是大众文化所不屑一顾的，大众文化所关心的是文化对于大众的刺激性、吸引力与迎合性。大众文化尽管十分逼真地复制现实（为了达到这种逼真的效果，往往不惜代价），但正是这种形象的复制将现实抽离了，使现实非真实化了。我们看见的只有关于世界的影像，而没有世界本身。在大众文化创造的这种虚幻世界中，消费者会一时离开现实社会中的本我身份，抛弃种种生存的烦恼，在表演性的快感中，体会另一个自我的存在。就心理学而言，这种逃避性的文化消费事实上对现代社会的快节奏生活方式所造成的对人的挤兑有一定的疗效作用。

第四，大众的情感体验是一种日常生活的审美体验。因为在这大众化的时代，"我们就会发现，它强调了艺术与日常生活之间界限的消解、高雅文化与大众通俗文化之间明确分野的消失、总体性的风格混杂及戏谑式的符码混合"①。在消费时代的仿真世界中，实在与表象之间的距离消解了，人们毋须去认识实在，毋须认识事物的本质，认识失去了现实的基础，只有媒体图像的表意性。整个社会充斥着影像、电视、高雅艺术的赝品，人们对

---

① 迈克·费瑟斯通：《消费文化与后现代主义》，第94页。

于这些作品毋须作任何思考，这些作品是模糊的、无深度的、不提供对现实世界的真实意义的；人们并不探索现实世界，而是感受浅层的感官世界和紧张的体验。“当代大众文化（……）被仿佛是……的广告世界所统辖。服装、身体、面孔都来自于他人，来自于对生活的想象：即出自于时尚、电影、广告及无数城市偶像的暗示。这些从传统与亚文化秩序的文本中解析出来的记号，就以表层意象的形式进入人们的游戏之中，人们也陶醉于加工过的、模糊的‘无深度的’、不能提供真实世界的基本意义或揭示其本质的东西之中。”① 现代媒体的渲染力使一切文化形式变得同样平凡，无论是高深的抑或肤浅的。而大众则追求其生活体验的实现，它的目标是对新生活、新体验、新价值、新用语的无止境的追求，消费与闲暇意味着是种种体验得以实现的时空。所以，在大众文化中，“人们对商品的消费不仅是其使用价值，而主要是消费它们的形象，即从形象中获取各种各样的（也是后现代主义的）情感体验，因此，影像代替了使用价值，成为使用价值的代用品”②。“那些直接指向大众生活的当下利益、表达大众现实要求的各种世俗活动，尽管没有体现任何具有实质深度的价值持久性和精神永恒性，然而，它却有可能通过平凡而富有诱惑性的欲望满足，安慰大众对幸福生活的具体‘渴望’，实现大众生活的现实梦想。”③

大众文化满足了人们对感官刺激与精神抚慰的需求，调适了人们的心理，宣泄了人们的情绪，当然也在一定程度上消解了传统的价值观念、文化立场与文化消费习惯。就如流水势必与泥沙

---

① 迈克·费瑟斯通：《消费文化与后现代主义》，第 146 页。

② 同上书，第 20 页。

③ 王德胜：《文化转型、大众文化与“后现代”》，《上海艺术家》1998 年第 6 期。

俱下，乱花丛中鲜花与毒草共生一样，大众文化在进行主流意识形态的教化作用时，也伴随着不和谐音符。我们在看到大众文化使民众的文化生活日益丰富和活跃的同时，也看到大众文化中大量低品位的文化垃圾充斥市场；看到大众文化在一定程度上能够缓解大众无意义的焦渴，也看到消费大众沉迷于形象的颓废。弄清个体存在的精神性，以及透视消费社会导致的幸福神话；寻找大众文化背后的逻辑，有助于人们从复杂的文化现象中探本溯源，贴近表象后的真实。

显然，大众文化代表着当今文化世俗化发展的趋势，是文化商业化、市场化的新形式，是当今发达国家文化扩张的产物。

（三）大众文化引导着新的文化实践

马尔库塞认为，由发达的大众传播系统所发展的新型文化实践，完全丧失了属于经典资产阶级艺术的价值。然而在哲学方面，文化却具有了一种操作价值。大众文化的技术的展开意味着艺术逐渐沦为“被支配的慰藉与刺激”。[①] 不可否认，文化的先锋前卫性正日益离我们而去，大众文化逐渐沦为人们身处现代社会须臾不离的麻醉剂，它缓解了压抑，麻醉了紧张，刺激无数昏昏欲睡的灵魂在人世间苟延微命。

大众文化是自西方工业革命以来在人类社会文化层面发生的重大事件。伴随着大工业的出现，社会财富和资本迅速流向工业所在的城市，并且通过发达的商业网络不断积累和流转。于是，人类的生产和活动中心开始由乡村转移到城市。城市不仅是人们交换的场所和政治宗教中心，而且成为人们生活、生产的地方。

---

① 王鲁湘等译：《西方学者眼中的西方现代美学》，北京大学出版社 1987 年版，第 278、265、190 页。

作为20世纪人类的一种必要的生存方式：城市吸纳了数以万计的来自村镇的大众，作为他们的生息之地；数以万计的大众在相对浓缩的城市空间生存、流动，创造和选择不同于农业社会的生活文明①。“当无数没有血缘、地缘的人汇集于城市，他们的身份也就开始转变为大众了，由此可以说，城市是生产大众的温床。”② 城市大众普遍的文化需要和共同的文化人格是构成一种独特的大众文化形态的市场空间和主体性条件。总之，庞大的城市利维坦，是人类有史以来最伟大的创造物，它由城市大众亲手建造，同时作为一个异化的实体也塑造着大众的精神、心灵、习惯、品位和趣味。德国思想家奥斯瓦尔德·斯宾格勒指出：“真正的奇迹是一个市镇的心灵的诞生。一种完全新型的群众心灵……突然从它的文化的一般精神中长出来了。它一旦觉醒起来，就为自己形成了一种可见的实体。……从此以后，除了个别的房屋、寺院、教堂和宫殿以外，市镇的形象本身也变成了一个单位，它客观地表现出形式语言及在整个生活进程中伴随文化的风格历史。”③ 就20世纪的历史而言，城市文明最重要的特征，就是大众文化现象的出现。

呼应着中国20世纪90年代社会突如其来的城市化进程，中国的社会文化生活也经历着一场从来未有的深刻变化。大众文化，这个以当代生存的个人领域为基础生长出来的一种新的消费性文化，正影响着我们这个时代的社会精神、价值观念、行为模

① 美国社会学家R.E.帕克认为，城市不只是地理学和生态学上的一个单位，它同时还是一个经济单位。城市乃是文明人类的自然生息地。参见帕克等《城市社会学》，宋俊岭等译，华夏出版社1987年版，第2页。

② 邹广文：《人类文化的整合与流变》，吉林人民出版社1998年版，392页。

③ 奥斯瓦尔德·斯宾格勒：《西方的没落》上册，齐世荣等译，商务印书馆1995年重印本，第200页。

式、社会风习。文学界的学人们已迅速敏感地注意到：大众文化已极为有力而有效地取代了原有的主流文化与精英文化，成了不断日常生活化的意识形态的初造者和主要承担者，并要求在多元的社会主流文化中占有一席显位。或者说，大众文化整合了话语的分裂，使之变成了“一个包揽无遗的大合唱，一个战无不胜的意识形态神话”。[①] 文艺批评家陈刚在其著作中不无夸张地指出，大众文化的世俗性与商业性导致了它同主流文化、精英文化的激烈冲突和相互拼合。在此背景下，人们正在目睹“一场硝烟迷漫的文化战场的肉搏”[②]。

大众文化之成为当代的文化景观，是因为20世纪中叶以来后工业化社会发展的必然。丹尼尔·贝尔指出：“由于现代生活解开了所有的社会纽带，由于现代通讯技术完善了宣传机构用来控制大众的手段，‘大众时代’已经来临。”[③] 信息技术革命使文化成为一种产业，从而否定了以行为表现的那种形而上的研究风格。

首先，大众文化是高雅文化发展到一定阶段的产物。传统的高雅文化，是一种学院式的文化，是少数精英分子以现实主义的手法、在学院式的创作风格驱动下创作出来的文化形式。但是，随着资本主义的扩张政策的推行，高雅文化的市场扩张能力变得越来越低，形而上的审美情节和无法张扬的创作个性，抑制了它的发展。正如同詹明信所说的那样，现代主义那种形而上创作风格的发展，使“每种专业形成自身的私人代码或个人习语，而最后每个个体变成一个语言孤岛，与所有其他人隔绝”[④]，大学

① 旷新年：《作为文化想象的“大众”》，载《读书》1997年第2期。

② 陈刚：《大众文化与当代乌托邦》第1章，作家出版社1994年版。

③ 丹尼尔·贝尔：《意识形态的终结》，张国清译，江苏人民出版社2001年版，第9页。

④ F. 詹明信：《文化转向》，胡亚敏译，中国社会科学出版社2001年，第4—5页。

中博物类、学术类的理论研究脱离了社会生产，总是走不到与世俗相融合的道路上。因此，对高雅文化的反动，以及消弭高雅文化与通俗文化之间的区别，是市场发展的必然。

其次，是由于20世纪四五十年代以来计算机科学的发展，使知识不断地商品化，改变了知识的合法性标准。随着计算机技术的发展，人们的价值模式发生了转变，凡是可以得到交换价值的知识就是合法的，否则就是不合法的。世界在过去是依赖于人们的反映而存在或真实的，而今天，人们的反映面向了更有意义的将来，面向自身，体现了文化自身的内在性。因为，高雅文化的严肃性使得人们失去了生活的乐趣，它总是板着人们不可理解的严肃的面孔。所以，一切行动就是获得知识，一切知识就是获得价值，就是对真实生活的重新肯定。于是，解放人的一切秘而不宣的东西，解放色情与冲动，解放一切可以使大众接受的方面，解放一切可以获得利润的方面，便成为当今社会的"时尚"。

再次，是由于一种新型社会的出现（后工业社会、跨国资本主义、消费社会、媒介社会等等），"引起了消费商品、为购买及消费而设的场所等物质文化的大量积累。其结果便是当代西方社会中闲暇及消费活动的显著增长"。[①] 随着闲暇时间的增多，人们的消费方式发生了根本性的变化，消费视角从原来的耐用消费品转向了情感快乐及梦想和欲望等方面。以致使文化传统和质的问题变成了量的扩张，文化的功能发生了转向，变成了满足大众的视觉与听觉的需要，社会充斥着影像文化。由于影像文化的大量生产，人们的消费必然过渡到符号的消费，生产必然过渡到对符号的积极的操纵，社会通过媒体无止境地复制出符号、影像

---

① 迈克·费瑟斯通：《消费文化与后现代主义》，第13页。

和仿真品。“因此，随着社会生活规律的消解，社会关系更趋多变、更少通过固定的规范来结构化，消费社会也从本质上变成了文化的东西。记号的过度生产和影像与仿真的再生产，导致了固定意义的丧失，并使实在以审美的方式呈现出来。大众就在这一系列无穷无尽、连篇累牍的记号、影像的万花筒面前，被搞得神魂颠倒，找不出其中任何固定的意义联系。”[①] 结果，高雅文化便过渡到了消费文化，过渡到了大众文化，过渡到了视觉与听觉的消费，物质性消费为核心的现代消费过渡到了以非物质性消费为核心的大众化时代。

20 世纪 90 年代以来，随着大众文化在中国的不断兴起，学术界也掀起了争鸣热潮。最初的讨论是由人文精神的反思引发的，这一反思的基调便是对现实生活中大众文化现象的泛滥及无序表示出不满与忧虑。而另一些学者则持相反的观点，不但对大众文化持宽容态度，还肯定了这一文化形态在推进社会现代化进程中的意义，认为“对现实利益的肯定，对大众日常生活价值形态的肯定，对世俗欲望的肯定，决定了以国家意志为宗旨的主流文化和以知识分子人文理想态度为核心的知识分子文化，都不能不更多地把自己的注意力投向大众生活的实际立场和具体经验。文化分层的结果，突出了大众在文化上的言说权力及其现实合法化过程；文化价值的判断根据由政治/道德层面转向大众生活层面，转向世俗性的社会共同领域”。[②] 就这样，围绕着对世俗化与大众文化的评价问题，当今中国学者形成了两种截然不同的派别：人文精神派与世俗精神派，以及相应的两种价值取向：

---

① 迈克·费瑟斯通：《消费文化与后现代主义》，第 21 页。

② 王德胜：《文化转型、大众文化与“后现代”》，《上海艺术家》1998 年第 5 期。

道德主义与历史主义。事实上，我国学者对大众文化的歧视、不满，在一定程度上是基于中西方大众文化发展状态的不平衡这一事实。法兰克福学派对大众文化的判断及评价，是因为他们认为西方社会已进入晚期资本主义，其大众文化形态已丧失了创造功能，只是呈现复制、破碎、拼贴、表层、感官等特性，所以才需要批判。至于中国，经济发展和社会制度在一定程度上制约了大众文化的发展，目前大众文化在中国尚处于启动阶段，尚没有必要像“西方马克思主义”那样狂加批判。应当看到，大众文化的兴起与发展，正可以抑制和消解社会生活中长期存在的一些弊端，这似乎已成为不同学者的一个共识。在大众文化尚处于变动不居的过程中时，我们必须有一种更为宽容的学理态度与事实精神，探讨它的文化逻辑与价值阙失，解决大众文化与中国语境化、高雅文化与通俗文化等关系，是中国知识分子与文化产业所面临的核心问题。

二　视觉消费与形象的狂欢
——大众文化的本质

从消费社会本源而言，消费社会以最大限度攫取财富为目的，不断为大众制造新的欲望需要。消费源于人的需要，而人的需要可以不断制造出来。在个人暴富的历史场景中，每个人都感到幸福生活就是更多地购物和消费，消费本身成为幸福生活的现世写照，成为人们互相攀比、互相吹嘘的话语平台。社会物质不再是匮乏的而是过剩的，思想不再是珍贵的而是老生常谈的，节约不再是美德而是过时的陈词，社会财富这块大蛋糕等着人们疯狂地分而割之，“据为己有”成为“丰盛社会”的个体原则。

消费社会的一个最明显的特征就是视觉消费。随着流行报刊杂志的迅猛发展以及影视网络和音像文化的洪波涌起，源于都市的大众文化以现代传媒为载体，正在迅速扩散到全国各地城乡。各种大众传媒都在为目前已经相当发达的人们的感性要求与享乐欲望添火加柴。各种享乐与消闲项目充斥了人们的闲暇时间，使你根本没有思考和使用理性的余地，它让大众在热闹、痛快的极度满足中，心甘情愿地作了感性的奴隶，不知不觉地丧失了判断力、思考力和批判能力，甚至造成了人的“读”、“听”、“表达”能力的退化。丹尼尔·贝尔引用了奥尔特加的话说，“现代趣味代表了平民的判断力，现代生活‘对所有古典主义的东西都一无所知’，过去的一切都无法成为‘可能的榜样或标准’。甚至‘著名的文艺复兴也通常自我暴露为是一个狭隘的地方主义盛行的时期，我们可以用一个术语来修饰它：平庸’。”① 按照丹尼尔·贝尔的观点，现代的大众是无明显特征的群体，是缺乏判断能力的，是一个机械化的、官僚化的团体。大众所关心的是效率，是视觉与听觉“功能的合理性”。21 世纪是一个视觉形象爆炸的时代，每天人们从一睁开眼就面对着无比丰富的形象世界，可以说是目不暇接，通过形象世界，人的心理接受着各种各样的信息刺激，既有日常生活中平面、立体的各种形象，也有影、视作品中声像同步的动态形象；既有诸多人们被动接受的形象，也有通过上网、玩游戏机等方式而主动选择的形象。

首先，电视的出现，使整个社会迅速地步入了一个空前的大众传媒时代。在空间维度上，整个人类进入了一个被麦克卢汉称为“地球村”的时代，人类在文化上逐渐走向了一个有着某种共同特征的“村落”；在时间维度上，整个社会文化则开始迈向

① 丹尼尔·贝尔：《意识形态的终结》，张国清译，江苏人民出版社 2001 年版，第 6 页。

一种“速度文化”或“快餐文化”，人类在迅捷地传输或受纳文化信息的同时，逐步走向了“速度消费”。大众传媒迅速消除了非文化人和文化的距离，达到了文化的共享。在这个意义上，电子影像媒体可以说是“新时代的福音书”。电子影像媒体通过大众传播制造了大量的“赝品”，因而社会对视觉形象的消费达到了从未有过的高度，视觉形象消费大量地涌入了人们的消费行为。

在中国，20 世纪末的电视观众覆盖面达 10 亿人以上，电视机销售量已超过 3 亿台，中国成为世界电视第一大国；同时，中国人每日收看电视的时间已明显高于其他娱乐方式的消费时间，电视已成为中国人心目中最具影响力的一种大众传媒。电视节目是大众的短期消费品，它使人们的观念在片刻中为回到不需要使用大脑的婴儿时期而感到快慰无比。电视图像叙事“理想读者”的个体化恰好投合了人们秘密猎奇的天性，其背后对应的是人类的欲望逻辑与乔装打扮的社会逻辑。同时，电视图像叙事这一个体式的收看方式不仅支撑着人们的娱乐与休闲时光，还成为个体接受信息、感受世界的一种方式，其“真实”原则组构下的现实世界已经满足了人们的需求，从而阻止了他们的实际行动。

电视、电影的声像合一方式，使艺术更接近生活，更易于为人们所接受。“电子传媒阶段的重要特点就是用图像符号代替非具象性的符号，由于它用具象直接作用于人的视觉，消除了人们的知觉与符号之间的距离，因而也消除了文字那种需要通过接受教育才能理解的间接性，消除了从符号的所指到能指之间的思维过程。”[①] 简言之，就是图像比文字更具有大众性。电视电影对

① 黄会林：《中国当代大众文化研究》，北京师范大学出版社 1998 年版，第 10 页。

古典文学名著的改编，以及对文学作品甚至哲学作品的“连环画化”，导致现代读者对文学原著的阅读兴趣和能力的衰减；人们宁愿看电视电影，而不是选择阅读文学原著。比如，一部《红楼梦》作品能从头看到尾的没几个人，大部分人看都看不懂，可一旦把它拍成电视剧，连不识字的老太太也津津乐道。许多文学作品就是通过拍成电视电影才进入人们生活的。视觉的直观性和诱惑力使得形象比文字更具有优越性，因而构成了当代社会文化图像对文字的霸权和支配。视觉符号正在或已经超越了语言符号转而成为文化的主导形态。换言之，形象或图像正在取代语言成为文化的主因。在高科技手段飞速发展的今天，技术的可能性越来越明显地制约着形象的可能性，只要技术上是可能的，便可以被塑造出来。当前数字化技术在电影中的运用，不仅使得电影中真实与虚构的界限被消解，而且在很大程度上改变着人们的思维方式和价值取向，改变着整个世界。“现实”是可以“虚拟”的，一切都是可以复制的，世界由“物”退到物的影像。当现实与非现实、真实的物品与人们的表象之间的界限在人们的心目中变得越来越模糊时，当人们再也弄不清真实显现与代替性显现之间的同时，人们还有没有能力来控制现实？记号与影像的激增消解了现实与想象世界之间的差别。于是，真实的标准开始动摇。我们正处于一个视像膨胀的“非常时期”，一个历史上从未出现过的图像蜂拥而至的时期。英国学者伯格认为，在历史上的任何社会形态中，都不曾有过如此集中的形象，如此强烈的视觉信息。而德国哲学家德格法则宣布一个“世界图像时代”正在降临。曾经一度风靡的“语言转向”正在被一种新的“图像转向”或“视觉转向”所代替，以语言为中心的文化日益转向以视觉为中心的文化。

较早提出“视觉文化”这个概念的是匈牙利电影理论家巴

拉兹，他于1913年使用了“视觉文化”这个名词。我们将“视觉文化”定义为以视觉元素为主导的文化现象和文化实践，而将对这一现象或实践的研究或思考界定为视觉文化研究。当前，视觉文化的研究具有重要的时代意义。历史上，视觉文化经历了几重跌宕起伏：印刷术的发明使人们更多地关注印刷等抽象符号而非视觉形象；电影的问世引起了人们对视觉的关注，成千上万的人因其带来的视觉冲击走进了电影院；电视则更是将精彩的世界带进了家里。当代倾向的性质是渴望行动，追求新奇，贪图轰动，这一切都使得当代文化强调视觉成分。

其次，互联网的出现，标志着一种新的视觉文化的到来。较之于传统的延时文字传播，视觉的电子媒介传播更接近实时传播；借助于现代信息技术，视觉文化逐步走进数字化“虚拟影像”时代，所以视觉文化是一种值得关注的文化现象，同时又是一种渐近成熟的文化研究领域。视觉文化跨度广泛，涉及哲学、美学、文艺学、社会学、心理学、符号学、传播学及信息技术等多学科，视觉文化的研究本身就具有跨学科的性质。

如果说语言文化是理性文化，那么视觉文化可以说是欲望文化。形象的狂欢成为我们日常生活的仪式，追求视觉快感成为我们的基本需求，所以许多人把时间消磨在“形象自来水”上面，不知不觉“被格式化”为一种生活方式，一种价值尺度和为人处世态度。视觉消费的代价就是想象活动的消失。人的接受活动抽空了时间，因此变得直接而迅速。阅读在复制时代被改造，变成一种消费式的阅读，消费消解了阅读，从而使大众以自我为中心的消遣心理得到极度张扬和满足。贝尔指出：“印刷不仅强调认识性和象征性的东西，而且更重要的是强调了概念思维的必要方式。视觉媒介——我这里指的电影和电视——则把它们的速度强加给观念。由于强调形象，而不是强调词语，引起的不是概念化，而是戏剧化。”① 而在视像作品的制作上，为了适应机械复制时代大规模生产的需要和满足观念“快餐消费”式的接受心理，影视作品大都千篇一律，具有类型化的倾向。

文字信息能促进人的思考，图像信息却更多让人认可这个现实世界，不利于人对现实世界进行批判和反思。举一个简单的例子：甲学者在电视上讲：“亚里士多德说过，哲学是发现真理的艺术……”乙学者则说：“伊壁鸠鲁说过，哲学是关于生命艺术……”听众将无所适从，如果换成读书就不一样了，读者可以先读亚里士多德的书，再读伊壁鸠鲁的书，经过深思熟虑，两相比较，孰是孰非，最后由自己下结论。这样就可以形成自己对哲学的深刻理解。再举一例：现在的人喜欢通过电视、光碟等媒体了解历史，殊不知，上了这些媒体的，就不再是历史，而是作者演绎的历史故事。“历史”与“文学性历史故事”根本不是一回事。培根说，读史使人明鉴。读历史故事就不同了，有的品位不高的作者，只顾取悦读者，置史实于不顾，怎样不着边际的故事都编造得出来。然而，读者却每每相信，误将故事当历史，以为自己了解历史了，其实对历史的了解仍是一团乱麻。传媒作为认知手段之一，它取代不了读书。迄今，最能触及根底的传媒方式仍是书。木受绳则直，金就砺则利，人读书则耳聪、目明、心诚。古人云：学，殖也，不学将落。读书是“学”的重要手段。朱熹说：“博学之，慎思之，审问之，明辨之。”他也将“学”放到了首位。所谓愚者暗于成事，智者见于未萌。智愚之差别主要在于读书与不读书。当代文化的“读图”的冲动，这并非源于人们对于文字的恐惧、疲倦或是反动，而是人们更愿意追求影像的变化和视觉的满足。

---

① 丹尼尔·贝尔：《资本主义文化矛盾》，第156—157页。

三　虚拟享乐——新时代的生活与精神特征

（一）从视觉消费到虚拟享乐

我们正处于一个从语言文化主导的时代进入视觉文化主导的时代。贝尔的断言大家早已耳熟能详："当代文化正在变成一种视觉文化，而不是印刷文化，这是千真万确的事实。"[①] 即它是以眼睛的可视功能作为文化传输的基本途径。在这种视觉文化中，它是以感官的"可视"作为核心，而人脑的思考却显得并不重要。阅读逐渐地转变成种种不同的读图形式。先是摄影，接着是电影，再接着是电视，同时还出现了卡通，数码化的成像方式，等等。它们都以图或以像的形式被商品化，和其他消费品一样大批量地生产并进入大众的日常消费。在美国，"20 世纪 70 年代和 80 年代出生的儿童，甚至于未满一岁就会熟悉显像管上发生的活动，不管他们是否懂得这些现象的含义……电子媒介在他们的生活经历中占据主导的地位"[②]。相比文字而言，图的影响越来越大，以至于有超过文字的程度。由于视觉在我们的日常世界中不断扩张，这是一个由广告电视和录像所塑造的图像。这个图像的世界有某些操纵的意图，电子图像的操纵有种种可能性，并且向高度非物质化的技术过渡。依据这样的看法，视觉上支配的文化是伴随着这一时期可见物中可信赖性的消解。现实在媒介上失去了重量和重心，从物质的存在转化为光，从三维的空间实在转化为平面的二维图像。由于媒介的塑型，使得主体一方

① 丹尼尔·贝尔：《资本主义文化矛盾》，第 154、156 页。

② 施拉姆：《传播学概论》，新华出版社 1984 年版，第 166—167 页。

面依赖于媒体的图像传播（获得信息），另一方面又加速了他们对媒体图像化的依赖（其他非图像性的媒介能力必然衰退）。对当代以电子技术为核心的传媒系统，美国学者麦克卢汉曾说，电子技术扩展的不是我们的眼睛，而是我们的中央神经系统走向视觉化，这意味着人的神经系统从此不再承担理性的生命基础，而是开始听命于客观对象的形式结构及其视觉影像；不是把各种杂乱无章的感觉形象上升为明晰的理性形式，而是要把理性化的主体结构还原为感觉与幻象。与古典时代人自身的精神再生产主要依靠理性方式完全不同，当代人的精神复制与发育则同主体视觉活动的关系越来越密切，所以前者的经典产品就是以语言符号为载体的科学与哲学，后者的代表作品是则以电子形象为载体的大众影视文化。

首先，读图时代最基本的精神问题，即真与伪、原本与赝品的冲突与鉴别。在这个理性崩溃的时代，那些大量无法解释而又无法认同的文化形象，正如离开所罗门瓶子的妖魔，它不再受任何控制而可以任意吞噬渺小的个体。尽管为了适应图像文化的内在要求，后现代文化理论中大讲的“永恒”、“原本”、“深度”不复存在，但这实在不过是一种图像文化的托词。从根本上说，以现代传媒技术为本体而展开的后现代文化，并非没有“原本”，只是由于服务于技术化的视觉而被遮蔽起来，甚至是把原本当作假的，不真实的价值形态予以否定。当代大众影视文化具有这样一种颠倒化功能，把原本与赝品之间的关系混淆起来，令人无法进行分辨与选择。例如现实中每个人都不可容忍盗贼对其人身与财产的劫掠与蹂躏，这是因为他要为自身的存在负责；但在影视观看活动中，却可以为种种暴力片与黑社会片深深沉醉。所以，并非真与伪的矛盾在现实世界中一劳永逸地解决了，它只是在大众文化中被搁置起来，在那种摄像技术与娱乐视角中被排除在“镜像”之外而已。由于否定了一切本质性的东西，这也正是当代形象文化只能以“时尚”为最高本质的根源。原本的消失，实际上意味的是，我们从此不可能再从逻辑上讲清或排列出一种有关先后、主客的理性秩序；而在电子技术成千上万地批量复制的文化幻象中，所有的真实之我与镜中之我几乎是同时发生，并在视觉本体论上具有同样的真实内涵，使视觉不再听从于理性判断。例如一个人与他的艺术照，两者之间怎么可能区分不开呢？只是在个体从情感上更倾向于照片上的技术影像后，才发生对自然生命的冷淡。在后现代主义所揭示的大众文化时代中，不仅海德格尔所追求的“此在”没有找到，甚至连这个概念本身与寻求它的意向，实际上也在电子形象这个无底的棋盘上彻底消失了。

其次，图像化在表达上的一个重要特征是平面化与世界性。其中，平面化是指缺乏文字表达那种意义深度，而世界性是指它不依赖于文字，不同民族，使用不同语言的人士，都可以理解画面的含义。正是这两个特征的结合，使得图像表达可以渗入到社会的广大阶层的民众之中，并且可以产生跨地区、跨民族的影响。倘使说在传统文化中，我们的视觉对象还保留着较多的自然形象或粗糙的视觉景观的话，那么随着现代化进程的展开，都市化浪潮正在被人为地局限在愈加人为化的视觉情境之中。文化脱离了以语言为中心的理性主义形态，日益转向以形象或影像为中心的感性主义形态。较之于我们的前辈，我们越发地感受和追求视觉的快感，也越发地体验到外观的视觉美成为主流。更美地生活是昨天的格言；今天则是更美地生活、购物、交往和休息。视觉于是成为一个“欲望”的象征。人们视觉体验的欲望被空前地激发起来，不断地攫取视觉快感资源又不断地失望，这就是主体内在的心理法则，也是当代社会不断改变其外观的普遍法则。

图像世界中的视觉无意识表达方式在领会上更倾向于默契，而不像文字表达那样，对于接受者的文化修养提出了较多要求。这里，由于文化修养以及它所代表的文化等级秩序被消解了，人与作品的关系主要是图像与人的感官相遇，欣赏作品的过程更多地成为一次感官的盛筵。传统的文化背景与思想资源被搁置起来，文化秩序的深度感被感官享乐所主导的平面化所颠覆，至少，建设性文化意识没有被邀请加入到活动过程中。主体长久地被媒介的非现实化的“图像操纵”，而这种操纵状态又导致了主体对现实态度潜移默化的转变。

（二）从符号消费到身份认同

当代社会的一个重大特征是符号，尤其是图像符号的剧增。我们生活在一个符号的帝国里，而广告是这个符号帝国的“国王”。日常生活的基本经验告诉我们，我们的生存环境正在大幅度地广告化。21 世纪的经济是注意力经济，21 世纪最宝贵的资源就是眼球，因而凡是能够传播广告的媒介，都成了广告大显身手的场所。对于现代人而言，广告显然已经成了他们生活的一部分，现代广告已经游离了纯粹的商业领域而成了一种典型的大众文化现象。有人形象地说：“我们呼吸的空气是由氧气、氮气和广告组成。”[①] 广告对于社会，对大众的影响绝不限于购物。有学者认为，“我们可以从不同的角度看待电视广告……可以不把广告死板地看作是经济事件，而把它看作是一种社会政治事件，它讲述着或参与着社会场中各种力量之间正在进行的游戏。”[②] 的确，广告已经成为塑造大众信仰、世界观、价值观的最重要的

① 黄会林：《当代中国大众文化研究》，第 348 页。

② 马克·波斯特：《信息方式》，商务印书馆 2000 年版，第 70 页。

媒介之一。广告中的“成功人士”早已成为大众模仿的偶像，广告中倡导的“理想生活”早已深深地渗透到大众现实生活的设计与美妙未来的蓝图之中。对于这么重要的社会文化现象，我们没有权利回避。正如马克·波斯特指出的：“电视广告是重大的社会事件，是发达工业社会图景中的显著特征。它们是一种范围甚广的屡发现象，公司行政人员、政客、宗教界人士以及社会批判家都看到了它们的重要性。”①

广告本身在过去百年里，运用的技巧发生了很大的变化。在当代社会，具有广泛社会性和文化内涵的广告日益增多。广告表现由强调商品功能差异、利益承诺转移为塑造商品的品牌形象或符号性价值。成功的广告常常并不赤裸裸地“王婆卖瓜”；相反，它要把自己的商业动机乃至商业性质巧妙地掩藏起来，给人的感觉仿佛不是在做广告。这个时候它往往借助美学与艺术来包装自己。利用美轮美奂的图像与声音，调动各种似乎是非商业化、非功利性的情感资源“以情动人”，盗用各种古今中外的文化资源，等等，都是广告修辞的常见手段，也是广告常用的话语转化方式。例如神龙汽车公司为富康车做的广告中心词就是：“放飞自由”，把买富康车转化为对于自由的向往。“在自由的心里一切都是可能的。一如驾驶富康车，你会觉得自己在飞。你会爱极了这畅快舒服的感觉，你会不停地飞下去，不想停下来……渴望自由的心很高，通往自由的路很近。拥有富康，让自由的DNA尽情释放，放飞你的心，放飞你无限的自由。”② 广告通过符号化的创意表现手法，让受众接受到隐含于商品背后的象征意义而满足其文化上的需求。在这个过程中，有关商品“物的价

① 马克·波斯特：《信息方式》，第69页。

② 《北京青年报》2001年9月4日。

值”的表述在广告中逐渐退隐，而“符号的价值”则备受瞩目。商品的“有用性”被视为理所当然，而被传播、被消费的愈来愈侧重于商品的“符号性”。

波德里亚认为，广告首先是关于物的述辞。这是广告，是由文案、图像所构成，作为宣传商品的功能而表现的侧面。同时广告又是被消费的物品本身。这指的是，文案和图像本身，像文化的作品一样成为被消费的意象。文案和图像背后设有让受众潜意识接受的意象，借此达到获得其共鸣的功能。这样，广告具有“关于物的述辞”以及“被消费的物品本身”的两面性。也就是说，广告由“关于物的价值的表述”和“文案和图像背后，符号意义之解读”这两部分构成。前者传达商品情报而成为述辞本身，后者则获得受众的共鸣而成为如同文化一样被消费的东西本身。广告的服务功能就像一种文化/消费词典；辞条是产品，其定义则是文化含义。

现代广告是一种产生于需要的偶然艺术，在商品与象征域之间架起桥梁，它给某个产品赋予特殊意义，使一个商品成为一个品牌。广告作品的魔力就是用绚丽与和谐的方式创造出令人愉快的形象，将浓缩的信息附着在从普通生活和流行文化广泛领域中提取的可信的比喻之中。现代广告卖给消费者的是梦想和欲望，而不仅仅是产品。优秀广告树立的品牌后面的价值与意义可以由这样两方面构成：一是展示人内心深处的梦想与欲望。人总是不安于现状，总是要用各种幻想与梦想来充实虚空无边的精神世界。弗洛伊德说每个人都有“白日梦”情结。在一定程度上，人就是以“白日梦”来抚慰自己躁动的灵魂。不过，幻想与欲望并不总是十分明确的。因此，那些表现出来应和了内心愿望的东西最容易打动人心，与人产生共鸣。现代广告就是将自己装扮成人的梦想，揭示人精神世界潜在的各色原始欲望，唤醒与激发潜意识向意识行为转化。它并不告诉人这是什么，而是说，这就是你想要的和应该拥有的。仅仅表现人朦胧的欲意，现代广告资源很快就会枯竭。现代广告创意不断的秘密之二是其价值与意义表达总与当代生活与流行文化相联系。电视广告总是从日常生活与流行文化资源中获取令人愉快的东西来表达商品信息，如婚嫁、回家、聚会、性爱、飙车等引人注目的场景。作为一种传播符号的广告，其象征固然有文化与地域的差别，但作为一种特殊的艺术形式却又具有艺术超越民族文化与地域的共通性。优秀的广告正是共性的张扬：传播一种梦想，虚拟实现一种欲望，为产品增加一种附加值。从符号学角度看，广告中这种常用的修辞与叙事技巧是意义的嫁接。也就是说，把一种与某个产品（能指）并不具有必然联系的意义（所指）"嫁接"到该产品。波德里亚把符号学方法与政治经济学方法结合起来批判性地解读广告，认为"产品本身并非首要的兴趣所在；必须在该产品上嫁接一套与该产品没有内在联系的意义才能把它卖掉"[①]。这样，消费这种产品与消费一种意义就被牵强地、但常常又是不被知觉地联系起来。由于广告在能指与所指之间、产品与意义之间的这种任意联结，它常常是幸福生活的空幻许诺，是社会矛盾与个人生存困境的虚幻解决。

受广告影响的消费者并非只在迫于需要或基于必要性的需求才行动，有时候消费者是随着超乎必要性的欲望而行动。消费的比重也从商品本身转移到形象，消费活动不仅取决于对商品本身的需求，而且还取决于欲望和感性这些非商品固有的要素。正是在这个角度，消费对象从"物的价值"转移到"符号的价值"。在此意义上，消费不是物品功能的使用或拥有，而是作为不断发

① 马克·波斯特：《第二媒介时代》，南京大学出版社 2000 年版，第 146 页。

出、接收而再生的符码（symbolicalcode）。当消费者希望从消费中寻找某种特定的文化意义，超过了对商品功能效益的需求时，广告创意表现的重点，便转而追求符号的差异性。其主要方法是，运用符号学原理，针对目标消费者的意识与行动，创造适当的符号，使其有特定的象征意义，并通过直观的意象，以获得消费者的共鸣。消费不再是一般意义上的物质实践，物质商品不是消费的对象，它们仅仅是需要和满足的对象，而需要的满足只是消费的前提。为了成为消费的客体，客体必须变成符号。符号之间的关系，使“差异”得以确立。与他人形成差异，正是日常生活中消费的主要用途之一。在波德里亚看来，现代消费社会的本质，即在差异的建构。人们所消费的，不是客体的物质性，而是差异。消费社会中的消费，纯然追求的是象征性和理想性，而这些又注定是无法完成和实现的。于是，人们只能为了消费而消费，贪婪地吞噬一个又一个的商品符号，没有限制，没有终结。

我买什么，则我是什么

“许多年以前，一个人如果难受，不知如何是好，他也许会去教堂，也许会闹革命，诸如此类。今天，你如果难受，不知所措，怎么解脱呢？去消费！”[①] 在历史上任何时代、任何社会中，人们对于消费的兴趣都是普遍存在的。然而，在今天，消费不仅具有物质形态意义上的使用价值，而且越来越成为人们“自我表达”的主要形式和“身份认同”的主要来源。在社会学家看来，消费不再仅仅是一个经济的、实用的过程，而且是一个涉及文化符号与象征的过程。有时消费者购买的不只是一个单纯的、可使用的实用商品，而且透出这样的信息：暗示消费者本人想成为某种人或对某种生活方式的向往。人们通过消费实践、透过消

① 米勒：《代价》第一幕，1985 年。

费模式中的符号使用，构建他们的自我的社会群体认同。这意味着人们的生活、认同感以及自我观念逐渐不再是以工作为核心，消费扮演了愈来愈重要的角色。这被认为是进入“后现代”社会的标志之一。波德里亚和詹明信等认为，在后现代社会，消费不再是工具性活动，而是符号性活动；消费越来越涉及失去了固定“所指”的、“自由的”和“被解放了的”、“能指”，成为“对符号进行操纵的系统性的行动”。

E. 舒尔曼曾说过，“一旦经济主义主宰了技术，利润取得了核心地位，商品的生产就不再受到消费者的当前需要的支配。相反，需要是为了商业性原因而通过广告创造出来的。技术的产品甚至不经人们的追求而强加于人们”。[①] 现代广告，是借助于现代文化工业日臻完善的传播技术手段，为大众所提供的典型商业文化。其社会功能已经不是主要用于传播商业信息，而是创造一种新的消费时尚，也就是创造一种不同于从前的消费价值尺度，这种消费价值尺度最终扩展为整个社会生活的价值尺度，成为衡量人生价值的尺度之一。

各种各样的广告和媒体推动，制造着消费主义的新文化传统：它宣称生命的意义在于购买商品（和服务）以及享受这些商品（和服务）的经验。消费不仅被认为是以“需要”为基础的、为满足生存需要而“被迫”进行的，更逐渐建立在“欲望”之上。工作不仅是为了生活，而且是为了买得起消费品。不仅是购买行为本身，就连购买想法本身都提供了工作的动机。[②] 正像艾伦·杜宁所揭示的，“经过短短几代人，我们已经变成了轿车

① E. 舒尔曼：《技术文明与人类未来》，东方出版社 1995 年版，第 359 页。

② Baudrillard，转引自李煜《社会学取向的消费研究初探》，《社会》2001 年第 1 期。

驾驶者、电视观看者、商业街的购物者和一次性用品的消费者”①。“高消费的社会，正如奢侈生活的个人一样，消费再多也不会得到满足。消费者社会的诱惑是强有力的，甚至是不可抗拒的，但它也是肤浅的。”②

在消费社会中，消费是“一种操纵符号的系统性行为”，消费的核心在于商品的符号价值。所谓商品的符号价值，是指商品作为符号，能够提供声望和表现消费者的个性、特征、社会地位以及权力。如，为什么全世界的男性都喜欢万宝路香烟？这与万宝路广告中的美国西部牛仔形象传达出的阳刚、粗犷、不受拘束的含义是一致的，而这样一种形象正是他们心所渴望的。从符号学角度看，“万宝路”品牌形象包括三个基本组成部分：物体（object）、符号（sign）和解释（interpretant）。物体就是产品，即万宝路香烟，它是信息的中心；符号则是感觉意象，即万宝路牛仔；而解释则是衍生的意义，如粗犷、个性、美国的等等。更深的潜台词是：抽万宝路香烟的人因为他的阳刚之气会赢得女性的青睐，他们在性征服的游戏中将会胜利。这样一个隐含的“公式”产生了：万宝路=男子气概=成功地征服女性。

当代社会不再是生产主宰的社会，而是由“大众媒体、控制模型和驾驭系统、电脑、信息处理、娱乐和知识产业等等”③所控制的社会。从这些系统中派生出来的可谓是名副其实的符号大爆炸。的确，随着商品世界的扩张、大众媒介的渗透以及科学技术的发展，符号的确正在有力地建构着人们的日常生活和新的社会秩序。广告在推销它们的产品和服务时充当着消费领域里的

---

① 艾伦·杜宁：《多少算够——消费社会与地球的未来》，吉林人民出版社1997年版，第17页。

② 同上书，第19页。

③ 宋林飞：《西方社会学理论》，南京大学出版社1997年版，第485页。

符号体系的制造者、传播者和强化者。广告，它是意义的“万花筒”。在广告符号系统中，它可以自由地赋予产品以它需要的任何文化内蕴，但它不创造新意义。有论者曾指出：广告就像“修补术”，它仅仅是在重组社会意义系统的碎屑，既未扩大也未更新，而只限于像万花筒一样以现有材料的不同变换组合为自身目的。从量的方面看，它五彩缤纷、花样繁多；从质的方面看，它极端匮乏、毫无创新，总是在不厌其烦地重复一些“永恒的梦”：青春、健康、美丽、自由、成功、爱情等，在“象征界”为大众编织“想象性”满足的梦。广告通过躯体欲望和消费需要的生产调动人们的内在欲望。在耸人听闻的广告词语后面的“幸福”话语，成为对消费社会的人生意义“拯救”的代名词。在消费体系中，广告明白无误地诱导和训导人们该怎样安顿自己的肉身，获得躯体感官的享乐。并由此使得大众彼此的模仿攀比，进入一个高消费的跟潮的消费主义状态。大众在模仿他者偶像之中“挪用”他者的形象，这种消费式的模仿将权力视觉化，或者将话语权力的表征表面化和消费化。[1]

当代一则著名的广告词一语点破其中的奥秘：“我买什么则我是什么。”（I shop，therefore I am.）“我”消费什么、怎么消费，实际上体现和贯彻了“我”对自己的看法、定位和评价，以及对自己的社会角色和地位的接受。这些认同决定了“我”在进行消费时，哪些消费内容和形式是恰当的、哪些是不恰当的，哪些是符合“我”的社会地位、身份、角色认同的以及哪些是不符合的。[2] 用萨特的话来说就是：“你买进一个商品，同时也买进一种观念，而且对这个观念进行了奇怪的处理。”也就

① 波德里亚：《物体系》，台湾时报文化出版企业公司 1997 年版。

② 王宁：《消费与认同》，《社会学》2001 年第 5 期。

是说，自我意识随着消费而体现出来。比如，在美国，以快捷、价廉取胜，并被大众所广泛接受的麦当劳，虽然在我国许多城市也受到热烈的欢迎，但其中被赋予的意义与其美国祖源地却有很大不同。对于中国老百姓来说，麦当劳作为美国文化的符号意义比它作为快餐符号意义更为重要。光顾麦当劳体验他们想象中的“美国文化”要比去那里吃汉堡包填饱肚子更有意义。这种体验成为中国百姓心目中“现代幸福生活”的象征之一。同时，吃外国餐，用外国货成为他们有意无意地表现自己作为中产阶级专业人员身份的一个重要方式。“一个人的身体、服饰、谈吐、闲暇时间的安排、饮食的偏好、家居、汽车、假日的选择等，都是他自己的或者说消费者的品味个性与风格的认知指标。”[①] 作为消费者，你选择哪一类商品，你就是哪类人。如同波德里亚所说：“购物行为就是选择，就是决定一种偏爱——恰似在计算机提供的不同答案之间进行选择一样——对问题做出回答，购物者就是在这个意义上进行游戏，而这一问题永远不是直接的、针对物品用途的，而是间接的、针对物品的不同类型的‘游戏’的。这一‘游戏’和认可它的选择构成了与传统使用者相对立的购物者/消费者的特征。”斯多特与伊丽莎白·埃文在《欲望的通道》里曾提到“今天已没有风格，有的只是种种时尚”、“没有规则，只有选择”、“每个个人都能成为一个人物”。于是现代广告这样告诉人们说：买下这个吧，因为它与任何别的东西都不同（如：这是社会精英才享用的食品，这是只有极少数佼佼者抽的香烟……）；买下那个吧，因为这个社会上所有的人都已经在用它。前句广告词针对那些独领风骚的人，他们有消费的欲望；后者面向害怕落伍的人群，所以他们也有消费的需要。这两则广告

① 迈克·费瑟斯通：《消费文化与后现代主义》，第121页。

的说法相反，意思却一样，都是要让每一个具体的消费者，在他/她模仿别人的同时，得到一种自己是独一无二的感觉。一则轿车广告不会只说："你看这轿车不错，它能跑!"广告会用无穷的联想和暗示，为那些轿车自由自在地创造出五彩缤纷而丰富多彩的感觉与形象。所以在一则广告里，一部轿车可以是"气派而华丽"，或者是"纯真而自然"；可以是"潇洒而快乐"，或者是"沉稳而凝重"；可以是"显示出您辉煌无比的成功"，也可以是"透露出您朴实无华的高贵"。这样一来，欲望就脱离了"生存的必要需求"这一"实在"但却是"有限"的地平线，随风而起，飘升到了那"空虚"但却是"无限"的天空。也就是说，欲望获得了一个"空虚的形式"，而这个空虚形式，正是欲望可以去自由飞翔的"无限的空间"。广告所造成的这种欲望狂欢氛围，实质上是一场电子模拟游戏，大众身不由己地把情感以符号形式投入商品交换，在无穷无尽的"影像"之流中耗尽所有的心理能量。当一切现实及欲望被广告这个自我指涉的符号系统按市场逻辑转换成商品"形象"后，大众的梦想、渴望便都可以通过消费行为得以象征性地解决。只要品牌所体现出来的生活态度和价值取向与目标受众在消费个性意识领域取得默契，此一品牌必然会成为象征符码而被文化地接受并被文化地消费。人们在通过消费而获得心理满足的时候，实际上所需要的仅仅是一个与之相比较的模特儿，一个供集体性神话投射的图式就足够了。正如波德里亚所说——个性化逻辑也是如此：它与自然化、功用化、文化等是同时代的，这一普遍程式可以历史性地定义为：这是取消了人们之间真实差别、使人们及产品都同质化，并同时开启了区分鉴别统治的一种工业垄断性集中。这有些类似于宗教或社会运动，它们是在自身的原始冲动消退之后才建立起了教堂或制度。在这里也是如此，对差异的崇拜正是建立在差别丧失之基础上的。在此意义上，广告也许是我们这个时代最出色的大众媒介。

当大众通过大众媒体构想自己的消费，即在心理上消费的时候，就形成了认同和消费欲望，每一种“新”产品都为消费者提供了一次实现这种欲望的机会。毫无疑问，广告是无愧的功臣，它总是在推波助澜中，激化社会需求，推动消费社会的再生产。作为实物的商品看起来是消费的对象，实则不然，它实际上只是需要和满足所凭借的对象。我们不能根据我们吃的食品、穿的衣服和驾驶的汽车来界定消费。消费既不是物质活动，也不是“富裕”的现象。消费是全部对象和信息的总体，消费是操作商品实物以及人们赋予其中的符号意义的系统行为。

你长得什么样，你就是什么人

消费社会越来越强调女性化的审美趣味，它把女性符号装点在各种消费品上，广告的视觉图像主要以女性符号为标识，这导致了消费社会不自觉地认同一种阴柔的、娇媚的美学趣味。“广告＝商品＋女人”，女性成为广告创造中的一个“永恒主题”。

女性的身体始终被看成是一种有待加工的平面和体积，而加工的方式是社会对女性身体的文化控制和文化操纵。[①] 与其他控制和操纵女性身体的社会形式相比，对女人形体的社会苛求不是一种短暂的流行，也不是一种区域性的风气，更不是一种少数人的时髦，而是最为典型的一种。它作为一种行为方式、思维方式和感觉方式存在于女人身体以外，同时通过一种无形的强制力，施加于每一个作为个体的女人，使女人感受到并服从它。迄今为止，关于女性身体的文化规则都是由社会男性主流文化制订的，

---

① 珍妮弗·克雷克：《时装的面貌》，舒允中译，中央编译出版社2000年版，第90—96页。

形式的变迁，符号的繁迷，昭显出在不平等的两性权利关系中主流的男权文化对女性的随心所欲。

女人的身体在某种意义上从来没有属于过自己，那么是谁操纵了它？身体的变化在今天尤为意味深刻。

技术，一直在社会文化控制和操纵女性身体的过程中扮演着重要角色。当大众传媒出现之后，它也立刻成为男权文化控制和操纵女性身体的一种工具。随着大众传媒传播力、表现力的进步，其对女性身体的文化控制和操纵更显出强大的影响力。广告艺术与商业结合，利用高科技对原始图像进行复杂处理、拼贴，从而创造出一种类似乌托邦的完美图景，女性形象得到了理想化的再现。广告中常见的女性形象年轻貌美，出众的五官和形体在摄影机特写镜头的刻画下显得迷人、性感，是镁光灯的焦点；女性肌肤频频暴露，配合着手指象征性的轻抚和自我陶醉的表情，成为广告商为刺激受众的观感兴奋点而广泛采用的技法之一。特写处理后的女性并不是现实中女性的真实表现，某种程度上是男性所幻想、所希冀的女性形象：香甜却无力，性感却依照男性臆想所塑造，完美却服务于男性的需求。女性的完美再现是从男性的视角、男性的渴望出发的，它不仅依照男权社会的价值体系与思想模式而塑造，而且其所营造的美好的浪漫气息诱导女性将此模式内在化，自我认同于广告中的女主角，并“快乐地”融合到这一复杂的体系中。广告误导女性相信身体的外在完美是女性实现自我价值的最佳途径，仅通过使用一些产品使外形更具吸引力，女性便可达到改变个性，甚至改变生活方式的目的。这里，女性的主动性并没有被完全否定，而是被有意识地引到了一个不同的轨道：在边缘角色中发挥主动性，在男性已严格划分好的领域中找到满足，达到完美。

等级社会正如费尔巴哈所说的——“人吃什么就是什么”。

而在消费社会，我们则可以说："看上去像什么，女人就是什么"，或者说"你长得什么样就说明了你是什么人"。芭比娃娃就是金钱与欲望精心打造的代表作：瘦削的身体是一种精打细算，大乳房代表享乐。禁欲与享乐就这样既矛盾又完美地注解着女人们今天的身体。苗条不仅成为吸引力的代表，而且也变成了成功、自我控制和更高的社会经济地位的象征。个人的成功被这些标准来衡量：减肥、保持体重以及保持一个青春的面容。广告不断地强化这样一个信息：妇女需要控制自己的身体，尤其是对男性来说有观赏价值的性感身体。女性的身体受到尊重只是因为它的装饰性，而不是因为女性的生命活力和健康状况。

女性瘦削的身体并不是因为禁欲，更不是因为饥饿，甚至也不是束腰之类的辅助东西。在男性和商业化的双重目光下，她们依然是宠物，她们的身体更多地参与各种各样的竞争之中。只有自恋的时候，她们才拥有自己的身体。通过最小的脚、最细的腰、最大的乳房等时尚，可以看到女人在社会和生理上的活动范围，对肥胖女人的反感，不仅是臃肿的形象，实际上是她对身体的放任、懒散而缺乏教养，是一种很拙劣的标志。在资本主义社会，肥胖甚至成为一种新的耻辱，象征了物质与精神的双重贫穷。尽管是在"知识"、"信息"、"高科技"时代，但如果你是女性，你就不能光靠头脑和工作实力取得成功，苗条身材是一个不可或缺的条件。否则的话，即使你再有成就，再有名气，你也不会有真正意义上的成功——这是减肥广告中特别强调的一个主题。

于是，在我们这个社会中，穿着的消费、逛街的时间在逐渐减少，相反，花在减肥、丰胸、除皱和美容上的时间和精力却在不断增加。保持体形的代价越来越大，盲目崇拜名模不是缘于她们的服饰，而是因为她们年轻健美、没有多余的脂肪。

“如今在上海，10人中差不多有3人正在服用各种不同的减肥保健品和减肥药。”① 许多调查表明，在服用减肥药的人群中女性人数高出男性人数100%以上，其中起码有2/3的女性并不是肥胖症患者。为什么如此众多的女性忽然间对自己标准的体重如此不满？为什么如此众多的女性会轻易成为减肥药的“猎物”？洪水巨浪般的减肥广告究竟是如何对女性进行身体的“文化移入”？

与文学艺术作品不同的是，广告是免费的，又是强制性的；它无处不在，人们在没有选择、无从拒绝的情况下，多会抱着听之任之的态度。广告总是讲述商品，因此，即使它承载消极不良信息，一般不会被认真对待。然而，一个社会对于性别的看法，女性在社会文化中的价值，却正是被这些信息一再固着于传统地位。就此而言，广告亦是文化疆场。在整个社会心理层面，广告用女性身体、偷运集体无意识的性别偏见，却又常常因其商业面貌而逃出理性审视。

广告与商业的合谋，以美丽为幌子成功地实现了其商品推介策略，稳定着美容美体工业赖以生存的女性消费行为，并不断为消费文化推波助澜。广告以强烈的视觉冲击，制造着关于美丽外表、美丽情感与美丽生活的梦幻，表达着女性的愿望与期待并使其物欲与表现欲无限膨胀，让女性在这个梦幻里得到生命的快乐与满足。但是“文化工业向大众提供了一种虚假需要，而否定真正需要，它们不是人的本性，就像被无限刺激起来的消费欲望，表面上看是投其所好，实际上确实束缚了大众的创造力和辨别力，使人们无意发觉自己是身患痼疾，从而错过治疗，终而是

① 王艳辉：《10人有3个正在吃减肥药——上海专家指出不要盲目减肥》，《新闻晚报》2001年6月4日。

沉溺在抑郁寡欢之中”。[①] 更为重要的是，广告往往站在男权文化的立场，以男性欲望的目光审视女性身体，不断强化女性特征，使女性以消费者、休闲者而非劳动者的姿态进入大众文化视野，从而固定男女两面性的传统性别角色，使女性安于接受男性规范，达到其阻挠女性冲击社会等级巅峰的目的。这是它最大的阴谋。这种阴谋在当今消费社会中的通俗影视剧、时尚杂志、网络等大众文化样式中被同样隐蔽地酝酿与实施着，它们有着相似的文化内涵和生存的文化土壤。

大众传媒导向消费社会中消费诉求的主体是女性，女性的消费主体性促使消费社会尽可能采取了审美的诉求形式。几乎所有豪华商场都按照女性的品位装饰，消费导向越来越偏好女性诉求。高档商场的第一层总是化妆品和首饰，琳琅满目，在那里游逛的都是与环境和谐统一的时尚女子和随时慷慨解囊的成功男士。豪宅香车从来就与美女合谋，如果不是为女性准备的，它就不必设计得如此富有美感，只须注重实用就行。一家高呼女性主义的网站称西蒙娜·德·波伏娃的《第二性》为“女人的圣经”，并且把她那句名言“女人不是天生的，是被塑造的”放在了主页标题下的显著位置上。但我们却看到她仍在大谈香水、化妆品、服饰、减肥、宠物、购物、消费这类话题，看到女人的身体成了推销商品的符号。当今大众传媒与消费场所所表现出的对女性信息的重视其实是隐含了一种歧视。正如以写《陪读夫人》而出名的作家王周生指出的：“我们总不能埋怨书商们的眼睛太尖利！他们挑动了掩藏在我们灵魂深处的那条可耻的爬虫，使其走进了一个合法的甚至是光明正大的叙述空间。可以作一种冠冕堂皇的假设：读那些作品，是为

① 陆扬、王毅：《大众文化与传媒》，上海三联书店2000年版，第53页。

了了解女性，欣赏女性。这就很容易让人联想到，一个人玩宠物，每天为它梳毛饮水，购置精食，甚至连宠物打个喷嚏，也要去请名老中医，其重视程度日日有加，其欣赏之状忘乎所以。宠物是得到了主人的重视和欣赏，但这里面是否包含着物种的歧视——人对人之外的其他动物的歧视，不言自明。如果女性甘比宠物，岂不自落性别歧视？”[①] 美国传播学者拉扎斯菲尔德和默顿认为，大众传媒“是一种既可以为善服务，又可以为恶服务的强大工具；而总的来说，如果不加适当的控制，它为恶的可能性更大。”[②] 瘦身广告的泛滥以及美容形象的定位与传播，使女性疯狂追求外形美，而减肥方法的失败以及对自己容貌的苛刻，严重危害着女性的身体健康和精神健康，女性身体被要求去满足大众文化的理想，维持她对观看者的吸引力。厌食症、饮食紊乱正是这一身体理想的恶果。[③] 由于许多女性对自己的定位首先取决于先天的容貌，自信和自尊受到了极大的忽视，于是她们满足于低于男性的职业和工资，热衷于自己的外形而不是公共事务。

（三）从虚假幸福到虚拟爱情

在符号学的视野里，爱情被“异化”的程度事实上远比任何一个诗人、哲学家想象的都要严重。当人们越来越倾向于把爱情变成一个具有无限扩张力和包容性的符号时，其中的每一个细节却一不小心就把爱情的全部荒谬性暴露无遗。

---

① 阎春来：《女性：在受重视中被歧视》，《中华读书报》2001 年 3 月 7 日。

② 格雷厄姆·默多克：《媒体参与的现代性：本世纪末的传播与当代生活》，载《二十世纪：文化自觉与文化对话》，北京大学出版社 2001 年版，第 136 页。

③ Dittrich，L. About-face Facts on The Media，http：//www. aboutface. org/resources/facts. media. html.

海德格尔曾说，人应该诗意地栖居。然而，他的这句话在严酷的现实中，只能成为一种梦幻。在20世纪末叶，人们在没有多少诗意的现实世界中，却惊喜地发现了网络天地，这是梦幻中的一方乐土，人们将它视为苦寒沙漠之中的绿洲，在网络的虚拟幻景中流连忘返，不能自已。要换了在十年前，人们肯定无法想象，两个没有见过面的人怎么能够谈情说爱；可到了今天，这样的事情在自己身边已经确确实实地发生了，由不得你不相信。谁知道下一个会不会是自己呢？这个似乎无处不在、无所不能的网络把不可能变成了可能。旧的爱情在一天天死去，新的爱情却在一天一天产生。一方面，有人在哀叹爱情已死；另一方面，也有人要“将爱情进行到底”。既然爱是人与生俱来的一种能力，那爱情将仍是人类生活的主题之一。

通过网络互叙衷肠，成为年轻人的新时尚。伴随着数码复制的新传媒方式的出现，一种新的大众生活交流方式已经来临，男女交往被界定在广袤的电子空间中，网络扩大了他们的择偶范围，可以在最大范围内将自己推销给异性，广种而薄收，而不必忌讳许多面对面交往过程中所必须遵从的规则和习俗；如果你愿意，可以撇开功名利禄的诱惑，去享受纯“柏拉图式”的精神恋爱，你大可不必为博红颜一悦而倾囊，即使是淡茶一杯也显多余。在这里，每个人都撕下面具，在自己构想的世界中畅游；在这里，你看不到灿烂的笑容，只有一些文字和标点符号向你挤眉弄眼。这像是一场“假面舞会”，带有某种程度上的游戏性质。可以满足交流的欲望，但又不必动真情；可以谈婚论嫁，却又无须负责任。“虚拟技术已经在飞机驾驶训练、商店购物乃至个人性爱情境方面得到了运用，但设计专家们并没有考虑设计软件模拟老鼠打洞的声音，再现麻雀飞过稻田的景象，或者让人们体验握住一把沙子的感觉。”① 在虚拟环境中，你只能在脑海中想象另类的模样，更难以感觉对方的表情与反应，这就使人们的社会交往行为或多或少地带上一种非人性化的色彩。

虚拟生存既可以规避现实社会生存的伤害，又能够提供一个较现实社会自由的空间，从而释放人们在现实生存中遭受物化、异化而产生的压抑。在网络社会中，人们的需要和个性有可能得到更充分的尊重和满足，这也是人们在现实生活之余，积极投身于网络空间的重要肇因。虚拟空间，它是一个相对自由的空间，“在网络上，什么都是可能的，什么又都是不可能的”。空间与在场的分离弥合了在场与不在场的界限。在场的东西的直接作用越来越为在时间空间意义上缺场的东西所取代。这意味着社会角色、社会性别、社会阶层、年龄、相貌、身份都可能是虚拟的。这似乎使得那些厌烦了喧嚣的世俗熏蒸的人们有了逃遁的方向，迈进圣洁的殿堂，释放膨胀的欲望，缓解紧张的神经。与其说“网上情”是适应了市场需要，不如说其顺应了现代人的文化心理。人们借助网络，为幻想中的“天使”插上翅膀，让其飞进浪漫的“虚拟”世界，仅凭对方的只言片语，就在自己的脑海中，将对方想象为自己的意中人。于是乎就有了这样一个故事，现实生活中即将劳燕分飞的夫妻却在网络上演绎出情投意合、温馨浪漫的爱情故事。这种众里寻她（他）千百度，意中人却不在灯火阑珊处的尴尬绝非偶见。人们似乎已不在乎冷漠无情的网络运用温情的手段去愚弄自己的一腔热情，甘愿做它的奴隶。从鸿雁传书，到电话机、传呼机，到手机短信，再到互联网，人们借以表达情感的媒介不断地在发生着变化，不变的只是爱情本身，只是人们对爱情的渴望本身。我们似乎处在一个“消费爱

① 南帆：《电子时代的文学命运》，《天涯》1998年第6期。

情”的时代。无论是书报杂志，还是影视、互联网都在成批地和大量地生产爱情，使得爱情信息处处呈膨胀趋势，无所不在地弥漫在人们的日常生活中，构成了一个符号性的“超级现实”。现代人的生活已经被太多的东西所干扰，电视、麻将已经夺走了日趋紧张的现代人许多本该用于交流沟通的机会，如今又“杀”出一个互联网来，成了某些人须臾不可离的崭新媒介，家庭的情感功能将进一步外移。网络使“遥远的人变亲近了，身边的人变遥远了；陌生的人亲近了，亲爱的变疏远了”①。网络上爱情的弥漫正是现实中爱情匮乏的一种有力征兆。

按说，能够对一个虚拟的人怦然心动，是不欠缺爱的能力的表现；但为什么宁愿沉湎于想象的空间，而不愿意去关注现实生活中的人和事呢？是现实中已找不到爱情，还是自己根本不知道自己需要寻找什么样的爱情？爱上一个人也许是很容易的事，但培养爱情却很难，责任感、耐心及承担缺一不可；时间和空间是最大的敌人，而自己更是自己的敌人。所以才选择了虚拟的爱情吗？任何方面的沉溺同时也就意味着其他方面的忽视。网虫整日整夜呆在网上，与一个或数个“纯粹”的陌生人打得火热，交流着一些可能他们自己的伴侣都不知道的隐私问题。对他们来说，网上生活就是他们生活的实质，而网下生活已经失去了生活的价值。这种生活状态很大程度上削弱了他们对周围亲人朋友的关心和责任心。对于只限于在网上进行一种现代“柏拉图式”的精神情爱，许多学者都认为问题不大。但实际上，网上情爱延伸到现实中“假戏真做”的案例已经屡见不鲜。在这种情况下，无论网络伦理还是现实伦理都很难起到实际的规范作用。

---

① 卜卫：《百姓，青年与网络》，《青年研究》1997 年第 4 期。

技术本身并没有道德属性，但人类对技术的应用要以伦理道德等标准去衡量。当人类放纵自己的时候，就会走向它的反面。在当今人性的自由被物质的欲望普遍统治的状态下，以本能的满足来追求浅薄的快乐，以人性的奢侈、安逸和麻木取代人的真正的自由，这种状态并非人的解放，它只能使个体进入新的异化过程。要摆脱这种状态，就必须消除本能欲望不断扩大的趋势，恢复和培养个体的生产性人格，使其真正进入一种把自我从种种束缚中解放出来的领域——即审美的自由境界。消费者在享受的同时，不能把精神彻底放逐。消费过程应该是一种有意义的、有人性的、有创造性的体验。假如不能像点灯时控制火那样去学会控制，那么我们就不仅不会获得美的享受，而且还会成为自己激情的祭品——最终走到人格单调贫乏的境地。

四 视觉消费——不是永恒的主题

大众文化的多元性是对“准政治文化”的一元性的重大反叛，从文化心理的角度来看，这是一次具有实质意义的嬗变，是一次集体的文化越狱，越狱者从中获得了自由的欢欣，乃至某种渎神的快感。确实，大众文化的多元性和开放性打破了僵化的文化格局，它不仅给文化发展注入了活力，也更符合当代大众多种层面的文化需求。

（一）大众文化加速了文化的世俗化

大众文化使艺术平民化。它抹平了高雅文化的深度，使过去那些极端个人化的、神秘幽玄的、形而上的、依靠丰富的知识、特殊的感悟和相当的时间才能领会的东西一下子变得人人能懂，可感可知、一触即明；它把艺术的象牙塔击得粉碎，成为人人能够享用的东西；它使审美又回到了生活，使粗粝的生活变得光滑，美与生活的距离缩短了。大众文化借助传媒起到了感化大众的作用，使大众愉悦地接受了它的强制，逐渐地改变着自己。大众文化的高信息量可以提高大众的文化素质，激发大众的想象力，扩大其知识面。马克思曾经预言，未来社会的人是按照美的原则生活的人，未来的文化，必然是一种审美文化，未来的生活秩序，必然是一种美的秩序。大众文化在其中是可能起到某种桥梁作用的。

大众文化不是一开始就有明显的审美特征，人们从市场上选购某种文化，通常处于比较盲目的跟风状态，很大程度上是满足自己的猎奇心理。但是，大众其实不是一成不变和统一的整体，他们也在分化，从而有了各种不同的文化需求，并且逐渐地从最初的跟风转向追求个性消费和审美需求，这是我们必须看到的。审美不再像以往一样停留在抽象的哲学层面，而是为大众所追求和享有。

1. 大众文化是精英文化的补充形式

事实上，大众文化就其本质而言，并非绝对是高雅文化的对立面和消解物，而只是后者的一种补充。

首先，把高级文化看作文化而把大众文化看作是一种对文化的挑战和威胁，本身就是对高级文化生存力的一种不自信。作为文化消费主体的广大民众，同样具有其文化消费的需求与欲望。限于经济、习惯、教育水平等，他们的文化消费需求往往止于一个特定的层次。这样，作为大多数的文化大众其对大众文化的需求，便不再因为少数特权阶层的忽视和指责而不再具有存在的合理性。流行文化反映和表达了多数人的审美需要和其精神、心理的需要，因而它并不只是商品，而且也是满足人们精神需要的文化产品；同时，任何人都有权利选择自己所喜爱和需要的文化，文化的民主化要求有一种文化的多元主义，来维护大众文化的合理性。“我们不能认为只有文化才是重要的，而使用文化的人却无足轻重。文化是由人选择的，文化不能脱离大众而存在。因此，如果大众的文化选择表达了他们自己的价值和趣味标准，那么无论他们所选择的是高级文化或是通俗文化，都是无可厚非的。任何对文化趣味的评价都要尊重公众的趣味，大众与文化人的趣味都具有同样的意义。”[①] 因此即便说文化品位是不等值的，但文化趣味却是等值的，高雅和通俗不能被看作是一种充分的价值判断。文化复制除了它的商业性追求外，本身就是维持文化大众的文化消费权的一种艺术策略。

其次，大众文化消解了许多传统文化中原始的价值和我们认定的精神需求的东西。这种过程产生了两种变异：一种是进入者变了，进入者带着一个设置的框架进入，他们自然有一种无法逃避的文化设置；另外一种就是被关注的主体也在变异，他们也在经济利益的驱动下成为虚假文化的一部分，成为商品的一种形式。从这个意义上说，大众文化不仅是现代工业和市场经济充分发达后的产物，而且是当代资本主义在文化上的一大发明，它从根本上改造了文化和社会、文化和经济的关系。与传统的文化形式相比，大众文化具有一种赤裸裸的商品性，以实现利益最大化为根本目的。这样，传统的文化与经济的界限被完全打破，两者变得含糊不清，人们已经很难辨别哪些是纯粹的文化行为，哪些是纯粹的经济行为。但正是这种兼有文化和经济两种性能的特殊品格，使得大众文化比起传统的文化形式更容易进入普通大众的日常生活。

---

① 转引自尹鸿《为人文精神守望：当代中国大众文化批评导论》，《天津社会科学》1996 年第 2 期。

也许我们过去对高雅的追求、对专业化水准的追求是有些过分，以致使这样的追求者自感专业的孤独，从而使其成为学术的少数。所以，大众文化的表意性正是对这种专业孤独的补充。

2. 图像在向文字挑战

倘使说当代中国已进入一个小康型消费社会，并导致了相应的文化变化，一种“视觉文化”渐臻成型的话，那么，很显然，个体与社会及其文化之间复杂的想象性关系业已构成。我们正面临着一个视觉文化时代，文化符号趋于图像霸权已是不争的事实。电影、电视、广告、画报、卡通这些典型视觉样式自不待言，就是传统的以阅读为主的印刷物，从报纸到杂志，从书籍到其他读物，图像比重的急速上升，显然是一个值得关注的现象。难怪有人宣称“读图时代”的来临。更有甚者，新的视觉方式和产物正在不断被炮制出来，进而深刻地改变着我们关于世界和我们自身的看法：虚拟的图像、人造的主题公园、MTV、互联网的虚拟世界等。勿庸置疑，今天，不堪重负的观看状态已成为一个时代的标志，而我们越来越依赖于我们的眼球来接触世界，了解世界真相。一方面是视觉行为的过度和重负，另一方面则是对视觉行为的过分依赖。我们通过电视新闻来感知世界，通过X光、CT、核磁共振等视觉途径来诊断，通过图像、图标和图例来讲解知识，通过电影、电视剧来了解古典名著，甚至通过照片、可视电话、电子图像来交往。一言以蔽之，我们正身处一个人类历史上空前的视觉富裕和视觉张力的时代。

首先，图像和乌托邦之间存在一种关联。那个美丽而不可企及的世界里，时间已无足轻重，每个人一律幸福的表情，简单而和谐地做着自己手头的活计，没有历史，没有更美好的未来，以此形成蒙娜丽莎式的诱惑，像一个神秘的咒语或符码：所有枝节性表现全被隐蔽，思想被淘洗得仅剩下一些手势语，像一个关于天堂的广告，启示我们的力量，召唤我们忍受世俗生活的意义……图像似一个面具，具有一种强迫性的、自我陶醉的、令人着迷的特点。面具背后的表情我们无从得知，诸多面具的同一性系于一个大家不愿直面的隐秘心理，孰是孰非？图像使人感到孤独。在信息横流又濒于信仰真空的所谓后现代、后后现代的时髦生存中，齿轮越转越快，天空在变小，人在变单纯；日子紧了，大家都懒得询问什么意义不意义了，仓颉的鸟兽鱼迹越来越模糊不清。多种现代视觉媒介让人目不暇接，图像以咄咄逼人之势侵入我们的生活。我们从以语言文字为中心的文化逐渐向以形象为中心的文化转变。利奥塔说：现代文化基本是一种话语的文化，后现代主义文化基本是一种形象的文化。尽管目前中国的文化还不能说已经进入了后现代，但是视觉文化在人们生活中的比重越来越大。现代人需要在最短的时间里掌握最多的信息，在现代信息的高密度下，人们选择的是不太费解、不太艰深的文化形式，需要轻松时髦而又快捷的文化形式，人们第一次意识到过去曾经多么依赖文字符号，而忽视了视觉文化中形象的作用。早起看电视早新闻，上街触目皆是五花八门的广告，晚间坐在荧光屏前欣赏衣贾将相、红男绿女和各种商品。翻开杂志报纸，跃入眼帘的首先是各种印制精美的彩页和图片……这就是当下人们普遍的生活模式。如今的人们再也不像20年前那样痴迷于文学作品，名著几乎成了陈列于书房中的摆设，数码影碟早已取代小说成为受众需求量最大的艺术品。此所谓“读图时代”！就艺术而言，无论何种类型的艺术，都要通过形象来反映心灵和世界，按苏珊·朗格的观点，它们所创造的都是一种“幻象”，但为什么今天视像艺术的“幻象”比文学的“幻象”更能吸引受众呢？其根本原因还在于文字和图像的不同特点所致。

其次，与文字相比，图像更加清晰，但更加表象。图像与文字有着迥然不同的特点。图像是明晰的，具有直观性，不识字的文盲能“识”图像，十多年前电影放映员在深山僻壤受到明星一样的欢迎，就是最好的例证。文字与所指称的事物之间有着距离，需要读者去填补其间的空白，图像则是直接的、与所展示的事物之间没有距离的，图像不会产生文字上的“歧义”。图像又是平面的、无深度的，不像文字能够表述深刻的思想。任何哲学上的命题无法用图像直观地表达出来。印刷媒介中的图像是平面的，电视中的图像是活动的，现实中的某些图像可以是立体的（如城市雕塑），有些图像也是有意味的，但图像消费从根本上说是一次性消费，是过眼烟云似的不需要回味把玩的。而一部好的文化典籍，既便于携带保存，又能够常读常新，每次阅读都能给人以不同的感受、启发与教益。马尔克斯就始终反对将自己的《百年孤独》改编成电影，尽管有片商出资 200 万美元。马尔克斯认为，小说给人们留下想象的空间，能够发挥人的主观能动性，而影视作品抹去了人们想象，挫败了人们积极的艺术思维。

图像的优点亦即图像的弱点。图像是直观的、逼真的，图像的泛滥——对物质现实的详尽描绘，各种可见物体的大杂烩，随意放纵的情绪化题材——导致对当下的过分关注，对眼前现实的膜拜，从而严重限制了想象力的拓展。

再次，图像抑制了观赏者的想象力，抑制了人们拉开一段距离沉下心来进行思考的能力。图像革命使我们的文化从个体理想转向群体形象。也就是麦克卢汉所说的，照片和电视诱使我们脱离文字的和个人的观点，使我们进入群体图像的、无所不包的世界。图像的直观性使之具有普遍性，它取消了不同文化之间的差异。美国对其他国家、民族的文化渗透主要是图像渗透。好莱坞影片在世界各国的放映，不仅使好莱坞的制片商们赚取了高额的利润，也使不同民族不同文化的观看者在图像的消费享受中对美国文化产生认同感。

图像的泛滥使人沉迷于感官的快乐与刺激之中。在这图像的盛宴之中，合理的压抑的阀门被打开，非理性的感官的享乐左冲右突。按照巴甫洛夫理论，人的感觉可分为本能感觉和条件感觉。前者如人对声、光、色、味、触等的感觉，后者如人对语言、文字、图像、音乐的旋律等的感觉。感觉对人来说是一种较初等的生理和心理现象。动物也有感觉，甚至也可以有条件感觉，如在巴甫洛夫的实验中，狗在听到铃声时即使没有食物也会流出唾液。图像直接作用于人的感官，现实生活中图像的泛滥作用于人，在一定程度上使人形成类似于狗听到铃声流出唾液那样的条件反射，晚饭后人们都变成了手拿遥控器坐在电视机前的狗。

最后，图像的泛滥使知识的获取、艺术的鉴赏从阅读时代进入观看时代。与文字相比，图像更为清晰、直观、形象、生动，这些大量的直观的图像取消了意识的深度，使人进入五彩缤纷、眼花缭乱的图像世界，人们的生活更加丰富多彩，感性取代了理性，一次性感官享乐取代了深入的思考。以印刷为媒介的文字艺术，文字间的空白需要读者去填充，以电子为媒介的图像艺术，图像间的拼贴、切换使观看者来不及也不需要回味、琢磨与咀嚼。图像艺术类似于流行音乐中 Rap 歌手的喃喃自语：一大堆杂乱无章的关于生活状况的描述性、感性词汇从歌手的上下唇之间奔涌而出，经电声伴奏、先进的音响系统放大夸张，营造出非理性、令人痴迷错乱并丧失意识的迷狂状态。今天，泛滥的图像充斥着人们的生活视野，人们生活在图像之中。今天的闲暇时间里，越来越多的人变成手拿遥控器、不停调换频道的图像观看者。电视成为人们坐在家里观看世界的窗口，图像消费已经成为人类的精神晚餐。美国一项针对儿童行为的研究表明，目前美国儿童对电视的注意力只有“七秒钟”，这项调查使得美国教育家深表忧虑。在艺术领域里，泛滥的图像喧宾夺主，掩盖了艺术表现中那些细腻、微小、值得回味的东西，冲淡了艺术作品的韵味。

泛滥的图像其致命的弱点是现实性的缺乏。图像给观看者带来的是虚假体验，图像的真实感是经过修饰打扮、刻意包装、经不起推敲的。当代艺术在经历图像的泛滥之后，艺术的真实性成为人们追问艺术家而艺术家们无法回答的问题。五彩缤纷的炫人的图像四处皆是，艺术作品中的虚拟幻想和乌托邦日益失去魅力，现实越来越成为诱人的有距离的东西。泛滥的图像拉开了艺术和现实的距离。即便只是一种简单的娱乐方式，人们还是想走近现实并触摸它。正是计算机技术的发展，人们可以像玩魔术一样摆弄各种图像，虚拟出过去、现在和未来的多种多样的图景，以致我们自己对千真万确记得的事情也产生了怀疑。

世界进入读图时代，向进一步走向现代化完成现代性进程的中国文化提出了挑战。传统的中国古典的造型艺术是以实在的真实为前提的，尽管我们也追求诗的意象性、意境的美，给想象和幻想以合法的空间，追求“超以像外”，“韵外之致”的超凡脱俗，但那是天道的合一和人道的合一，是主体和客体，人与自然的天然联系。读图时代形成的幻觉，也在冲击着中国传统的审美观念，摄影，电影、电视、VCD、广告、仿真雕塑等种种形式的类象产品也在中国迅速流行，中国传统的意象为主的文化正在被仿像为主的文化所冲击和消解。这是中国传统文化的衰落，还是传统文化又一次新的复兴呢？读图时代是一个消费的时代，但我们消费的往往不是物品的使用价值，而是其仿真的符号价值。生产也不仅是生产产品，而是生产形象。企业花钱找明星做广告使自己企业的形象无处不在，人们把大量的时间和金钱花在诸如美发、美容、化装、装潢上面去了。这是一个美化外表的时代。各种证书、评奖、排名代替了实际的能力。儿童游戏不再走向大自然，而是在电脑的光盘中进行，杀人、破坏、过关、狂喜。上网者可以在网上结婚，生孩子，并过着一种仿真的家庭生活。甚至人体的仿造器官，可以俨然摆在“亚当夏娃商店”的橱窗中出售，供人选购。你不是歌星，却可以在卡拉0K中摹仿一下歌星。你不是外国人，你却可以把头发染成棕色去冒充老外。你不是演员，你却可以私人录像，在自家放映去欣赏自己的尊荣。你不是明星，但现在摄影师却可以为你单独出本写真集。你不是封面女郎，却可以自己拍摄肖像制作挂历。你孤独一人，却可以在虚拟的网络中和不能确定的朋友调情。你不是大官、大款，却可以在名片上印上种种经理、理事，等等。仿像不仅是一个符号创造的空间，而且就是我们生活的世界。实在的世界在仿像中退隐，人们不再追求真理，而只体验当下，人们不在追求实在，而仅沉溺于情感，人们告别了崇高，而走向了媚俗，人们不在钻研经典，而走向漫画和图片。

波德里亚认为当代社会是由符号控制的历史阶段，此时的基本形式就是“仿像”。波德里亚发现从符号是现实的反映，到符号与现实的毫无关系，当代的影像文化演变为仅仅为影像生产影像，影像已与现实毫无关系，生活的方方面面都演化为一种模拟，模拟不是采取虚幻的形式，而是采取力图比现实更加真实的形式，即“超现实”。

消费社会中商品剥夺了物和人的亲缘关系，商品替代了物，物的类像替代了人，使人成为人的类像，但这种替代并不是自发产生的，或者说是自动完成的，有一套实实在在的价值观念隐藏在商品背后。过去，一个重大的哲学问题是：“为什么是有而非无?”而今天，真正的问题是：“为什么是无而非有?”波德里亚认为，事物本身并不真在。这些事物有其形而无其实，一切都在自己的表象后面退陷，因此，从来不与自身一致，这就是世界上具体的幻觉。而此幻觉实际上仍是一大谜，它使我们陷入恐惧之中，而我们则以对实情表象产生的幻觉来避免恐惧。但是，在我们不断积累、增加、竞相许愿的现代性中，我们已忘掉的是：逃避给人以力量，能力产生于不在场。虽然我们不能再对抗不在场的象征性控制，我们今天还是陷入了相反的幻觉之中，屏幕与影像激增的、幻想破灭的幻觉之中。但是，影像不再能让人想象现实，因为它就是现实。影像也不再能让人幻想实在的东西，因为它就是其虚拟的实在。在我们生活的世界里，符号使实在消失并掩盖了它的消失。

（二）大众文化加速了大众人格的异化

大众文化固然有其积极价值，它的负面影响也是显而易见的。在以电子影像为传播媒介的视觉文化时代，电子影像媒体正在成为新的“权力媒体”。由于电子影像媒体可以通过大规模的社会传播来影响公众意志，因而正如德布雷所声称，媒体正日益成为一种权力，并且这一电子影像媒体的文化权力有可能转变为施加给公众集体的“媒体暴力”。与“镜头就是意识形态”相类似，媒体也成为一种意识形态，并有可能将它的意志强加给公众。媒体刻意要向公众表现一个“人咬狗的世界”，以至于媒体将人类真实的生活世界“妖魔化”了，这一不真实的虚拟世界有可能造成对公众的欺骗和不利暗示。充斥于电视媒体的色情、暴力镜头对公众的不利影响，早已为社会学家们所关注。而且，媒体的文化权力有可能被利用，金钱、权力等因素都有可能利用媒体来达到其目的，并有可能达到暴力的程度；由于大众文化产品的感官性、平面化、模式化，长此以往，会使接受者沉溺于感官享乐而忽略精神空间。平面化会导致思维的惰性，模式化造成欣赏心理的单一，对其他文化形式产生拒斥性。大众文化往往采用煽情手段，以高浓度的庸常情感给接受者以虚假的情感满足，久而久之使接受者情感麻木，只沉溺于作品营造的情感世界，关注作品中的人物纠葛而忽略身边客观世界的悲喜剧；大众文化对大众特别是对青少年的心智也会造成伤害。大众文化的图像性无异形象的教材，使之易于模仿，于是，青少年在劣质影视的教唆诱导下走上犯罪的道路屡见不鲜。这还是些表层的影响，其深度的伤害更不容忽视；大众文化的图像性使消费者对事物的形象一目了然，去掉了大众认识事物的障碍，但这些形象同时又成为单纯的形式、消解了意义，长此以往，接受者思考事物本质、追问意义的能力就会萎缩。消费者在接触大众文化时，一般没有明确的目的性，多为休闲解闷打发时间，这种随意浏览必然不会集中注意力。大众文化的消费环境如电视的观赏和流行读物的阅读大多为日常生活场合，观赏和阅读活动常常与生活行为同步进行，也无需集中精力，一经成为习惯，观赏者对其他事物也无法专注。大众文化对社会生活的侵蚀，对青少年精力的掠夺必然会影响他们的智力发育，使他们的思维也变得零散、游弋、跳荡，思考力日见萎缩，难以进行艰苦的思想劳动，创造力也逐渐丧失。人类的发展进步，关键在于思维方式的进步，思维的弱化对人类的未来将贻害无穷；大众文化对社会也会造成消极影响，大众文化具有改变大众的强力，如果这种力量是积极的，便会使大众得到提高，而如果是消极的力量，将误导大众并进而给社会造成危害。信息产业的飞速发展，使覆盖率大、受众面广的大众传媒拥有了超常的力量。大量粗制滥造、文化含量低的产品对受众“狂轰滥炸”，不仅会降低受众的欣赏水平与分辨能力，而且有可能鼓励极权主义。大众传媒很容易控制大众，将大众引入由媒介营造出来的脱离现实甚至远离现实的虚伪的世界中，唯媒介传播的内容为真实，唯媒介传播的内容为真理。大众文化中传达出的带有后现代文化特征的无中心、无深度、反理性、消解神圣等极易在中国传统文化的消极面中找到同盟军，二者沆瀣一气，无异于一剂慢性毒药进一步毒害我们的国民精神，既可能使社会堕落，又可能煽动反社会情绪。

总之，一切弊端的根本点在于人文精神的缺失。它蔑视人类的理性，将过往历史中一切有价值的东西统统消解，驱逐其灵魂。它一味追求感官刺激，榨干人类文化中的精神性水分，只保留其物质渣滓，它以瞬间的满足迷惑大众，引诱他们走上虚无。

1. 单面人与平面人

“大众”是在机器大生产方式的组织下，从四面八方汇集到都市的人群的总称，他们脱离了原有的属于自我的民俗文化，来到了无根的非自然的大城市之中，造成了文化上的真空状态。在现代传媒组织下，“大众”成了大众文化滋生的沃土。“大众”是一个具有20世纪特定文化背景的概念，是对传统的人的本质定义的改写。它是一种幽灵般的查无此人的生存状态，海德格尔称之为“常人”，霍克海默与阿多诺则称之为“自愿的奴隶”。“大众”不是一个量的概念，而是一个质的概念，代表着当代社会条件下诞生的公共群体（也就是说，并非要等到中国13亿人口都消费上了这种文化才能称之为大众文化）。所谓大众，一旦成为一种绝对价值，就会成为一种集体的自我主义，它是一个无名的存在，不是个性的高扬，而是个性的消解。大众文化意味的是大众在统一的格局中以他者的方式娱乐。①

第一，大众文化使大众丧失了批判精神与批判思维的能力。

① 潘知章：《反美学》，学林出版社1995年版，第150页。

福柯说过，人是个复杂的欲望机器，但毕竟人是有理性的。爱因斯坦表示，他“同意叔本华所说的，把人们引向艺术和科学的最强烈的动机之一，是要逃避日常生活中令人厌恶的粗俗和使人绝望的沉闷，是要摆脱人们自己反复无常的欲望的桎梏”。[①] 人不应当被欲望所左右，否则只是没有头脑没有理性的本能动物。对欲望的合理压抑是社会秩序、艺术创造和人格升华的一个前提。现代科学技术极大地延伸了人的感官的功能，也使在现代以前曾被普遍压抑的欲望得到前所未有的释放。现代科学技术支撑的大众传媒，通过制造出大量的模式化、平面化、通俗化的大众文化产品，改变并强化着人类的各种欲望，并使这种欲望复杂化。当代大众文化承受了现代科技成就的恩泽，也日益成为当代人复杂矛盾扭曲的欲望的跑马地。大众传媒为当代人欲望的狂欢提供了最佳场所。

这个世界没有免费的午餐。现代科技既促进了社会的进步与发展，给人类带来前所未有的物质财富和娱乐享受，又在一定程度上破坏了社会的健康发展，人类的信仰危机、道德沦丧也是前所未有的。在不少西方学者看来，伴随现代科技迅猛发展的当代消费文化已经变成一种令人生畏的意识形态，“多数大众性娱乐最终会沦落为‘反生活’的东西……它们最终会导致这样一种世界观：进步就是占有更多物质财富，平等就是大家都向低的道德水准看齐，自由就是无止境地但又不负责任地追求快乐”[②]。半个多世纪以来，西方许多学者对片面追求科技发达带来的负效应做出了深入的分析和批判。马尔库塞认为，当代工业社会里高度发达的科学技术和自动化的实现，固然减少了肮脏、繁琐和剧

---

① 《爱因斯坦文集》第一卷，商务印书馆 1977 年版，第 101 页。

② Hoggart, The Uses of Literacy, Horm ondsworth, Penguin 1969, p. 340.

烈的体力劳动，也带来了大量的消费品，使人们的需要得到极大的满足。但不幸的是，当代工业社会通过愈来愈舒适的生活标准把人们束缚在现有的社会体制中，使人变成了只追求物质的人，丧失了追求精神自由和批判的思维能力。

科学技术越发展，当代工业社会的意识形态就越具有控制性。社会可以借助各种媒介，加强对人们心理的控制和操纵，使人最终丧失那种人之所以成其为人的“内在的自由”，使人变成了“单面的人”。丧失了合理地批判社会现实的能力，也就丧失了理性、自由、美和生活的欢乐的习惯。这是当代“富裕社会”同时又是“病态社会”对人性的摧残。

第二，大众文化使大众丧失了生活的崇高与价值意义。在机械复制和庞大的管理机构中显得微不足道的失去自主性的大众，已丧失了那种积极意义上的人生价值。只有从消费——炫耀性的消费中才能苦苦挖掘业已丧失的生活意义，暂且恢复人的本性。而炫耀性的消费，则是运用各种手段使本质上没有多大差别的商品“差别化”的企业市场和广告精心炮制的消费圈套。广告诱使消费者做出这种细微的差别化行为，以取得对他人而言“与众不同”的证明效果。广告通过使消费顺应某个产品的选择氾围，而提供适合当前经济条件的行为标准。实质上，你穿的“皮尔·卡丹”尽管与别人的普通西装不同，但你毕竟与那些同样穿着“皮尔·卡丹”的人是相同的包装，这是因为你无法逃离机械复制时代的美丽陷阱。指出这一点，对那些试图通过炫耀性消费努力将自己差别化，以期“证明”自己的“市场人”不啻是致命的打击。

第三，大众文化使大众成了一个平面人。大众文化的价值取向则是消费时代的产物，可以说，大众文化就是大众消费时代的文化。正是在大众传媒引导下，追求更多更新更好的消费，成为人们新的价值观。大众不仅深深依赖以大众传播媒介为手段的大众文化产品的服务，而且常常从众于大众文化提供的消费时尚、消费导向。个人在接受一种新的闲暇消费时，不知不觉地在适应一种共同的生活方式。由于以前的卖方市场变成了买方市场，广告成为市场促销的手段，以至于销售也成为一种“文化事业”。由大众传播媒体承载的广告宣传成为影响消费、创造消费需要的重要工具。广告变为大众文化的一个部分，一种延伸。不管消费者在心理上喜欢还是厌恶广告，事实上他们离不开广告所提供的消费指导、消费时尚，以至于消费不仅仅出自于个人需求，更多的是大众文化环境中个人的一种“社会包装”。当“消费至上”成为一种价值观基础时，它只能造就“单向人”、“平面人”，即片面地追求消费，堕入消费恶循环这一向度的人。过去在计划体制下曾提倡造就“全面发展的人”，但是，由于物质生活极为匮乏，这种“全面发展”过于空泛；今天我们物质生活富足起来取代从前政治迷信的却是“金钱拜物教”、“商品拜物教”。人的主体性无时不受到与他并存的物质世界和他所创造的物质世界的制约和侵蚀，因而一方面人在本质上要求摆脱一切阻碍人本质显现的羁绊，另一方面急剧膨胀的物欲在对人性的侵蚀中使人丧失了自我，流失了人性。应十分警惕注意由于城市化进程，财富积累而造成人性萎缩和单面人、平面人的出现。

2. 符号强迫性消费

消费文化的核心是对消费者的引导和操纵，以便使其淹没于通过媒体特别是电视创造的“符号”和“形象”之中，其目的是使大众生活于脱离现实的“拟象”世界。具体的做法是通过媒体使大众养成消极和顺从的态度，其结果是“沉默的多数”的产生。更具体地说，当人们越来越习惯于坐在电视机前从电视节目里寻找现实和安慰时，他们逐步地成为消费的机器。由于他们的消费被生产商品的大公司所引导和操纵，他们的生产观念和行为准则不可避免地受到一定程度的控制。

首先，符号消费形成了“弃我”惯性。传媒文化的膨胀和过剩生产，消费主义和犬儒主义精神日益成为民族精神中的癌症，使一种丧失了思想的生活状态成为当代精神的常态。人们在日常消费中常常失去主体意识却又习以为常，没有意识到消费过程中个体的意志向权力、文化与习惯的屈服。这是一个“弃我”的惯性，是个体放弃独立性以适合社会整合机制而产生的行动思维。

读图时代大众的“弃我”惯性表现为“符号强迫性消费”。当代社会，大众传媒的威力无处不在，它遍布人的心理的每一个角落。“狂轰滥炸”的效果是让消费者失去自由。在这个符号体系内，你可以选择这种或那种消费形式，但是你不能不消费。大众传媒始终操纵着消费者的行为，它是文化、制度、权力结合经济利益而来的综合产品的忠实推行者。个人在这个符号体系中失去了思维的独立，接受着过滤了的信息，选择着引导了的“自由”。在符号消费的“快乐”中陶醉，忘掉了自己。然而可悲的是，在“弃我”惯性产生后，人们不但浑然不觉，还自以为越来越自由，越来越独立。女性在广告导向中尤其容易失去自我，一些沾有“购物癖”的主妇早就迷失了个体的独立性，即使在日常的服务性消费中她们是那样的自我独立，但在符号消费暖洋洋的阳光下，她们却迷失了自我。

其次，符号消费使文化消费脱离现实走向“拟象”世界。当符号形象充斥电视并被发挥到极致时，我们便进入了波德里亚所说的拟象世界或时代。消费品已经具备了和范围广阔的形象及符号相结合的能力。这种结合遮盖住了商品的使用价值从而成为商品符号。当以电视为核心媒体的消费文化利用难以计数的符号和形象流动生产出无休止的现实模拟的时候，消费者往往失去对现实的把握。在这个模拟的时代，是“原版”还是“复制品”已不是问题的核心。因为参考点不在了，真实也就处于无足轻重的地位。在波德里亚的眼里，这些电子时代通过色彩及其他方面的处理混合而产生的形象比真的东西还要真。[①] 但从这种模拟或比真实还真实的形象符号中是不可能发现真实的。这是引导并操纵大众的前提。在这种前提下，商业资产阶级得以实现从引导到操纵这个过程。

通过对符号价值的强调，大众在消费过程中逐步地消失于“符号”的海洋里。也正是这种消费，使大众脱离了现实。反过来说，也只有使大众处于脱离现实的状态之中，才能使其真正地失去社会性而作为一个个孤立的原子，变成被操纵的消费机器。在当代传媒社会，生产过剩的“丰盛”社会使得当代人的生活方式是“白色”的——没有感情介入，没有形而上学冲动，也不可能有大胆的想象。传媒价值已经不再取决于传媒本身是否能满足人的需要或具有交换价值，而是取决于交换体系中作为文化功能的符码。这是一个充斥着预防性白色的饱和了的社会，一个没有眩晕没有历史深度的社会，一个除了自身神话或者不断神话之外，没有其他神话可以作为立足点的消费社会。

3. 视觉消费中的非视觉化因素

视觉物不仅是信息和大众文化的媒介，它有一种感官直接性，这是印刷媒介望尘莫及的。正是这一特征使得各种视觉形象与印刷文本截然不同，与简单性绝非一回事，相反它使人们第一眼看到它时就受到了强烈的冲击，这是印刷文本所无法比拟的。正是那些边缘、那些嗡嗡声，得以把不同寻常与单调乏

① Jean Baudrillard, The Ecstasy of Communication, MIT Pr. 1998, pp. 83—88.

味相区别。这些丰富体验得以把视觉信号或符号电路的不同组成部分相互联系在一起。视觉文化的这一层面是所有视觉活动的核心。

后现代对现实的解构不是在先锋派的工作室里，而是在日常生活中完成的。正如情境主义者从报纸上收集那些貌似常态但却稀奇古怪的事情一样，我们也能借助大众视觉媒体看到日常生活现实的大崩溃。在20世纪80年代早期，像舍瑞·莱文（Sherrie Levine）和理查德·普林斯（Richard Prince）这样的后现代摄影师，试图通过征用别人拍摄的照片对摄影的本真性提出质疑。现在，对摄影再现真实的理论的否定，已成了像《世界新闻周刊》这样的杂志和其他更受人尊敬的出版物谈论通俗文化的一个主要话题。摄影在这样一个可疑的社会风气中发挥着效力：O. J. 辛普森的律师很可能驳斥这样一张照片是伪造的——照片显示他的当事人穿着杀手穿的、不同寻常的鞋子，为此，他必须再找出另外30张甚至更多的照片。单独一张照片已无法代表真相。同样，某些人看得特别痴迷的电视连续剧与现实也毫无共同之处。肥皂剧构造出相似的情景：一个失散已久的双胞胎兄弟与家人重逢几乎不会引起议论，一个人物的死亡也决不意味着他或她下周将不再回来。用希区柯克的话来说，因为肥皂剧是不真实的表演，而不管它表现什么。肥皂剧也许是最为国际化的视觉形式，它博得了如俄国、墨西哥、澳大利亚和巴西等各个不同国家的全民性的关注。在全世界，真实的东西每时每刻都被颠覆。

今天我们读图，只是在看，而不深究在看什么，不去想图像背后的价值观，人们看的是浅化的图，不再调动追问，不再思辨。在视觉流行时代应该注意非视觉层面。如一位西方著名的雕塑家说，洲际导弹是当代最好的艺术和图像造型——丧失了起码的艺术精神判断；美国打伊拉克，有人说这电视画面是最好看的，而且激动人心——如果这些导弹是飞到他的家门口呢？这表明：思想的幼稚化、精神的低迷化、艺术的丑陋化、生活的非意义化是当代精神低迷的主要表现。

马克思指出，在商品经济形态，人的特征是以物的依赖性为基础的。商品经济确实要求并给予个人在经济行为中一定程度的独立自主性，但这种独立性，完全是建立在对物的依赖基础上的，结果是人的一切社会关系的物化。商品经济把人纳入到它的普遍的价值体系之中，使人成为一种可使用、可交换的商品在经济中发挥作用。于是，人作为劳动力的使用价值和交换价值得到重视，而他的人格价值却被吞没了，人的价值仅仅表现为物化的使用价值和交换价值，即作为手段的效用价值，而不是主体性价值。因此，期望靠商品经济使人得到全面发展和最终的解放是不可能的。

存在于工业社会中的异化，同样在网络社会中存在。其主要表现为符号的异化。符号本是由人所创造，是人要达到某种目的的手段，但是在某种情况下，符号却反过来成为控制人、奴役人的异己力量。人因为受制于符号而处于被动的地位。不可否认，这种现象在网络社会中已经不同程度地出现。如：符号构成的虚拟世界也可能造成虚拟与现实的混淆、错位，使人丧失最基本的事实和道德判断能力。这种被符号世界所异化了的人，会把虚拟的一切照搬到现实生活中。当今社会，大规模的杀戮可能只被作为游戏，而横陈的尸体也只是一连串的数字。被符号所异化了的人会对一切无动于衷，他们的正义感、道德感为符号所麻木……符号世界的异化是当代文化研究所面对的一个新问题。而加强人文精神的培养，是防止符号世界异化的途径之一。

五　大众文化的认识论本质

众所周知，文化也是对世界的一种反映，是人们认识世界的方式，同时也是人的生活方式。所以，从认识论的角度来看，大众文化的本质究竟如何呢？要认识大众文化的认识论本质，就得了解当代社会知识标准的变化。李欧塔认为，随着后现代状况的出现，知识的合法性标准发生了改变，任何知识只有在获得商品化的基础上才是有意义的，只有成为人们实用的知识时才是有价值的，实用与否便成了知识合法化的新标准。

首先，知识合法性标准的改变，源起于第二次世界大战以来计算机科学与技术的发展。因为，自从20世纪40年代以来的一切尖端科技都是与语言相关的。利奥塔在《后现代状况》一书中认为，计算机的出现，使科学知识成了一种话语，它可以通过某种转译，成为电脑的信息，并通过电脑加以处理。这些科学技术的发展，对知识的存在和发展产生了巨大的作用，它使知识不断改变形态，产生了前所未有的影响。因此，探讨知识的转换、获取知识的转换方式就变得十分突出。在电脑时代，知识只有被转译成信息，才是可操作的。如果构成知识体系的东西不能被转译成信息，那么它就会被抛弃。在后工业时代，信息化已是一个突出的时代特征，新的研究成果必须转换成电脑语言，知识的生产者与运用者都必须掌握信息化过程，学会电脑的操作，了解并具备把知识转换成电脑语言的手段和能力。知识的这种外在化力量表明，知识与生产的结合愈来愈密切了，知识的供应者和使用者之间的关系也愈来愈具备商品生产者与消费者所具有的形式，即价值形式。不论现在还是将来，知识都是为出售而生产，为在新的生产中增值而被消费。

波德里亚认为，“在大众合理化生产中，技术和文化的作用所产生的‘文化危害’是无法统计的。而且价值的判断在此也使得共同的标准难以确定”。[①] 科学技术的发展使知识的合法性标准发生了动摇，这种动摇是因为知识本身的生产是一种经济活动，而非纯精神的活动。“文化不再是意识形态的，（它）发挥着掩盖资本主义社会的经济活动的作用，相反它本身是一种经济活动，也许是最重要的经济活动。”[②] 所以，随着知识合法化标准的改变，文化生产的性质也随之发生变化。

其次，它源之于美国实用主义哲学的影响。第二次世界大战以后，实用主义成为美国的国家哲学，它占据美国文化的核心地位，当人们谈到美国文化时，自然要将它与美国本土哲学——实用主义联系起来，尽管在美国大学中实用主义从未占据支配地位，但是，实用主义是一种大众化的世界观。相反，在此前的欧洲，其哲学则是极度专业化与技术化的，因此，实用主义很难介入欧洲专业化与形式化的哲学讨论运动中。然而，50年代以来，奎因等人将逻辑哲学与美国实用主义结合起来，形成了逻辑实用主义。之后，戴维森与罗蒂形成了所谓的“新实用主义”，从而使实用主义成为后现代主义哲学的基础，也成了大众文化的基础。因此，有人把大众文化称作帝国主义的文化，是美国文化的扩张形式，因为我们在全世界都可以看到好莱坞电影、迪斯尼、可口可乐、多媒体等象征意义的美国文化，在全世界都可以看到麦当劳。资本主义跨国公司的形成，造成了全球文化的同质性发展。与跨国资本同行的文化的传播与发展、都市化、大众传播现

---

① 波德里亚：《消费社会》，第20页。

② 约翰·斯道雷：《文化理论与通俗文化导论》，杨竹山等译，南京大学出版社2001年版，第268页。

象的勃兴，是一个发达国家居高临下的文化渗透形式，文化生产具有跨国的形式，是发达国家向不发达国家的一种倾倒性的流动，或文化扩张。因此，是文化帝国主义的一种强加方式。汤林森说："所谓文化帝国主义，其定义之一是西方经过媒体中介的文化，'强加于'它国之上。一般说来，在西方资本主义国家，媒介被当作其文化的核心，其原因是多重的，从实用的理由直到出于较为理论性的原则应有尽有。"①

知识的商业化必将造成知识的实用化，文化生产的目的被单一化，只是为了交换价值而生产，而非为了文化本身的发展而生产。斯道雷说："大众文化诱惑高雅文化。其中两个因素更具诱惑力：（1）大众文化的经济回报；（2）潜在的庞大的消费群。"② 这是一种全新的认识，是一种文化价值观的根本转变，这种转变的结果是造成了新的消费类型，人为的商品废弃，时尚和风格的急速变化，媒体的全面渗透。

从认识论层面上说，大众文化之认识过程具有表意性的特征。

大众文化意味着创作群体与消费群体认识过程的变化，因为人们对知识分子产品的需求大大减少，知识分子已经从原来的立法者转变为一个阐释者。"大众文化是从内部和底层创造出来的，而不是像大众文化理论家所认为的那样是从外部和上层强加的。"③ 这就是说，大众文化是与高雅文化相对立的文化形式，这种形式的形成是大众化的，而非精英化的。之所以这样，是因为：

---

① 汤林森：《文化帝国主义》，第68页。

② 约翰·斯道雷：《文化理论与通俗文化导论》，第49页。

③ 约翰·菲斯克：《解读大众文化》，第2页。

第一，新的媒体创造了新的受众。不管社会是多么地进步，大众都会接受社会媒体所发出的信息，媒体创造了一个单一的受众。“相比之下，印刷媒体创造了许多不同的社会群体，这些社会群体因解读词语编码的能力不同而彼此不同。”① 由于对印刷媒体阅读能力的不同，接受媒体的群体可能分类为各个等级：精英的、普通知识分子的、大众的等等。这些等级之间互不相融，他们的理解能力各不相同，其认同的文化符号也各不相同。而在大众社会，大众传播媒体促进了广泛的社会认同，电视、电影、广告与因特网等所具有的能力对整个社会产生了重要影响，它瓦解了建立在对印刷媒体控制基础上的传统政治权威，形成全新的意识形态与全新的媒体受众。因此，传统知识分子和大众之间的区分便消解了。因此，大众文化是非知识分子的文化，是一种语言游戏的产物。因此，从认识论上说，它是一种表层文化，而非深层次的反映事物深刻本质的文化。

第二，新的媒体创造了表意性的认识，从而抵斥了本质主义的发展。大众文化是一个芸芸众生的世界，他们追求新的、最切近的联系和体验，人人都意识到生命只有一次，因此，努力去追求享受与体验并加以表达。而新媒体世界则提供了他们表达自己体验的机会，即“当代大众文化（……）被‘仿佛是……’的广告世界所统辖。服装、身体、面孔都来自于他人，来自于对生活的想象：即出自于时尚、电影、广告及无数城市偶像的暗示。这些从传统与亚文化秩序的文本中解析出来的记号，就以表层意象的形式进入人们的游戏之中，人们也陶醉于加工过的、模糊的‘无深度的’、不能提供真实世界的基本意义或揭示其本质的东

① 戴安娜·克兰：《文化生产：媒体与都市艺术》，赵国新译，译林出版社2001年版，第21页。

西之中”[①]。现代媒体的渲染力使一切文化形式变得同样平凡，无论是高深的抑或肤浅的。而大众则追求其生活体验的实现，他们的目标是对新生活、新体验、新价值、新用语的无止境的追求，消费与闲暇意味着是种种体验得以实现的时空。所以，在大众文化中，“人们对商品的消费不仅是其使用价值，而主要是消费它们的形象，即从形象中获取各种各样的（也是后现代主义的）情感体验，因此，影像就代替了使用价值，成为使用价值的代用品”。

大众文化是一种日常生活的文化，因此，大众的情感体验是一种日常生活的审美体验。因为在这大众化时代，“我们就会发现，它强调了艺术与日常生活之间界限的消解、高雅文化与大众通俗文化之间明确分野的消失、总体性的风格混杂及戏谑式的符码混合”[②]。由于消费文化与电视产生了过量的影像与记号，使人们面临着一个几乎完全仿真的世界，在这个仿真世界中，实在与表象之间的距离消解了，人们毋须去认识实在，毋须认识事物的本质，认识失去了现实的基础，只有广告、媒体图象的表意性。整个社会充斥着影像、电视、高雅艺术的赝品，人们对于这些影像作品毋须作任何思考，这些作品是模糊的、无深度的、不提供对现实世界的真实意义的；人们并不探索现实世界，而是感受浅层的感官世界和紧张的体验。

自从18世纪以来，科学理性战胜了感性，科学将人们引向本质的世界，从而确立了理性的权威性。理性被无限地推崇，被绝对化了，以至于最终必将走向另一个极端。在今天，理性造就了一个对立面，理性化的工具造就了一个感性的大众文化的世

---

① 迈克·费瑟斯通：《消费文化与后现代主义》，第146页。
② 同上书，第94页。

界，似乎人类重又回到从前的感性世界。就如同哲学当初是一切科学之母，而后来却被她的子女们遗忘一样，理性创造了一个感性世界，使感性走向了极端。

大众文化在认识本质上具有内在性的特征。

传统的经验论哲学认为，认识来源于外部世界，客观世界是认识之源，认识之本。唯物主义的认识路线是从物到感觉到思想。然而，大众社会的大众文化的认识论则是一种展示内在性的认识论，它强调的是从符号和语言本身形成文化产品，而非从外部现实到思想。

现代西方哲学一个很重要的方面，是强调：我的思想代表世界，我的语言代表世界。因此，只要我的思想丰富了，语言丰富了，那么世界的内容就得到丰富。不是世界生我，而是我生世界，只有我才能依赖自我的精神创造出意义来，只有我才能生产出文化，只有依赖文化才能复制出文化。正因如此，人类学家才认为，文化是某种生活方式的描绘，它表达了某种意义和价值观念。所以，当代大众文化是对西方社会新生活方式的描绘，是对西方人追寻意义和价值观念的反映。西方世界大众文化的形成，是与西方哲学对意义的追寻相协调的。文化与精神不是物与占有，而是生命与自我的活动结果。彼得·科斯洛夫斯基说："在不断迅速变化的社会和自然环境中发现自我、发现个体的自我，这是当代文化的主题。"① 当代大众文化是在文化自身中生产出来的，是自身的克隆形式，是人类内在性的扩张。

当然，西方世界大众文化所表现出来的内在性的张扬，也可以找到其利益的根源。正如费瑟斯通在概括波德里亚观点时所

---

① 彼得·科斯洛夫斯基：《后现代文化》，毛怡红译，中央编译出版社 1999 年版，第 67 页。

说，“消费必然导致对记号进行积极的操纵，这是记号与商品联合生产‘商品—记号’的晚期资本主义的核心。能指的自主性意味着通过诸如媒体与广告对记号的操纵，使记号自由地游离物体本身，并运用于多样性的相互联系之中”①。通过挖空心思的内在性，寻求赚取最大利润的可能性，并使其在大众文化中得以实现。

在当代大众文化中，在人工智能的作用下，“电影、电脑模拟以及一些类似的技术每时每刻都在全方位地工作，模拟所有的可能世界。‘世界’的普遍可模拟性，使可能世界与现实世界的区分变得起来越困难”②。克隆文化变成习以为常之物，当代艺术制造着不可逆的、一次性的产品，几乎不存在不可复制的范围，没有什么技术的界限。由于技术向文化的全面渗透，文化生产呈现为从少量高品质的艺术形式向大量大众化的通俗形式的转变。这是一个从质向量的扩张过程。为了满足大众的需求，通过技术手段，使高雅艺术品变成大众日常生活中所能见、所能评品的复制品便势所必然。“文化不再是意识形态的，掩盖资本主义社会的经济活动的作用，相反它本身是一种经济活动，也许是最重要的经济活动。”③ 后现代的大众文化是一种大量复制性的文化，它不断地重复着文化的再生产。虽然人们把它称之为仿真，但既然是仿真，我们就很难把它称之为是真的了，因为真实在这里已经没有意义。

大众文化在认识方法上具有非规范性的特征。

传统的认识论是规范性的认识论，它总是研究认识的形成、

---

① 迈克·费瑟斯通：《消费文化与后现代主义》，第 21 页。

② 彼得·科斯洛夫斯基：《后现代文化》，第 51 页。

③ 约翰·斯道雷：《文化理论与通俗文化导论》，第 268 页。

认识的规律、认识的过程、认识的真理性等等，它遵循着一定的规范。而大众文化的认识论是非规范的，是后现代主义的无定形的认识论，它遵循费耶阿本德的“怎么都行”的原则。后现代文化是一种多元文化，它不再奉行那种一元论的文化政策，而是以多样化、广域性的、非集中的方式进行的。

“怎么都行”是费耶阿本德在概括科学方法论时所提出的，他认为科学理论的创作并没有什么一成不变的东西可循，理论应该越多越好，多了就可以比较，就可知道哪一个更好，而要使理论丰富起来，就得使方法得到解放，只有归纳法或演绎法是不够的，在历史上任何一种科学的方法都可能失败，只有无方法或者“怎么都行”才是真正科学的方法。与此相适应，后现代的大众文化是一种商业性文化，为了获取更多更高的利润，只靠传统的方法是不够的，必须超越传统，终结原来的传统艺术，终结传统的创作方法。于是，拼贴、复制等便泛滥于世。

利奥塔认为，后现代文化发展的真正方法就是“语言游戏”，我们可以引伸之，称之为“创作游戏”。本来意义上的文化，是从人自身与人们之间以及从自然界中产生的，它赋予客体以意义，从而创造了自我的意义。然而，这种文化的生产手段是有限的。随着科学技术的发展，创造手段出现了深刻的变化，文化的意义发生了改变，它是一种生活方式，一种社会的秩序，它由于多数人的认同而存在。但是，无论什么时候的文化创作，都存在着游戏的成分，而后现代的大众文化则把游戏推向了极端，把游戏作为文化创造的主要手段。当然，这也是与西方哲学的发展紧密相关的。

语言游戏，源自维特根斯坦后期哲学。维氏认为，我们对语言意义的理解，必须根据不同的语境，根据不同作者的不同情况；语言的意义在于使用。后来利奥塔也强调了语言游戏的作用，认为语言游戏已经是西方文明的一种普遍现象，是西方现代文明的本质和意义。利奥塔的游戏概念不同于维特根斯坦的是，利奥塔不是把语言游戏当作理解语言意义的工具箱，而是注重语言游戏在文化中创造词汇、创造意义的作用。他认为，在一个谈话的语境中，说话者处在一个“知者”的地位，而听话者则处在一个同意或反对的地位。大众文化是对文本的复制与模仿，是对文本的进一步阐释，因此文本不断地衍生出新的文本，这种衍生过程是无方法的，无规范的，读者想到什么意义就是什么意义。所以，大众文化往往出于文化创作者的随心所欲的拼贴。

大众文化的认识论是一种关系认识论。

大众文化是一种表意的、模糊的、非语境化的、反映情感体验的文化形式。它不是作者中心主义的表现，并不反映作者的主体性，而是把一切都看作是一个文本，文本、作者与读者三者之间是一种对话关系。

传统的认识论中，作者与文本、读者之间的关系是一种等级制关系。因为，作者是作为主体而存在的，他把读者作为自己的对象，作为客体的读者不仅受到作者的强制约束与驯化。创作与书写既开始于作者，也终于作者，文本的意义一开始就是确定的。读者对于文本的读解活动仅仅是为了理解文本的本意，了解作者的意图。

然而，在当代大众文化中，由于文本的非语境化，即在一个文本高频率出现后，人们已经不记得它的原来意义，文本在特定场合中的特定意义被消解了。在这里，人们并不关心文本与现实之间到底是什么关系，现实仅仅存在于我的思想中。“总体现实性并非通过世界、而是通过人被认识。正是人，而不是外在于人的自然，构成总体现实性的基本模式和思维的类比源泉，因为人们必须通过人来认识、解释事物，而不是通过事物来认识、解释人。”① 后现代的文本与作者、读者之间的关系是一种互文性关系，它体现出主体间性。读者把自己作为一个作者的地位的人，与作者一样讨论文本的意义，阅读是一种创造活动、解构活动。文本只是一些符号的构成，只有在读者的场景中得到理解，而非按照原作者的意图去理解。例如一幅《清明上河图》，其真迹永远都只有一幅，而且在其创作时人们是通过现实来批评的。可是在今天，《清明上河图》可以通过现代的科技大量地印刷出来，无论是精英知识分子的家庭装潢中，还是个体户老板乃至普通平民的居室中，都可能悬挂着此图，但各人的理解却迥然不同，而《清明上河图》则变成了一个平面符号，一个可变更意义的符号。再如卡拉 OK 和 KTV，其创作者本来就是为了获取利润而制作的，他在创作时根本没有考虑其对社会的影响如何；听者、唱者则更是不关心其音乐歌词的含义、电视画面的适当性与否，而是纯粹作为一个参与者，根据自己的心情爱怎么理解就怎么理解，喜欢怎么调动情绪就怎么调动，他所注重的是当时的情景，当时的感觉，使自己处于文本、作者与读者的密切关系中。在此，从认识论视域而言，文本的意义不是取决于作者，也不取决于读者，而是取决于作者、文本与读者之间三者的关系，因此，我们可以把这种认识关系称为关系的认识论。当然，马克思主义的认识论也是一种关系认识论，但是，在主体与客体之间二者不是对等的，客体是对象化的，主体是占支配地位的。而大众文化的关系认识论则是一种无等级关系的认识论，其三个要素之间是平等关系。

作为引导消费的大众文化，并不需要我们了解事实是如何的，而只是在符号的掩盖下否定真相地生活。波德里亚说道：

---

① 彼得·科斯洛夫斯基:《后现代文化》，第 33 页。

“信息的内容、符号所指的对象相当微不足道。我们并没有介入其中，大众传媒并没有让我们去参照外界，它只是把作为符号的符号让我们消费，不过它得到了真相担保的证明。”① 实际上，大众在消费过程中，他们已经忘记了文本的本意是什么，文本在这里也只是具有相对于消费者而言的消费意义。在作者、文本与读者三者之间，读者只是作为消费者的读者。由此可见，“关系认识论”也只是以消费为前提的认识论。

大众文化的认识论是一种多元主义的认识论。它体现了文化的相对性，体现了文化的无排它性。这种认识论是一种开放性的认识论，但是在开放的同时，大众文化的受众们并无取消本土文化与世界文化之间的区别之意。正因为大众文化的标准不是一般知识的标准，而是商业化与实用性，所以它就不存在用同一个标准来对待本土及本土之外的文化的问题。

大众文化并不是不要规范，有了大众文化，高雅文化便被搁在一边无人问津，而高雅文化本来是文化发展的方向，是文化发展的指路灯，然而，这种偏好也抑制了大众文化的发展。文化规范应当无排它性，它只是对某一生活意义与生存秩序有所偏好而已。我们在规范文化发展的同时，我们也应当兼容并包，因为只有兼容并包，才会导致各种文化的相互交融，相互吸收、相互促进。对于大众文化认识意向的非规范性问题，我们不能以规范性来评价非规范性，不能因规范性取消非规范性。文化的规范性来自于生活的规范性，然而后现代的生活是一种丰富多彩的生活，它绝非传统的生活方式所能包容。

也许我们在过去对高雅的追求、对专业化水准的追求是有些过分，以致使这样的追求者自感专业的孤独，他的语言成了一系

---

① 波德里亚：《消费社会》，第12—13页。

列的个人代码，从而使他成了学术的少数。所以，大众文化的表意性正是对这种专业的孤独的补充。

大众文化认识论的内在性，体现了当代西方社会的创新精神，同时也体现了当代西方学术的终结，艺术创作源泉的枯竭。当然，强调内在性对于发挥创造性精神也许是有效的，它充分重视人的创造性潜能的挖掘。但是，创造精神也应当符合本国的文化价值，必须定位于健康地发展文化的前提下，而不是像个别大国那样，把自己的价值观强加给别国，借助人们对秘而不宣的好奇心，诸如窥阴癖等，大量地输出不健康的精神鸦片。

发展“乃是从社会的一种类型到另一种类型的过渡，它的规定性更多地在于文化因素和社会关系。”社会进步是一个分阶段的过程，“从有能力组织贸易进步到有能力生产工业产品，再进而能生产‘文化产品’”。[①] 文化生产是人类生产中的高级阶段，同样是遵循经济需求原则的，社会的责任则在于依据这一原则引导文化的发展。

从另一角度而言，文化是对人的认识能力和活动能力的提升与强化。高雅文化是对人的能力的提升，同样，大众文化也是对人的能力的扩展。一个社会只有当高雅文化与大众文化并存之时，人的能力才能得到充分的扩展，因为高雅文化仅仅是少数知识分子在学院式的条件下形成的，创作高雅文化的是少数人，接受高雅文化的也是少数人。所以文化的创作必须面向大多数，就是让大多数人都能成为其服务的对象，而要使大多数人成为文化的接受者，就必须让大多数人成为创作者，并以此来丰富创作的源泉。

---

① 中国社会科学杂志社编：《社会转型：多文化多民族社会》，社会科学文献出版社 2000 年版，第 16—17 页。

第四章

大众文化时代的知识分子

当代大众文化的出现，使传统知识分子的意义发生了变化。知识分子历来被看作精神世界的代言人，是知识与道德的立法者，是自然与社会的立法者。然而，今天的知识分子却发生角度的转变，是鲍曼眼中的阐释者，而非立法者。

一 大众化时代的知识分子

传统知识分子是一个特殊的社会群体，他们受过良好的高等教育，从事一定的脑力劳动，以创造知识、传播知识、教授知识、研究知识为业。从知识分子的气质来看，知识分子在同现实社会活动的相互关系中保持着“清高”、“孤寂”的品性；从知识分子的特征来看，知识分子乃是普遍理性良知的代言人，替天行道，体现为“独立性”；从知识分子的职责来看，知识分子是“漫漫长夜的守更人”（曼海姆语），具有同“现存”保持一段距离的“判断”能力，承载着本质性的责任；从知识分子的使命来看，知识分子追求着“纯粹”的理想价值目标，有着超越性的批判任务。欧洲的教士和中国的士大夫，都可以看作现代知识分子的前身，但他们并不是当代意义上的知识分子。“知识分子”一词到近代才出现，它有两个源头，其一源于19世纪60年代的俄国，其二源于19世纪末20世纪初的法国。

源于俄国的“知识分子”（intelligentsia）一词，来源于俄文интеллигенция，该词通常被译作“知识群体”，这个术语是别林斯基等俄国、波兰人在1840年首先使用的。在当时，俄国、波兰等经济、社会条件都较西欧落后的国度里，存在着一种很特别的知识分子类型：他们接受过西方教育，具有西方的知识背景，他们对当时俄国的专制统治有着强烈不满，并且对现行体制进行尖锐的批判。这些知识分子一开始就以群体的形式出现，而非以个体的形式出现，他们来自不同的社会阶层，但在精神气质上却有着共通之处。美籍华人学者余英时先生曾经转述了俄国知识分子的五大特征：“一、深切地关怀一切有关公共利益之事；二、对于国家及一切公益之事，知识分子都视之为他们个人的责任；三、倾向于把政治、社会问题视为道德问题；四、有一种义务感，要不顾一切代价追求终极的逻辑结论；五、深信事物不合理，须努力加以改正。”① 由此我们可以看出，源于俄国的知识分子概念强调的是知识分子强烈的现实的与道德的批判精神。

源于法国的“知识分子”（intellectual）一词的出现，主要归因于1898年的“德雷福斯事件”。法兰西陆军上尉德雷福斯因其犹太人血统的关系遭受诬陷，以“叛国罪”被判处终身监禁，这引起了一批具有正义感与社会良知的人士，包括左拉、雨果等文人的义愤，他们站出来为德雷福斯辩护。1898年1月13日，左拉在《曙光报》上发表了致共和国总统的公开信《我控诉……》，这封公开信被法国知识界称为“知识分子的宣言书”，这批为社会正义辩护的人士便被称为“知识分子”。虽然这不是“知识分子”这一称谓的诞生，但却是第一次在这样的价值内涵

① 余英时：《士与中国文化》，上海人民出版社1987年版，第3页。

上被广为使用并流传开来，即知识分子在社会公共舞台上是体制的反对者或批判者，具有一种超越职业之上的公共关怀。

从现代知识分子产生的两个源头可以看出，知识分子群体实际上具备以下特点：第一，受过相当程度的教育，具有较高的文化知识水平，从事脑力劳动，这是成为一个知识分子的首要的基本条件。《现代汉语词典》（1983 版）中对知识分子概念解释为："具有较高文化水平、从事脑力劳动的人。如科学工作者、教师、医生、记者、工程师等。"《辞海》的解释是："有一定文化科学知识的脑力劳动者。如科技工作者、文艺工作者、教师、医生等。"第二，具有公共良知，有强烈社会参与意识。以色列学者米歇尔·孔菲诺认为，知识分子不是指经世致用的工程师、技师、会计师、律师、医生和记者，而是指以天下为己任，准备改造人进而改造社会的人。知识分子总是借助知识和精神的力量，对社会表现出强烈的公共关怀，积极参与到公共事件中，体现出一种公共良知。第三，对社会现状持怀疑和批判态度。知识分子总是站在一个普遍的、综合性的角度针砭时弊，致力于批判所在社会的丑恶与积弊，反思社会价值的保守和无知，以冷静的思考去形成自己的观点，以纯理性的论证发出自己的声音，充当起"漫漫长夜守更人"的角色。正因为如此，知识分子总是被看作公众的精神导师、时代和社会的良心，受到人们的顶礼膜拜。

然而，20 世纪五、六十年代以来，以市民大众为对象的大众文化迅速崛起，以其市场化、世俗化、平面化、形象化、批量复制等特征，由"不登大雅之堂"的边缘文化进入了市民大众的日常生活，产生了前所未有的广泛影响，于是，一个新的时代——大众文化时代到来了。大众文化迅速占领了原先由主流文化、精英文化主宰的文化领域，使得现代文化系统呈现出多元并存格局的同时，也在极大程度上把知识分子的精英文化推向了文化舞台的边缘。知识分子的话语传达受到阻碍，其身份处于一个尴尬的境地，其价值也面临着空前的危机。

随着后现代文化的发展，文化走向杂交化与混合状态，当代知识分子也产生了根本性的分化。费瑟斯通认为，“随着大众文化与高雅文化之间的差别的消弭，向后现代文化的转轨，给知识分子带来一种特别的威胁”①。

传统的知识分子是一种以创造人类崇高理想和精神食粮自居的知识的立法者，大众心灵的启蒙者。传统知识分子制造了许多规则，并要求全社会都服从这些规则。因此，知识分子是社会进步的象征，是国家意志的代言人。其优越的权威性地位是通过把知识转化为权力而获得的，鲍曼认为，“文化精英的这种特有的自信，与其说是来源于对进步的信仰，不如说是在对自己的优越性从未遭受挫败的经验中，塑造了这种进步的观念。文化精英分子对于改造他人思想的这种传教士般的狂热，与其说是来源于他们未加批判的对人的无限的完满性的信仰，不如说是从自己在对其他群体（……）的训诫、操练、教育、治疗、惩罚和感化作用的体验中，塑造了人类本性的可塑性观念，塑造了人类本性可以接受社会的铸造和改造的思想”②。传统的文化对政治的依赖，是使精英知识分子成为权威的重要根据。在传统社会中，知识是被意识形态化的，是与政治紧密相关联的。政治与哲学这两个“宏大的叙事”狼狈为奸，互相都为对方的合理性作论证。在文化精英们的视野中，只有他们所主张的生活方式才是进步的、成熟的、完善的、规范的、适应时代潮流的，而所有其他的生活方

① 迈克·费瑟斯通：《消费文化与后现代主义》，第 81 页。

② 鲍曼：《立法者与阐释者》，第 148—149 页。

式则是发展迟缓的、落后的、不健康的、不完善的，甚至是畸形和残缺不全的，这些生活方式处在原始的较粗陋的阶段。文化精英总是把自己当成现代性的代表，其所主张的文化观念是现代性的标志与象征，这种文化观念是理智的、理性的。在马克思主义看来，现代性的发展、文化精英潜能的发挥，旨在使人类获得精神上的自由，首先是征服自然的自由，其次是由于建立了先进的生产力和进步的生产关系而获得人身的自由。

但是，随着后现代状况的出现，传统知识分子的权威性地位开始发生动摇。面对着大众文化，知识分子的权威性及其立法者的地位开始丧失。知识的学术话语已经不断地孤立化，学术语言变成了个人的代码，在市场经济的大潮中开始隐退。而在后现代时期，随着现代媒体的发展，大众文化开始普遍化，学术话语则成为特殊性的东西。

因此，在大众文化时代，知识分子出现了多重性格。首先，一些文化精英继续他们的学术话语，关注真理，关注有效立法这一传统的责任，仍然具有为价值立法的雄心。他们对后现代主义持批判的态度，不为消费文化所诱惑，仍然保留其纯粹的学术品格。他们认为，学术是不能用经济价值来衡量的，学术的品性在于学术的纯正性。他们沿袭传统的理性观念，把弘扬传统理性当作自己的使命，把提升理性思辨能力和追寻形而上本质作为自己的任务。

其次，随着高等教育的大众化，知识分子群体在数量与质量上都发生了根本性的变化。高等教育造就了大量的社会人才，他们一方面是大众文化的受众，是大众文化的消费者；另一方面也是大众文化的生产者，他们大量地制作麦当劳式的大众快餐。这些边缘化的知识分子在很大程度上取代了精英知识分子的角色，他们一方面通过通俗的形式把高雅文化大众化，另一方面通过复制等手段把高雅文化“类象化”。他们根据市场行情，为了满足大众在情感、欲望消费、娱乐与休闲、幻象等消费需要，突破意识形态的藩篱，在利润的驱动下，通过现代科学技术大批量地生产大众文化产品，通过传媒无休止地推介自己的产品，开辟与构建文化市场。

再次，一些知识分子在学术研究中采用了后现代主义的手法，大量地拼贴现代文化，生产学术垃圾。他们为了学术研究的考核，不得不粗制滥造地拼贴论文，以在考核中获得数量上的地位。同时，这些知识分子由于学术研究的困难，不得不涉猎大众文化的领域，以应付难辛的学术难产。他们一方面崇尚学术，并从事着学术研究，但另一方面，由于现行的考核机制对科研成果的要求基本上体现数量，于是就不得不在学术上出现“复制”现象。

对于以上知识分子的多样化形态，我们无法做出比较合理的评判。因为，随着现代社会的发展，人群是多样化的，人们的消费是多样化的，人们的需求是多样化的，因此文化也是多样化的。那种统一的文化观只能把自己置于社会之外。在面对大众文化的攻势下，现代知识分子已经没有能力按照传统所推崇的观念去实践，“随着人们的逐渐醒悟，现代之美梦破灭了；迄今为止，现代世界产生的种种模式，没有一种能够对源于知识分子实践的那种期望给予响应。换一种方式说，照目前的情况看，迄今所产生的，或今后可能产生的模式中，没有一种模式会使社会朝着有利于传统知识分子角色的方向发展”①。在几个世纪以来一直由知识分子独霸的文化领域，特别是高雅文化领域，现在被大众文化彻底地取代了。在传统知识分子眼中，世风日下的大众时

① 鲍曼：《立法者与阐释者》，第165页。

代，对文化的评判权已经不在他们那里，而是在大众手中。在文化超市里，柜台与橱窗上置放的是各类人们所喜爱的文化商品，而不是单一的追求高雅的文化产品。因此，在当今的文化超市中，究竟需要什么样的商品，这是一个值得人们反复思考的问题。

二 大众文化时代知识分子的当下困境

人类从依赖自然力的农业社会转向使用机械力的工业社会，使物质生产方式发生了根本性质的转变，由此带来了精神生产方式以及精神产品从内容到表现形式上的重大改变。20 世纪后半叶，大众文化得到了飞速发展，人类真正进入了一个大众文化的时代。正如詹明信说的，“到了后现代主义阶段，文化已经完全大众化了，高雅文化与通俗文化、纯文学与通俗文学的距离正在消失，商品化进入文化，意味着艺术作品正在成为商品，甚至理论也成了商品……后现代主义的文化已经从过去那种特定的‘文化圈层’中扩张出来，进入人们的日常生活，成为消费品”①。当高雅文化和大众文化的界线逐渐消失，原先由知识精英掌握的那一套知识话语便不再具有神圣的光环，大众文化以“戏说”、“解构”的方式，通过现代传播媒介将“平民化”的高雅文化呈现在大众的面前，使过去那些极端个人化的、神秘幽玄的、需依靠丰富的知识、特殊的感悟和相当的时间才能领会的东西一下子变得人人能懂，可感可知。知识不再是知识分子的专有资本，而成了社会大众的共享财产，从某种意义上说，在大众

① 杰姆逊：《后现代主义与文化理论》，唐小兵译，北京大学出版社 1997 年版，第 162 页。

文化时代里，每个人都是知识分子。

20 世纪 30 年代，德国人本雅明就宣告了一个机械复制时代的来临。在这个时代里，产品可以在极短的时间内被复制成任意多个一模一样的复制品，这正是得益于工业技术批量复制的特性。大众文化借助发达的工业技术，将文化产品批量制成标准化和制式化的复制品或仿真品，从而为文化商带来了可观的利润，也为大众带来了大批文化快餐。作为一种复制性话语，大众文化没有原作，所有文本之间互为蓝本，它将独一无二、无中生有的经典崇尚置之度外，追求平均状态、模式化和标准化。在大众文化时代，公众需要的是语言“自来水”和文字“麦当劳”，可以即时获得，即时享受，一用即扔，只图当时的快感，并不想回味无穷，追求不朽和永恒。大众文化制造商们迎合了公众的这一心理需求，用先进的复制技术生产大量快餐式的文化产品，供大众即时消费。于是，生产代替了创造，摹仿与复制代替了想象与灵感，一切都被平面化或“无深度化”了，正如费斯克所说的，“大众文本是被使用、被消费、被弃置的，因为其功能在于，它们是使意义和快感在社会中加以流通的中介；作为对象本身，它们是贫乏的”①。

（一）文化场域的“格雷欣法则”（劣币驱逐良币规律）

“格雷欣法则”（Gresham’s Law）是以 16 世纪英国金融家伊丽莎白女王一世的顾问托马斯·格雷欣（Thomas Gresham）的名字命名的。格雷欣在 1559 年指出，由于英国货币的成色较以前降低，致使英国的对外贸易正在受到损失，因为他们正在使用

---

① 约翰·费斯克：《理解大众文化》，王晓珏、宋伟杰译，中央编译出版社 2001 年版，第 149 页。

贱金属铸造的货币来支付英国的对外贸易，而把贵金属铸造的货币储藏起来，使其退出流通领域。格雷欣认为，当价值不同的金属货币被赋予同等偿付能力时，实际价值较高的货币（即“良币”）必然逐渐被收藏、熔化或输出而退出流通，同时实际价值较低的货币（即“劣币”）则成为主要的流通手段，逐渐充斥市场。因此，格雷欣法则也被称为“劣币驱逐良币规律”。

格雷欣法则虽然是货币、金融领域内的著名法则，但在文化场域中也有其存在的土壤。美国学者麦克唐纳曾根据50年代西方文化的现状，指出了格雷欣法则的表现：

> 优秀的艺术同平庸的艺术竞争，严肃的思想同商业化的俗套程式竞争，胜者只能属于一方。在文化流通中和货币流通一样，似乎也存在着格雷欣法则，低劣的东西驱逐了优秀的东西，因为前者更容易被理解和令人愉悦。简便易行的办法是在广大的市场上迅速抛售庸俗之作，并使之不达到某种品质。格林伯格曾写道：“庸俗低劣之作的特殊审美品质，就在于它是一种被欣赏者事先‘消化了’的艺术，使他不必费力，向他提供某种最简便的艺术愉悦，这就绕过了在真正的艺术中须经努力才可理解的难点”，因为庸俗之作已在其内部包含了欣赏者的反应，而不是迫使他做出反应，所以，《爱迪·盖斯特》或印第安情诗，就会比T. S. 艾略特和莎士比亚的作品更有诗意。①

麦克唐纳依据大众文化产品易于接受的事实，指出了格雷欣

① Rosenberg, B. & White, D. M. (eds.): *Mass Culture*, New York: The Free Press of Glencoe 1957, p. 61.

法则在文化场域的作用，因为它是最有力最简便的消费对象，它为欣赏者准备好了他们想要的一切，因而可以在激烈的文化竞争中独领风骚，将知识分子的文化产品不断排挤出去。另一位美国艺术社会学家威尔逊，从商业价值与大众传媒的结合的角度阐释了文化场域的格雷欣法则，他指出："大众商业社会不可避免地强行贯彻某种以次驱好的格雷欣法则。不管怎么讲，好的东西总被视为最好之物的天敌；商业价值与大众传媒的发展，这两者的结合，赋予这个天敌以压倒一切的优势。所以，通俗文化的巨大规模被认为必然会淹没高雅文化那孤立而优雅的声音。"①

现代传媒技术的发展，使文化借助某种媒介转化为物质的存在形态，被大批量生产出来并加以广泛传播，最终形成了文化工业。大众文化追逐商业价值，其标准化、程式化和可复制性，经由大众传媒的效力推广开来，便获得压倒性的优势。大众传媒雄厚的全球覆盖技术使得大众文化的市场突破了狭小地域的限制，形成全球规模的文化市场。大众文化通俗易懂，其接受者包含了不同性别、年龄、职业、阶层、受教育程度的人，因而受到公众的普遍欢迎。于是，大众文化逐渐摆脱了"灰姑娘"的形象，与高雅文化平起平坐，甚至不断盘剥着高雅文化的地盘：芭蕾舞剧《天鹅湖》和摇滚乐同台演出；武侠、言情小说与古典名著摆在同一个书摊；原被认为粗俗的伦巴、桑巴和探戈，现在与高贵的华尔兹同样流行……相比之下，高雅文化追求创造性和个性风格，显然不适于大众传媒的标准化与可复制性要求。再加上其思想性和教化的功能，使得高雅文化的主要市场限定在一定的范围之内，甚至仅仅局限在文化人自己的圈内。麦克唐纳说，大众

---

① Wilson, R. N.: Experiencing Creativity, New Brunswick: Transaction 1986, p. 97.

文化“单凭它那无所不在的影迹，它那让人难以言尽的数量，就已经足够威胁‘高雅文化’的生机”。①

大众文化借助发达的现代传媒将其批量复制的产品不断抛向文化市场，使得原本就流通不畅的精英文化产品被逐渐驱逐出文化场域，从而实现大众文化的“一统天下”。格雷欣法则在文化场域的频频出现，使得掌握着高雅文化的知识分子陷入了极度焦虑之中。作为社会良心的知识分子失去了社会舞台的中心位置，被排挤到边缘地带，其文化资本亦不断缺失。

（二）大众文化时代知识分子文化资本的缺失

1. 文化资本及其对社会地位的影响

文化资本理论是法国社会学家布尔迪厄学术思想的重要内容。他认为，“资本”是以物化的形式或“具体化的”、“肉身化”的形式累积起来的劳动，“是一种铭写在客体或主体结构中的力量，也是一条强调社会世界的内在规律性的原则”②。

布尔迪厄是在隐喻的意义上使用资本这个概念的，他把资本分成三种基本的类型：经济资本、文化资本、社会资本。在这三种资本形式中，经济资本是资本的最有效的形式，它是以财产权的形式被制度化的，可以立即并且直接转换成金钱或其他物质利益。社会资本和文化资本可以合称为象征资本，意味着个人品质如声望和地位，或奇异的客体品质如名牌或古董。它们并不是真正意义上的资本，不具有经济资本那样的可触摸性，但在某些条件下也可以转换成经济资本。

---

① 阿兰·斯威伍德：《大众文化的神话》，冯建三译，北京三联书店 2003 年版，第 133 页。

② 皮埃尔·布尔迪厄：《文化资本与社会炼金术：布尔迪厄访谈录》，包亚明译，上海人民出版社 1997 年版，第 189 页。

文化资本主要存在于知识与文化生产的领域，它是以教育资格的形式被制度化的，是构成社会符号力的基本条件。文化资本有三种存在形式："（1）具体的状态，以精神和身体的持久'性情'的形式；（2）客观的状态，以文化商品的形式（图片、书籍、词典、工具、机器等等），这些商品是理论留下的痕迹和理论的具体显现，或是对这些理论、问题的批判，等等；（3）体制的状态，以一种客观化的形式，这一形式必须被区别对待（就像我们在教育资格中观察到的那样），因为这种形式赋予文化资本一种完全是原始性的财产，而文化资本正是受到了这笔财产的庇护。"[①] 前两种形式可以分别称作文化能力和文化产品。

文化能力以内在化为前提，它需要行动者身体力行，投入时间加以学习，在不断积累中提升自己的文化修养。文化能力是个人的确定的组成部分，如文化习性、文化品位，与特定的个体紧密相连，随其拥有者（生物的能力、记忆等）一起衰落和消亡。文化产品是具有文化能力的个体创造出来的产品，其本身就包含了一定的文化价值。以物质形式存在的文化产品是可以传递的，如文学作品、绘画作品等。体制化的文化资本是文化能力经过文化体制的资格授权后的存在形式，往往以学术资格这一形式出现的。它赋予拥有者"一种文化的、约定俗成的、经久不变的、有合法保障的价值"[②]，能够在文化资本和经济资本之间设定转换率。

行动者拥有的文化资本的数量对其社会地位的获得起着重要影响，这种影响主要表现在以下两个方面：

---

① 皮埃尔·布尔迪厄：《文化资本与社会炼金术：布尔迪厄访谈录》，第192—193页。

② 同上书，第200页。

第一，文化资本对获取社会地位的直接影响。这主要表现在由文化资本和其他资本共同组成的资本总数的多少直接决定了行动者地位的高低。布尔迪厄认为，一个人在社会中的地位高低主要取决于他（她）所拥有的资本（包括资本的数量与质量），因为“这种资本赋予了某种支配场域的权力”[①]，行动者由其拥有资本的多寡而获得其在场域或社会空间中的地位。由于资本具有稀缺性的特点，在特定的时期，资本的相对数量是恒定的、有限的，某一个个体或社会集团资本拥有量的增加，也就意味着另一个个体或社会集团的资本拥有量的减少。于是，行动者为了在文化和知识场域获得较高的地位，势必会展开一系列争夺资本的行动，而行动者活动的场域便同时成为一个“争夺的空间”，这些争夺旨在维持或变更场域中各种资本的构型。

第二，文化资本对获取社会地位的间接影响。这主要表现在文化资本通过转换成经济资本或其他资本来促进地位的再生产。文化资本同其他资本一样，成为人们争夺的对象，是因为它也是权力与地位、支配与统治的基础，这里的奥妙在于：各种类型的资本是可以相互交换与转化的，文化资本可以转化为经济资本或其他资本。“资本的不同类型的可转换性，是构成某些策略的基础，这些策略的目的在于通过转换来保证资本的再生产（和在社会空间占据的地位的再生产）。”[②] 场域中的行动者通过改变不同颜色的符号标志（不同类型的资本）的相对价值，提高不同种类的资本（如文化资本和经济资本）之间的兑换比率，获取更多的制胜的武器筹码，保证其社会地位的有效再生产。

---

① 皮埃尔·布尔迪厄、华康德：《实践与反思——反思社会学导引》，李猛、李康译，中央编译出版社 1998 年版，第 139 页。

② 皮埃尔·布尔迪厄：《文化资本与社会炼金术：布尔迪厄访谈录》，第 209 页。

2. 文字时代知识分子对文化资本的绝对占有

根据帕森斯知识社会学的观点，知识分子的出现得益于两个因素，一是文字的出现，二是哲学的突破。文字的出现对于人类至关重要，文字是记录语言的书写符号系统，而语言不仅仅是人类实际工具，而且是规范人类行为的力量。当一个民族、一个国家出现了书面的文字，它就需要一种特别的人，一种掌握文字的人来记录和书写。懂得文字书写的人逐渐形成一个特殊阶层，这便是知识分子的雏形。哲学的突破更是强化了符号意义的重要性，它的出现标志着人类与非人类之间产生了关联性的意义，人类对赖以生存的自然环境、宇宙世界有了一个概念化的掌握，产生了对于生命意义的追求，对终极价值的追求以及同宇宙世界接触的追求。为了满足这种需求，出现了文化事务专家即某种意义上的知识分子，其主要功能就是思索解答这些问题。从本质上看，知识分子以思想为生，而思想源于文字，他们于是专在文字壳里做道场。

文字时代即是以文字为媒介中心的时代，在这个时代中，话语、信息和意愿都通过文字运输，公众对世界的认识和了解大半是通过抚摸文字而获得的。文字时代，无论是文化能力、文化产品还是体制化的文化资本，知识分子较之普通公众拥有绝对多数的文化资本，在文化场域中占据较高的社会地位。

首先，知识分子是拥有较高文化能力的文字生产者，这种内化为个人性情的具体化形态文化资本是知识分子赖以存在的基础，也是他们区别于公众的最显著的标志。知识分子在长期的积累过程中已形成了较高的文化品性和文化修养，对社会有敏锐的观察能力和分析能力，受到社会的承认、公众的敬仰。

其次，知识分子的文化产品——文字/书籍，是文字时代公众获取信息和知识的主要来源。印刷技术的广泛使用，把文字纳入大规模的机械生产过程之中，文字渗透公众生活的每个角落。作为读书人的知识分子，其阅读面和藏书量均高于普通公众，加上书籍的可传递性，因此，尽管阅读成为文字时代的时尚，但知识分子仍然占据绝对多数的文化产品和文化知识。

再次，由于拥有体制认可的学术资格和证书，知识分子的言论及其文化产品的价值受到认同和保障，具有不证自明的合法性。知识分子凭借其文凭、荣誉学衔、所在研究所或大学的名望等体制化的文化资本获得了一种权威的身份，受到公众的仰慕和信赖。这种合法性的身份保证了知识分子的文化资本不断转换成经济资本，获得可观的物质价值。

因此，在文字时代，绝对多数的文化资本的拥有为知识分子带来了较高的社会地位，被认为是“统治阶级中被统治的一部分”①，因为“他们拥有权力，并且由于占有文化资本而被授予某种特权，他们中的一些人甚至占有大量的文化资本，大到足以对文化资本施加权力”②。

由于各种类型的资本之间是可以相互交换和转化的，知识分子对文化资本的绝对占有为其带来了数量可观的经济资本和社会资本。

一方面，文化资本兑换成高额的经济资本。知识分子在社会财富的生产之中承担的角色愈来愈重要，并且因为专业知识而赢得高额回报。20 世纪二、三十年代的鲁迅作为一个靠写作和编辑刊物为生的自由职业者，有着丰厚的经济收入。有资料显示，仅 1929 年一年鲁迅就收入 15382. 334 元（相当于今天的人民币

---

① 皮埃尔·布尔迪厄：《文化资本与社会炼金术：布尔迪厄访谈录》，第 85 页。

② 同上。

53.5 万元），平均每月收入 1281.86 元（相当于今天的人民币 4.5 万元）。同一时期的胡适，在北大的月薪是 600 元（相当于今天的人民币 2.1 万元），他在中华教育文化基金会兼职也有薪俸，另外，作为知名学者，他还拿当时最高等的稿酬和书籍版税，经济收入相当丰厚①。

另一方面，文化资本的占有也为知识分子带来较多的社会资本。文字时代，知识分子由于掌握了知识这一稀缺资源而成为社会的洞察者、先知者。文字和书籍在公众中的广泛传播，为知识分子带来了极高的社会声望，受到公众的顶礼膜拜，知识分子成为公众的代言人。同时，各种沙龙和学术研讨会也为知识分子提供了一个强大的社会支持网络和交流平台。知识分子不断扩大自己的联系网络，提高社会声誉，再生产社会资本。

由此可见，文字时代的知识分子在获取的资本的数量和构成上具有绝对的优势，在社会场域的竞争中占据了较高的地位，处于社会文化生活的中心。他们成了启蒙者或救世主，四处游说，反复声明，积极参与，他们试图为世界立法，为公众立约，担当起漫漫长夜中守更人的角色。利奥塔说，“‘知识分子’更像是把自己放在人、人类、民族、人民、无产阶级、生物或其他类似存在的位置上的思想家。也就是说，这些思想家认同于被赋予了普遍价值的一个主体，以便从这一观点来描述和分析一种情形或状况，并指出应该做什么，使这一主体能够实现自我，或至少使它在自我实现上有所进展。”②

① 参见马嘶《百年冷暖：20 世纪中国知识分子生活状况》，北京图书馆出版社 2003 年版，第 129 页。

② 让－弗·利奥塔：《后现代性与公正游戏：利奥塔访谈、书信录》，谈瀛洲译，上海人民出版社 1997 年版，第 116 页。

3. 后文字时代/大众文化时代知识分子文化资本的缺失

随着消费社会的来临，电子媒介的兴起向纸媒介的一统天下发出强劲的挑战，图像或形象逐渐取代了文字成为文化的主导形态。于是，一个新的时代——后文字时代便来临了。后文字时代其实也就是大众文化时代，因为在后文字时代里唱主角的正是那些大众文化制品，精美的插图和视觉化的效果满足了民众从物质到精神的世俗性需求，带给人们一种全新的文化体验和生活追求。面对大众文化的“无孔不入”，知识分子扮演的启蒙角色已经无力把握这个时代的精神实践，在与大众文化的对峙与妥协中，其自身的文化资本不断缺失，存在价值也面临着空前的危机。

首先，知识分子的文化能力受到质疑。大众文化的全面渗透，使得文化界线逐渐消失，“随着大众文化与高雅文化之间的差别的消弭，向后现代文化的转轨，给知识分子带来一种特别的威胁”[①]。一部分知识分子不再热衷于“指点江山，激扬文字”，不再向社会公众提供一种对现存生活的批判性观念和思考，而是一头扎进大众文化的梦幻世界中，热衷于大众文化的创作手法，直接诉求人们应该如何去享受生活。从一个社会批判者转向社会赞美者，知识分子的文化能力遭到普遍质疑，那种代表社会正义与真理的言说身份亦失去了其存在的基础。

其次，知识分子的文化产品逐渐被大众文化产品所代替。相对于知识分子的文化产品——白纸黑字的文字书籍而言，大众文化产品可谓新颖、美观又悦目，其色彩丰富的视觉效果大大弥补了文字书籍印刷上的单调和乏味，给人一种感观感受的直观性，受到公众的普遍青睐。从影视到广告，从互联网到 MTV，从时

① 迈克·费瑟斯通：《消费文化与后现代主义》，第 81 页。

尚杂志到卡通读物，视觉图像及其“权力”在日常生活中广泛渗透，覆盖了公众绝大多数的阅读范围，逐渐代替了知识分子的文字书籍。同时，与知识分子那些需通过细致体味才能“察而见意”的书籍相比，大众文化作为一种无深度的表层文化，是可以即时享用的语言自来水和文字麦当劳之类的文化快餐，对于追求一时愉悦的公众来说，大众文化产品满足了公众的这一需求，因而受到极大欢迎。而知识分子的文化产品却鲜有问津，它们逐渐被大众文化产品所代替，渐渐退出了文化领域的主导空间。

再次，体制化的文化资本不断贬值。大众文化是一种平民文化，不同性别、年龄、职业、阶层、受教育程度、趣味的人，都有权利、有可能参与大众文化的生产、传播和消费。大众文化主体的多元化、多层次化使其在一定程度上实现了文化的大众化和共享化，扩大了文化的受众群落与传播空间。文化不再是少数精英分子的专有财富，而是普通大众共同享有的资本。同样的，在高等教育领域也呈现出了“大众化”的趋势，随着高等学校招生规模的日益扩大，高等教育从精英教育走向了大众教育，满足了不同层次的人接受教育的需求。学历、文凭这种文化资本曾经被视为知识分子所特有的稀罕物，如今也早已失去了神圣的光环。高等教育的大众化使得体制化文化资本的含金量日益下降，高学历、高职称的人随处可见，知识分子的学术资格不再具有至高无上的权威性。

在布尔迪厄看来，资本的相对价值在场域中是变化不定的，当进入场域的新来者参与到词语资源和命名权的争夺时，文化资本的价值发生了变化，有的贬值了，有的增值了，所以不同的参与者原有的地位会因资本价值的变化而发生相应的变化。在大众文化时代，知识分子的文化能力、文化产品以及体制化的文化资本已风光不再，文化资本的贬值使知识分子犹如斗败的困兽。在争夺文化资本的过程中，文化场域原先的游戏规则和固有逻辑发生了变化，那些“去深化”的大众文化产品迅速增值，而那些矢志不渝地坚持先锋艺术的知识分子的文化产品由于难以直接或间接地实现市场兑换，其文化资本便出现相应的贬值，处于相对贫困的境地。知识分子贫（缺乏经济资本）寂（缺乏文化资本）交加，财名两失，其社会地位不断地边缘化。

三　大众文化时代知识分子的角色焦虑

（一）立法者角色的隐退

“角色”是指与人们的某种社会地位、身份相一致的一整套权利、义务的规范和行为模式，它是人们对具有特定身份的人的行为期望。在西方，自柏拉图以来的两千五百年间，知识分子总是处于神圣光环的笼罩之中，他高高在上，一览高众山小，始终担当着“立法者”的角色。公众赋予了知识分子这种特殊的社会角色，使得知识分子能够对颇具争议的社会现象和社会事实做出权威性的仲裁与抉择。

对社会而言，知识分子的这种“立法者”的权威正是来自于他们所拥有的合法化的知识。“社会中的知识分子团体比非知识分子拥有更多的机会和权利来获得更高层次的（客观）知识，他们被赋予了从事仲裁的合法权威。”[①] 在福柯看来，知识是一种权力结构，而将知识与权力融为一体实现“圆满结合”的就是知识分子。因此，知识分子在叙述权威性知识的同时，其自身

---

① 齐格蒙·鲍曼：《立法者与阐释者：论现代性、后现代性与知识分子》，第5页。

也成了权力的化身，他们将“知识的权力”加以转换而成为人格的权威。

既然知识分子身份的权威是缘于其所拥有的知识的权威，那么，这种知识的权威又是从何获得的呢？这与特定的社会特征是紧密相连的。在现代社会中，存在着一套具有普遍性、合理性、必然性的“元话语”、“元叙事”，知识的价值标准具有相对的统一性。这些元话语、元叙事不受地域和共同体的束缚，能够对社会各领域的现象和问题做出普遍有效的判断，因而具有社会公认的合法性，而掌握这些知识的人——知识分子便同时拥有了公认的权威性。

然而，到了后现代社会，具有普遍合理性的知识已不复存在，“随着社会进入被称为后工业的年代以及文化进入被称为后现代的年代。知识改变了地位”[①]。

首先，后现代知识的非中心化。进入后现代状态的“知识”已经排除了具有统一普遍性特征的元语言、元叙事性质。语言一旦失去了“元”的特征，那么只是“句子的一个片断，信息的一个碎片，一个字出现了，它们马上和另一个‘单位’联系了起来。没有推理，没有论点，没有中介”[②]。在后现代社会，原先统一的知识场被分解成一个个彼此独立、彼此孤立的共同体。这些共同体各有各的知识范式和知识传统，彼此之间甚至是不可通约的。知识充满着异质性，差异无处不在，分歧到处都有，不再有一种可以统领全局的中心化、模式化的知识，相反，各种共同体的知识“你方唱罢我登台”，在社会大舞台上各领风骚。

---

① 让-弗·利奥塔：《后现代状态：关于知识的报告》，车槿山译，北京三联书店1997年版，第1页。

② 让-弗·利奥塔：《后现代性与公正游戏：利奥塔访谈、书信录》，第161页。

其次，后现代知识的技术化，即知识的量化和可操作性。在后现代文化语境中，知识不再是观念（表象），而是一种语言，一种工具。在利奥塔看来，随着计算机在社会生活中的广泛应用，知识已不再是一种观念性存在，而是一种技术含量较高的语言，必须转化为可被电脑识别并接收的信息，任何无法变成数字信息而加以传递的知识（如不易精密化、电脑化的人文科学）就面临着被淘汰的可能。“知识只有被转译为信息量才能进入新的渠道，成为可操作的。因此我们可以预料，一切构成知识的东西，如果不能这样转译，就会遭到遗弃。”①

再次，后现代知识的商品化。在后现代社会中，知识的创造和使用不再是提升人类精神价值的需要，而是作为“消费对象”来满足人们日益增长的物质欲望。在以技术创新为新经济增长点的经济机制中，科学为生产新技术服务，而新技术无疑为经济服务。科学从属于经济，已一定程度丧失其自身独立性，从而带来知识的商品化和市场化。知识的提供者和使用者之间的关系，越来越具备商品的生产者和消费者所具有的形式，即价值形式。“无论现在还是将来，知识为了出售而被生产，为了在新的生产中增殖而被消费：它在这两种情形中都是为了交换。它不再以自身为目的，它失去了自己的‘使用价值’。”② 因此，在知识的商业化语境中，人们通常考虑的是知识有什么用，它是否可以出售，是否有效。

最后，后现代知识的日新月异的新变化。在后现代社会，经济的发展速度一泻千里，知识的新陈代谢也在不断加快，其生命周期逐渐缩短。各行业的技术专家不停地开发研制更新、更有效

① 让－弗·利奥塔：《后现代性与公正游戏：利奥塔访谈、书信录》，第2页。
② 同上书，第3页。

的产品，以满足人类日益增长的需要。在一个竞争日益激烈的社会里，谁拥有最先进的知识，谁就是知识经济时代的霸主，而要稳坐霸主地位，必须时刻更新现有的知识储备，不断开拓新的知识领域。

显然，在后现代社会中，整个知识体系范式的转变势必对知识分子的身份地位产生重大冲击。现代社会中作为社会立法者的知识分子无疑都是属于建构、讲述元话语、元叙事的普遍主体，他们正是凭借其元话语和元叙事而获得大众导师、启蒙领袖的中心地位。他们或致力于建构无所不包的知识体系或以普遍价值、绝对价值的阐释者自居，以人类良心、社会正义的代表自诩。而在后现代社会中，“理性”消失了，真理隐退了，知识分子立足的地基不断坍塌，“立法者”的身份遭到了质疑，其存在价值发生了空前危机。鲍曼说，“知识分子已经不再适合作为立法者存在于当今社会。”① “随着人们的逐渐醒悟，现代之美梦破灭了：迄今为止，现代世界产生的种种模式，没有一种能够对源于知识分子实践的那种期望给予响应。换一种方式说，照目前的情况看，迄今所产生的，或今后可能产生的模式中，没有一种模式会使社会朝着有利于传统的知识分子角色的方向发展。”② 知识分子在后现代社会已经失去了赖以存在的合法性，他们从中心走向了边缘。福柯认为，“以真理和正义之宗师的身份言说”的角色，或那种“好像代表了我们大家的意见和良知”的“知识分子”已经退出了历史舞台。在这一点上，利奥塔与福柯不谋而合且更加激进。他指出，在后工业社会中，科学知识逐渐取得霸

---

① 齐格蒙·鲍曼：《立法者与阐释者：论现代性、后现代性与知识分子》，第163页。

② 同上书，第165页。

权地位，排斥叙事知识（narrative knowledge），从而使那些凝结着传统人文精神并且构成所谓“启蒙话语”（Enlightenment Discourse）之内涵与实质的人文知识陷入“合法化”危机。这一危机的实质也就是以启蒙为使命的知识分子的总体性危机。“不应该再有‘知识分子’了，如果还有的话，这是因为他们对自己18世纪以来西方历史上的这一新事实视而不见：在现实中已不再出现普遍主体——受害者，让思想能够以它的名义提出一种同时是‘世界的构想’（寻找名字）的控诉。”① 知识分子原先的对终极价值的担当失去了依据，因此，在后现代社会中，作为“立法者”、“普遍主体”的知识分子已经死亡。

（二）大众文化时代知识分子的角色分化

当知识分子作为“立法者”、“启示者”的传统角色被一一消解，知识分子身份的政治色彩、意识形态色彩逐渐淡化，知识分子的角色便进一步分化，一部分进入了政治中心，引导政治的发展方向；一部分在公共领域中参与公众活动，面向公众言词；一部分与媒介联姻，借助大众传媒来吸引公众眼球；还有一部分仍然留在学院恪守学术本位，形成专业领地。

1. 官僚知识分子

在大众社会中，一些知识分子出于形势上的紧迫感，或是为了响应新形势或改革所带来的挑战，放弃了学院或各种专业职务而进入了行政部门。为国家政权服务的那部分知识分子就被称作官僚知识分子，他们为国家政权做政策上的分析、法律上的解释、意识形态上的宣传，为政治决策的制定出谋划策。在当代行政体

---

① 让－弗·利奥塔：《后现代性与公正游戏：利奥塔访谈、书信录》，第121页。

系中，官僚知识分子的作用已日趋重要，他们一般都受过严格、系统和规范的学术训练，通过调查研究，搜集大量数据资料，对社会现象和社会问题作学理分析，提出自己的学术或政策主张。

随着中国改革的不断的深入，转型时期产生的各种问题和矛盾日益多样化和复杂化，决策层越来越认识到非幕僚式的、独立的学术研究对于现代化所需要的理性认识和正确决策的必要性，认识到有学术根底和独立创见的知识分子的作用和价值，广泛吸纳了大批知识分子加入到行政体系中来。官僚知识分子活跃在包括政治学、经济学、社会学和意识形态研究等在内的广阔空间，发挥着自身的独特作用，他们掌握了很大一部分的政治资源，在知识分子阶层中处于强势地位。

2. 公共知识分子

公共知识分子中的“公共”指的是：第一是面向公众发言的；第二是为了公众而思考的，即从公共立场和公共利益，而非从私人立场、个人利益出发；第三是所涉及的通常是公共社会中的公共事务或重大问题①。这些公共知识分子具有较高的社会知名度，拥有大量公众读者，他们中有作家、科学家、哲学家、历史学家、文学家、人文学者，虽然有身份上的区分，但他们所谈论的话题无一不具有公共性、跨领域，从国家的政治生活到中西文化比较、科学的启蒙等等。

萨义德在《知识分子论》中提出，“……知识分子是具有能力‘向（to）’公众以及‘为（for）’公众来代表、具现、表明信息、观点、态度、哲学或意见的个人。”② 知识分子立足于公

① 许纪霖：《从特殊走向普遍》，《公共性与公共知识分子》，江苏人民出版社2003年版，第29页。

② 爱德华·萨义德：《知识分子论》，单德兴译，北京三联书店2002年版，第16—17页。

共领域，对现代社会中的公共事务保持紧密关注的精神立场，通过发表演讲、在报纸杂志撰写文章、出版书籍等方式对现存社会问题进行深刻的探究和分析，引导普通民众和上层建筑逐步回归到理性的层面上，认识和了解更多的问题真相，从而在解决问题的过程中找到更全面、更有效、更合理的方式方法。

3. 媒介知识分子

随着大众传媒的日益兴盛，个人获得信息的途径越来越多，普通民众中间形成了一个随时关注公共事物、关注社会热点的受众群体，这些群体热切渴求知识分子中间能够有人为之解疑释惑、当头棒喝。于是，一批反应敏捷、能言善辩的知识分子就顺应这种市场需求，逐渐地陆续地转换角色、脱颖而出。他们开始与媒介联姻，通过媒介来渲染自己或自己的作品，以吸引公众的眼球，成了媒介知识分子。"这些人从事符号产品的生产与服务工作。早些时候，这些工作被叫做市场销售，广告人，公共关系专家，广播和电视制作人，表演者，杂志记者，流行小说家及专门性服务工作（如社会工作者、婚姻顾问、性治疗专家、营养学家、游戏带领人等）。"① 迈克·费瑟斯通称他们为"新型文化媒介人"。

4. 专业知识分子

从20世纪90年代中期开始，国家体制的资本扩张和利润诱惑，吸引了一大批80年代在公共空间活动的知识分子重新回到知识体制内部寻租。在科塞看来，大学之所以会成为知识分子的理想归宿，是因为："1. 大学提供了一个环境，在这里共同从事不受约束的知识追求的人可以相互交流，并在不断的交流中磨砺自己的思想。2. 大学定期支付教授报酬，尽管大大低于一些非

---

① 迈克·费瑟斯通：《消费文化与后现代主义》，第66页。

学术职业的报酬，但能保证他享受中产阶级的生活方式。3. 大学向高级学院人提供任教期间的权利保证……学院人得到了制度上的保证，免受捉摸不定的市场的影响，从而可以在不受经济压力干扰的情况下全身心地投入工作。4. 大学把大学教师的时间分配制度化，使他们能够把大部分工作时间用于独立思考和自主的研究。5. 最后，也是最重要的一点，大学承认其成员的学术自由。”[①] 在学院生活内部，知识分子在学科专业标准的规训之下生产高度专业化的知识产品，并且按照学科等级评价制度，步步追逐更高、更多的文化资本和专业权威。这种学院化的专业趋势，形成了知识分子内部与外部的双重断裂。在其内部，原先统一的知识场域被分割成一个个细微的蜂窝状专业领地，不同学科之间的知识者不再有共同的语言、共同的论域和共同的知识旨趣。在其外部，由于专业知识分子改变了写作姿态，面向学院，背向公众，他们与公共读者的有机联系因此也断裂了，重新成为一个封闭的、孤芳自赏的阶层。

（三）与大众文化互动中的知识分子典型

在欧洲和美国，知识分子在60年代的文化运动中大大出了一把风头，然而70年代以后，随着文化的日益商业化和大学的普及化，知识分子被一一吸纳进资本主义文化生产商业体制和现代知识的分工体制，由此形成了两类迥然不同的知识分子典型——媒介知识分子和专业知识分子。尽管中国的情况与西方有所不同，但90年代以后，大众文化全面勃兴，高等学校的规模大大扩张，这两类知识分子日益凸显出来，在与大众文化的互动

---

① 刘易斯·科塞：《理念人：一项社会学的考察》，郭方译，中央编译出版社2001年版，第308页。

中形成了各自的特点。

1. 与大众传媒联姻——媒介知识分子

媒介知识分子主要供职于文化艺术业、广播电视业、音像业、新闻出版业、信息网络服务业、文化旅游业、广告业、会展业、咨询业、娱乐业等行业与部门，而这些行业现在一般被归入所谓“文化产业”。他们主要从事符号/文化商品的生产、服务、市场开发与传播，他们“掳掠各种传统与文化，目的是为了生产新的符号商品，并对使用这些商品的人提供必要的解释”①。与传统知识分子相比，他们的特性已发生了明显变化。

首先，知识趣味世俗化。根据西方学者的研究，所谓世俗化（secularization）是指“从社会的道德生活中排除宗教信仰、礼仪和共同感的过程”，在世俗化的社会里，“尽管宗教信仰继续赋予基本的社会价值以一种精神意义，但社会道德问题都是公开地在世俗意识形态内详加讨论的”。② 传统知识分子常常带有宗教情怀（超越情怀），思考形而上的问题，追求终极价值。而媒介知识分子往往从世俗世界而不是到生活之外去寻找生活的合法化依据。他们不再追求高雅的文化，而是以自己的方式来模糊两种文化之间的界限，即大众文化和精英文化、先锋派与庸俗艺术、新与旧、怀旧和未来等的区别，在他们面前统统消失了。“这些文化媒介人为消解横亘在大众文化与高雅文化之间的旧的差异与符号等级，提供了有效的帮助。”③ 他们不再向社会公众提供一种对现存生活的批判性观念和思考，而是一味地赞美大众文化所制造的梦幻世界，直接诉求人们应该如何去享受生活。

---

① 迈克·费瑟斯通：《消费文化与后现代主义》，第 27 页。

② 亚当·库珀：《社会科学百科全书》，上海译文出版社 1989 年版，第 680 页。

③ 迈克·费瑟斯通：《消费文化与后现代主义》，第 67 页。

其次，消费方式中产化。在艾尔文·古德纳看来，随着知识的生产和拥有变得越来越重要，知识分子在生产资料问题上已经形成了一个新阶级，他们“占有相当多的文化资本份额，并且其收入相对较大的一部分由此产生”[①]。古德纳的“知识分子”概念涵盖的范围非常广，其中就包括了媒介知识分子。事实上，在和媒介的“亲密接触”中，知识分子获得了相当大的物质回报，在经济上处于优越的地位。他们追求中产阶级的消费方式和生活习惯，高质量的生活和高品位的消费使他们形成了属于自身群体的生活范式和审美趣味。

再次，与媒介关系亲密化。一方面，媒介知识分子寄生于媒介之中，借助媒介来扩大影响。大众传媒、文化市场的勃兴与急剧扩张，改变和丰富了原先由精英文化因素所限定并规划的文化格局，形成了一种新的生活裂隙与空间，使媒介知识分子获得了他们言说的空间和生存的可能性。他们依附于媒介，频繁地出现在网络、电视或报刊杂志上，又不断地被其他媒介再现，他们获得了向公众谈论各种社会热点问题的权力，并随着出境率的上升，其权力、地位与商业价值也不断上涨。另一方面，大众传媒利用媒介知识分子来为自己“增势”。大众传媒在为知识分子提供上镜的机会、扩大其社会影响力的同时，也借助知识分子的社会声望来提高自己的收视率。在美国学者波斯纳看来，知识分子在大众传媒上出售的是一种“信用品”。[②] 由于信用品无法事先测定其质量，只有在消费中才能了解。因此，名人、权威等身份符号在此类产品出售中非常重要。我们经常可以看到在电视屏幕

---

① 艾尔文·古德纳：《知识分子的未来与新阶级的兴起》，顾晓辉译，江苏人民出版社 2002 年版，第 32 页。

② 理查德·波斯纳：《公共知识分子——衰落之研究》，徐昕译，中国政法大学出版社 2002 年版，第 59 页。

上、报刊文章的作者名下不断出现的提醒观众或读者的“教授、院长、著名学者”等字样。媒介知识分子从大众传媒中获得自身的合法性，同时也进一步强化了媒体的合法性，提高了媒体的知名度，为其带来更为可观的经济效益。

法国社会学家布尔迪厄在他的《论电视》一书中，深刻剖析了媒介和知识分子“互搭梯子”的共谋关系。一方面，媒介为知识分子提高自己的文化资本提供了场所；另一方面，知识分子又利用媒体来提高媒体的收视率，其结果是双方的互惠互利。他们或是媒体从业人员，或者是以卖稿为生的自由职业者，既不像左拉那样有作家的身份和智慧，也不像萨特有哲学上的专业建树，“他们要求电视为他们扬名，而在过去，只有终身的、而且往往总是默默无闻的研究和工作才能使他们获得声誉。哲学人只保留了知识分子作用的外部表象——而这些人既无批判意识，也无专业才能和道德信念，却在现时的一切问题上表态，因此几乎总是与现存秩序合拍”①。

由于占据了文化生产和传播的有力地位，知识分子通过媒介将自己的生活范式和审美趣味不断地向公众传达，成为普通社会公众消费取向和审美趣味的塑造者，产生了广泛的社会影响。“知识分子的形象总是不断地出现在媒体上，并广为流传。知识分子无须担心他们是如何被遗忘的，也不必夸大他们所谓的与‘真实世界’种种琐事的疏离，他们倒是热衷于调查那个世界是如何期待他们、揣度他们、定位他们，并因此构建和影响他们所能做的工作。”② 媒介知识分子总是有意无意地针对当下的社会热点问题、

---

① 皮埃尔·布尔迪厄：《自由交流》，桂裕芳译，北京三联书店 1996 年版，第 51 页。

② 布鲁斯·罗宾斯：《知识分子：美学、政治与学术》，王文斌、陆如钢、陈玉涓等译，江苏人民出版社 2002 年版，第 385—386 页。

公众焦点问题发表自己的看法，他们非常懂得适销对路，经常用普通受众能够理解和领会的话语和文字去表述自己的看法。在普通大众眼里，他们是偶像名人；在一些与之形成鲜明对照且仅从事专业研究工作的知识分子眼里，他们则是“万金油”，甚至是“跑龙套的”；在大众传媒眼里，他们则是学者专家、是权威人士。

2. 回避大众文化——专业知识分子

随着国家对教育产业的投入加大，高等学校的规模大大扩张，其管理方式趋向于企业化的科层管理模式，知识按照严格的学科分工建制进行生产和流通，并且以一套严格的学科规范对教师的知识成果进行专业评估。在公共空间里无力与大众文化抗衡的知识分子，受到国家体制的资本扩张和利润的诱惑，重新回到知识体制内部寻租，生产高度专业化的知识产品，成了“专业知识分子”或“专家型知识分子”。正如福柯所说的，“知识分子现已不再以‘普遍性代表’、‘榜样’、‘为天下大众求正义与真理’的方式出现，而是习惯于在具体部门——就在他们自己的生活和工作条件把他们置于其中的那些地方（寓所、医院、精神病院、实验室、大学、家庭和性关系）进行工作”①。

高等教育的日益专业化，知识分子渐渐模糊了自身的角色，不再关心社会公共问题，成了某个学科的专家。“在高等教育体系中，作为古典学者、哲学家、牧师或文人学士的传统知识分子，已经被技术专家治国型知识分子所取代，他们的工作与知识产业、经济、国家和军队有机地联系在一起。”②“结果是相互分离的、各不相干的学科和亚学科的大量繁殖，就它们的专业化的

① 北京大学中文系编：《东西方文化评论第三辑》，北京大学出版社 1991 年版，第 262 页。

② 卡尔·博格斯：《知识分子与现代性的危机》，李俊、蔡海榕译，江苏人民出版社 2002 年版，第 121 页。

学术网络控制而言，它们是科层化的，这一网络拥有自己狭隘的主题、行话和社会集团。”①

从兼济天下的公共领域到独善其身的专业领域，知识分子日益关注物质与技术，关注自身生存的外在条件。雷蒙·阿隆说，“知识分子越来越成为一个技术人员”，其“研究或思维不再是无偿的活动，而是谋生的手段”。② 知识分子不再像过去那样按自身的兴趣爱好思考、写作和发表，而是在学科专业标准的规训之下，生产高度专业化的知识产品，并且按照学科的等级评价制度，步步追逐更高、更多的文化资本和专业权威。于是，学问代替了思想，专业研究代替了公共关怀，知识分子日益成为专业领域的一部机器。保罗·皮可纳指出：“很清楚，现代社会生产的只是异化的、私人的，以及非文化的专家大军，他们只在定义明确的狭窄领域里显得渊博。这种专业的知识分子，与传统意义上的关心整体问题的思想家不同，他们正在大量出现，以操作性日益复杂的官僚的和工业的机器。而它的理性在品格上是工具性的，因此只适于完成部分任务而不能解决社会组织与政治方向中的根本性问题。”③ 知识分子成了某一领域或某一研究对象的专家，不同共同体的知识分子之间不再有共同的语言、共同的论域和共同的知识旨趣，他们对更为广阔的社会公共生活的兴趣逐渐减弱。面对退守到专业领地的知识分子，雅各比不无担心地说，“他们的专业生涯成功之时，也就是公共文化逐渐贫乏衰落之日”。④

---

① 卡尔·博格斯：《知识分子与现代性的危机》，李俊、蔡海榕译，江苏人民出版社 2002 年版，第 140 页。

② 雷蒙·阿隆：《阶级斗争》，周以光译，译林出版社 2003 年版，第 198 页。

③ 罗钢、刘象愚：《文化研究读本》，中国社会科学出版社 2000 年版，第 78 页。

④ 拉塞尔·雅各比：《最后的知识分子》，洪洁译，江苏人民出版社 2002 年版，第 5 页。

与媒介知识分子频繁地出现在公众面前、热情地拥抱和赞扬大众文化不同，专业知识分子埋首于自己的学术专业领域，不再关心公共领域的事务，极少出现在公众面前，对大众文化持蔑视和回避的态度。

一方面，专业知识分子对大众文化从创作手法不屑一顾。在专业知识分子看来，大众文化与商品经济融为一体，文化产品与物质产品一样，从生产到接受都纳入了商品生产的轨道，从而以一种商品的属性替代了文化的、美学的和批判的属性。大众文化追求无深度的创作，大规模地批量生产各种文化复制品、仿制品，从而剥夺了艺术的创造性和个性。专业知识分子自诩为精英文化的创造者，追求严谨的专业态度和学术作风，往往站在文化精英的立场上，蔑视低俗的大众文化，指责其无深度、无内涵。

另一方面，专业知识分子对大众文化的狂轰滥炸深感焦虑和无奈。随着计划经济向市场经济急剧转型，商品意识不断渗透到文化领域并取代了启蒙意识而成为社会的基本话语，大众文化以狂风暴雨之势侵蚀精英文化的人文地盘。在这样一个日益物质化、商品化、世俗化的社会里，知识分子原先所处的社会文化的中心地位失去了神圣的光环，启蒙者构筑的理性宫殿成为旷野上的废墟，知识分子对此深感焦虑和无奈。“此后，文化精英们所主要面对的，已经由政治权威转为市场规律。对他们来说，或许从来没像今天这样感觉到金钱的巨大压力，也从来没像今天这样意识到自身的无足轻重，此前那种先知先觉的导师心态，真理在手的优越感，以及因遭受政治迫害而产生的悲壮情怀，在商品流通中变得一钱不值。于是，现在中国的唐吉诃德们，最可悲的结局很可能不只是因其离经叛道而遭受的政治权威的处罚，而且因其‘道德’‘理想’与‘激情’而被市场所遗弃，代之而起叱咤风云的是‘躲避崇高’因而显得相当‘平民化’的顽主们。”①

四 大众文化时代知识分子的历史使命

与传统知识分子“大众导师”的地位相比，现代知识分子正面临前所未有的话语挑战。大众文化产品的“无孔不入”，公众文化水平的提高和趣味的转移使得知识分子的传统角色发生了显著变化，逐渐化约为各种职业的知识群体。面对知识分子地位的式微及精英文化的边缘化，当代知识分子该如何应对这些严峻挑战呢？

（一）坚持批判的立场

许多西方学者都将“批判性”视为知识分子的本质。在波德里亚、乔姆斯基、萨义德等人看来，“知识分子最大的贡献就是保持异议”。“知识分子扮演的应该是质疑而不是顾问的角色。”“知识分子必须被看作是边缘化的批判者。”② 对知识分子来说，其存在的重要使命就是要对现存的知识体系和社会现象进行批判。因为，“从事批评和维持批判的立场是知识分子生命的重大方面”。③

1. 文化批判

大众文化作为一种流行文化，终究缺乏深厚的内涵和底蕴。它毕竟在人类文明发展的长河中是一股暗中涌动的非理性之流，

---

① 陈平原：《当代中国人文观察》，人民文学出版社2004年版，第2页。

② 贺雄飞：《今日思潮》，吉林文史出版社2000年版，第351页。

③ 爱德华·萨义德：《知识分子论》译者序，第4页。

它有可能使人失去自信，把人淹没在日常生活的平均状态中。

作为一种以满足社会文化消费需要为目的的文化产业形式，艺术作品的思想价值和审美价值在大众文化产品中遭到忽视和排斥。大众文化崇尚享受，拒绝思考，崇尚低俗，拒绝高雅，媚俗成了大众文化时代的审美风尚。在后现代观念浸染下，大众文化媚金钱、地位、名声之俗，媚低级趣味之俗，为了取悦于对象而不惜亵渎灵魂，把自我放逐到非我的世界。大众文化鼓吹“自由地实现自我”、“自由地享受生活”，实际上就是自由地将人们的欲望投射到生产出的物品上，自由地退化，变得人欲横流，毫无理性。①

在媚俗而贫乏的文化氛围中，公众沉浸于瞬间的享乐，忘记了一切痛苦和忧伤，放弃了对现实和恶劣思想的反抗，变得日渐消极和颓废，他们日益形成低俗的欣赏趣味，彼此间在言行及思维上几乎是一样的。大众社会在最大限度、最大范围地满足人们的欲望诉求的同时，把富有个性的个体人塑造成大同小异的群体人。法国社会心理学家古斯塔夫·勒邦在其《乌合之众》一书中指出：“聚集成群的人，他们的感情和思想全部转到同一个方向，他们自觉的个性消失了，形成一种集体心理……它形成了一种独特的存在，受群体精神统一律的支配。”② 更糟糕的是，泯灭了个性的个体将群体堕入欲望的膨胀中。在一个欲望化的世界里，越是低级越容易成为具有号召力的图腾，反之，越是高级的思想则越容易被弃如敝屣，越容易“众叛亲离”。

德怀特·麦克唐纳对新的社会状况中存在的内在危险性提出

---

① 参见盛宁《人文困惑与反思西方后现代主义思潮批判》，北京三联书店 1997 年版，第 272 页。

② 勒邦：《乌合之众：大众心理研究》，冯克利译，中央编译出版社 2000 年版，第 16 页。

了警告："一种温吞水式的、软弱无力的平庸的文化正在缓慢地产生，这种文化像是一摊正在蔓延的淤泥，吞没着一切，威胁着所有的东西。"[①] 面对大众文化对人类精神文化领域构成的现实威胁，知识分子决不能安坐在象牙塔中冷眼旁观，或是"两耳不闻窗外事，一心只读圣贤书"。知识分子有责任和义务对大众文化的发展提供一种批评机制，这种批评机制不是要试图阻止大众文化的反正或者否定大众文化存在的合理性，而是要为大众文化的发展提供一种参照，一种监督，一种超越的理想，一种具有人文精神的终极价值尺度。

大众文化的批评尺度首先应该是一种人文价值的尺度。这种尺度关注的是大众文化价值与精神含量，挖掘大众文化中蕴含的人文关怀，提升大众文化产品的人文因素，评判大众文化在给大众官能享受的同时，是否能够不放弃对人文主义理想的追求。始终以一种更加合乎人性的社会远景来关照现实，以真、善、美的境界去陶冶与净化人的灵魂，以一种精神的自由来支配物欲的获取。借助其关注庸常人生、庸常生活的特点以及让群众喜闻乐见的艺术形式，把一种对普通大众的人文关怀传递给大众，让大众接受、理解，从而丰富大众的生活，提升大众的艺术和人文修养。

大众文化批评的尺度也应该是一种历史的尺度。这种尺度将衡量大众文化在编织那些情节化的故事，在提供那些令人眩晕的视听效果时，是否能够达到对存在于历史的特定时空中的现实关系的某种理解、某种再现，从而帮助人们意识到他们所实际遭遇到的生存环境和困境，并树立他们面对现实和改造现实的信心，以一种历史主人的姿态去创造历史。

---

① 齐格蒙·鲍曼《立法者与阐释者——论现代性、后现代性与知识分子》，第214页。

大众文化批评的尺度还应该是一种美学的尺度。这种尺度将判断大众文化的创造是否以一种开放的品格吸收文明的遗产，借助一切过往艺术的成功经验，遵循文化艺术品的审美规律，重视艺术实验和前卫文化的探索成果，努力提升大众文化产品的情感性、新颖性特点，带给受众以感官的愉悦和精神的愉悦。

2. 社会批判

社会总是在不断的反思与否定中进步，又往往困死于如潮的赞誉和掌声之中。知识分子必须像斗士一样，永远怀有批判的精神，去批判所在社会的丑恶与积弊，去反思社会价值的保守和无知，以冷静的思考形成自己的观点，以纯理性的论证发出自己的声音。在乔姆斯基看来，“说出真理，暴露谎言”永远是知识分子的责任，因为知识分子就是真理和知识的追求者。①

第一，坚持独立自由的精神。20 世纪中国伟大的思想家陈寅恪先生在 1929 年所作王国维纪念碑铭中首先提出了“独立之精神，自由之思想”，这成了知识分子共同追求的学术精神和价值取向。知识分子只有坚持独立自由的精神，才能充分行使其社会批判的使命，而要坚持独立自由精神，就必须保持利益的独立，进而保持政治的独立。然而可悲的是，或者由于生命意识强烈，渴望舒适的物质生活，或者无法怀着沮丧的无力感去面对自己的边缘地位，越来越多的知识分子选择加入体制、集团或政府的行列，成为圈内人，于是他们的独立也就剥离了，因为他们不得不为着政治或集团利益而努力。正如米尔斯所说：“只有少数人依然有足够能力抗拒、防止刻板印象和真正活生生事物的逝去，而独立的艺术家和知识分子正属于这群人。近代传播工具以见解和才智的刻板印象吞没了文明，因此新鲜的感受现在包含了

---

① 参见卡尔·博格斯《知识分子与现代性的危机》，第 200 页。

有能力持续地揭穿、粉碎那些刻板印象。这些大众艺术和大众思考的世界愈来愈迎合政治的要求。那也就是为什么知识分子的团结和努力必须集中于政治。如果思想家不涉及政治斗争中的真理价值，就不能负责地处理活生生的整体经验。"①

"知识分子"的内在规定与当代使命尽管有时会被暂时地"遮蔽"，但却无法消解"知识分子"对"独立的品格"、"自由的精神"的操守与追求。福柯所说的"不屈不挠的博学"，意味着知识分子不仅是超然于专业之外的"博学"的思想家，而且是"不屈不挠"执著于自身的信念与理想，承载着为之献身的道义重托的献身者。在当代社会中，必须在新时代精神的条件下对"知识分子"存在的合法性给予辨明。用曼海姆的观点表述，"知识分子"必须是"自由"的，他们是"本来面目的人"，洞察谎言和意识态形态的人，将固有思想做相对考虑并降低其价值的人，瓦解世界观的人。

每个知识分子都应该形成自己的学术追求和独立人格。知识分子的使命和社会的责任道义相连，应该本着"坚持真理，修正错误"的精神，创造性、批判性地思维，不迷信或崇拜学术权威，关注社会的发展，关注人类的命运，不断地追求进步、追求真理。同时，学术权威们也不能以势压人，己所不欲，勿施于人。只有这样，才能不断推陈出新，一代胜似一代。正如蔡元培先生所说："无论为何种学派，苟其言之成理，持之有故，尚不达自然淘汰之运命者，虽彼此相反，而悉听其自由发展。"②

第二，向权势说真话。知识分子不应讨好有缺憾的权势而丧失天性，特别是当这些权势被运用于显然不相称、不道德的战争

---

① 爱德华·萨义德：《知识分子论》，第 24 页。

② 蔡元培：《蔡元培全集》第三卷，浙江教育出版社 1997 年版，第 576 页。

中，或用于歧视、压迫和集体残暴的蓄意计划中。正如萨义德先生指出的，对于美国境内的知识分子而言，必须面对的一个现实就是他们的国家是一个极端歧异的移民社会，具有异乎寻常的资源和成就，但也有可怕的对内的不平等和对外的干涉，当这些付诸实施时，知识分子应当站出来，对政府的权势大声说不。因为“知识分子有可能暴露政府的谎言，根据他们的原因、动机和时常隐藏的意图来分析行为”[①]。

在《知识分子论》中，赛义德提出：“知识分子显然是要在最能被听到的地方发表自己的意见，而且要能影响正在进行的实际过程。”[②] “他或她全身投注于批评意识，不愿接受简单的处方、陈腔滥调，或迎合讨好、与人方便地肯定权势者或传统者的说法或做法。不只是被动地不愿意，而是主动地愿意在公众场合这么说。”[③] 要达到这一目的，显然不是单纯具有某种立场就能做到的，还需要一种审时度势的智慧，不仅知道做什么，还知道如何做。“对权势说真话是小心衡量不同的选择，择取正确的方式，然后明智地代表它，使其能实现最大的善并导致正确的改变。”[④] 正因为如此，在现代社会中，知识分子对权势说真话也就意味着“一定程度异化的似乎是知识分子永久的命运；他永远做不到‘和别人一样’。批判精神和不受束缚永远是他的标志，因此他总是在一个社会中但又不属于这个社会。一定程度的脱离正是知识分子角色的先决条件”[⑤]。

---

① 卡尔·博格斯：《知识分子与现代性的危机》，第200页。

② 爱德华·萨义德：《知识分子论》，第85页。

③ 同上书，第25页。

④ 爱德华·萨义德：《知识分子论》，第86页。

⑤ 刘罗斯·科塞：《理念人：一项社会学的考察》，郭方译，中央编译出版社2001年，第392页。

知识分子必须始终以清醒的理性，社会的良心，犀利的话语去阐明自己的立场，去唤醒社会的沉睡，去挽救众生的堕落。“如果知识分子因某个信念是多数持有的信念就屈从于它，那么他们就不仅背叛了其特有使命，而且也背叛了其孜孜以求的民主本身的价值。”①

第三，引导公众的社会价值观。知识分子作为一种特殊的精神群体，从诞生的那一刻起，就担负起开启公众蒙昧之门的重任。知识分子掌握了先进的文化知识，具有敏锐的社会洞察力，通过在公共领域中彰显出来的思想力量而获得了世人的认同，成为大众的导师。任何一个知识分子，当他成为一个真正意义上的知识分子时，他绝对不只是针对自我的处境，而是针对社会群体性的处境，质疑社会现状，发出批判的声音。在西方资本主义发展史上始终伴生着知识分子激烈的抗议之声与犀利的批判言词，从早期的浪漫派作家卢梭、席勒到后来的巴尔扎克、哈代等现实主义大师再到法兰克福学派等，都对资本主义社会的诸多弊端痛下针砭不遗余力，从而有效引导了公众对社会现实的把握。知识分子对社会现状的深刻批判可以引领公众在拷问中将问题引向深入，在质疑中揭开问题的真相。即使“处在文化和社会深刻和激烈的变革之中，不论从历史功利主义的意义上他们该当如何评价，他们在坚持理性主义信念、坚持理性与良心的原则、追求知识真理、捍护终极关怀不为外物所动的意义上，也即在人格自尊上、在知识至上意义上显示了知识分子高度风范”②。

① 弗里德利希·冯·哈耶克：《自由秩序原理》，邓正来译，北京三联书店1997年，第141页。

② 许纪霖、陈凯达：《中国现代化史》第1卷，上海三联书店1995年，第492页。

3. 自我批判

知识分子在批判社会的同时还必须关注对自身的反思与批判。这是因为：一方面，社会是由一个个个体所组成的，知识分子是社会的组成部分之一，始终处于社会这个大熔炉中，知识分子在面对现实世界的种种现象进行批判性的思考时，他自己并不是置身于批判之外，而是置身于其中。也就是说，批判的劳作本身就包含了批判者对自身的反思和批判。如果缺少了对自身——知识分子群体——的批判，那么知识分子的社会批判行为是不全面的，其批判的有效性和合理性亦会遭到质疑。另一方面，当知识分子一头扎进社会批判的浪潮中时，还必须时刻关注这种批判行为是否正当、是否适度，即对自身批判行为进行批判。知识分子的反抗和批判力量全面缺席的时代时可怕的，而当这种批判失去警觉和约束，走向泛滥同样也不是社会的常态。因此，知识分子必须不断地进行自我批判，反思自身的行为，把握好社会批判的度，既揭示社会的弊端，又体现出自身的价值，使个人与社会达到最佳的结合状态。

布尔迪厄说过，知识分子如果在批判社会的同时不把自己当作批判和反思的对象，就不会获得关于自然与社会的真理性认识，当然也就不会对自然和社会有什么作为。当代西方一流的思想家对大众文化现象都始终保持着精英知识分子的文化批判态度，同时，知识分子对自身的文化立场和价值观念不断进行反省，文化批判的传统始终延续，并不产生对精英文化信念动摇的现象。因此，尽管西方大众文化作为文化产业规模浩大，占尽数量上的优势，但其文化定位仍确定在文化消费层面，绝不取代精英文化的地位，这正是有赖于知识分子对精英文化时刻保持警醒的态度，他们的自我批判形成了一种文化约束，造成了巨大的公众效应。

（二）多元文化中的价值立场

随着大众传媒的飞速发展，全球文化正处于一个对话、融合的关键时期，各种不同意识形态的文化不断碰撞，进而相互渗透和融合。就一国一地区来说，主流文化、精英文化、大众文化、民间文化等多种文化元素同时并存，彼此之间不断挤压、扩张，试图为自己赢得更大的文化空间。面对多元文化并存的格局，知识分子该如何坚定自己的立场，为精英文化守住最后的阵地？

1. 采取宽容和亲善的态度，提升大众文化的人文价值

大众传媒与文化工业的勃兴与急剧扩张，改变了此前由单一权力政治因素或“纯正”的精英文化因素所限定并规划的文化格局，使得文化市场空前的繁荣。诚然，大众文化作为一种新的文化形态本身存在着许多弊端，但其蕴含的科技意识、商品意识、开放意识、参与意识等具有强烈的时代特色，冲击着传统农业和工业社会的价值观念和思想意识。大众文化“既视之为灾难，又视之为进步”。[①]

精英文化向来处于文化金字塔的塔尖或上层，而大众文化则处于最底层，高雅文化与通俗文化两者是一对矛盾，精英与大众两者同样是一对矛盾。尽管如此，知识分子不能无视处于金字塔中部和底部的拥有绝大多数受众的大众文化，不能在精英文化和大众文化之间设置不可逾越的障碍，而是应该采取一种宽容和“亲善的态度”（福柯语）。实际上，“从历史观点出发，唯一可以说组成与大众文化辨证对立的‘精英文化’的形式，是精英文化生产与大众文化同时发生”。[②] 客观情况也确乎如此，因此

---

① 王岳川：《后现代主义文化与美学》，北京大学出版社 1992 年版，第 81 页。

② 弗雷德里克·詹姆逊：《快感：文化与政治》，王逢振译，中国社会科学出版社 1998 年版，第 243 页。

“我们需要一种能够同时公正地处理大众文化的意识形态和乌托邦或超验功能的方法”[①]。知识分子的职责不是感伤或解构乌托邦，也不是攻歼或献媚于文化中的新贵，而是建立“不同的网络的同时共存和差异”（福柯语）。

知识分子应该积极地投身于大众文化的调查研究中，坚持不懈地对大众文化施以人文关怀和人文提升，赋予大众文化以尽可能多的精神价值、道德品位、文明素质与思想蕴涵，提升大众文化的品位，使大众文化具有自觉的价值功能，构建大众文化与精英文化的良性互动机制。

2. 雅俗共赏，构建“无墙博物馆”

任何一个时代的文化都是不同层次或类型文化的综合体。在当代中国，文化内部的急速分化已经造成了文化领域阡陌纵横的局面，精英文化一支独秀、一统天下的格局已经不存在了，主流文化、大众文化、民间文化与精英文化等等同时共存，交相辉映。在这样一个多元化的世界中，各种文化只有相互补充、相辅相成，才能相互促进、共同发展。因此，作为知识分子文化的精英文化应改变一贯自命清高的贵族化立场，突破原有的藩篱，实现雅俗共赏。

事实上，在现实生活中，高雅文化和通俗文化的界限并不清晰，尤其是他们经常会借鉴其他作品的优势来弥补自己的不足。大众文化、民间文化作品中往往呈现出一种高度个人化、生活化、即时化、快餐化的世俗性创作倾向，然而在其貌似浅近的方式中却也会隐含着深厚的哲学意识。也就是说，它们是以故意的平庸来怀疑和消解传统文化中主宰一切的各种理性，从而实现对

---

① 弗雷德里克·詹姆逊：《快感：文化与政治》，王逢振译，中国社会科学出版社 1998 年版，第 47 页。

神性和权威的反叛，以此获得对个人价值的肯定。正是这种无形的思想内核才提升了这些通俗作品的庸常状态，最终使其显示出高雅文化应有的纯正态势。同样，高雅文化也往往会以通俗形态间接地追求自身价值。深邃纯正的高雅文化往往难以获得广泛的读者群，作家便会对自己的高雅文本进行通俗化包装，让其以通俗化姿态出现，在雅俗共赏中实现最大价值。

当然，雅俗共赏，并非是要精英文化低俗化，也并非是知识分子刻意进行庸俗化创作，而是要求知识分子摆脱精英意识的束缚，树立“无墙博物馆”的勇气与信念。“博物馆”在西方历来是展示审美精品的殿堂，“无墙博物馆”原指西方社会中审美与生活相互渗透交融的现象。“阿多诺比喻说：博物馆是艺术作品的家族坟墓。是传统审美的象征，它的围墙没有了，意味着审美与非审美的界限消失了。”① 在一个文化多元化的时代，公众的需求也呈现出多元的迹象，他们既需要用以愉悦身心的大众文化，也需要提升自我的精英文化，精英文化不再只是知识分子的专属物。因此，建立“无墙博物馆”是时代的必需，是公众的心声，而这必然要求知识分子引以自贵的精英文化走下圣坛，走向生活，在一个平等开放的环境中实现与大众文化交流、对话。

3. 保持精英文化的纯粹性，提高知识分子群体的学术水平

知识分子向来都是社会文明的开拓者，承担着推动社会进步、提升人类精神向度的文化使命，知识分子的文化水平是一个社会文明程度的晴雨表。面对文化场域的激烈竞争，知识分子要想保持精英文化的纯粹性，发挥精英文化的价值主导功能，必须努力提高知识分子群体的整体文化水平。

首先，培养严谨的学术作风。在大众文化时代，一些知识分

---

① 潘知常：《反美学》，学林出版社 1995 年版，第 47 页。

子为了应付科研考核任务，在学术研究中采用了后现代主义的手法，大量拼贴复制着学术论文和著作，只重数量不重质量，“学术腐败”之风盛行。因此，知识分子必须端正学术态度，追求严谨的学术作风，恪守诚信原则。知识分子在认识和研究的过程中，要排除自身的主观先入之见，从客观实际出发，依据客观事实立论，真正做到不惟书，不惟上，只惟实。同时，还应举起“学术打假”的旗帜，提倡学术创新，反对粗制滥造地拼贴学术垃圾。

其次，增强使命意识，提高知识分子的文化能力。“知识分子对于一个民族来说，不是一个可有可无的部分，不是一些依附于什么什么的成员，而是整个民族的智慧，整个民族的良心，整个民族文化的自觉创造者，整个民族历史的首席推动者。”① 在一个以世俗化和市场化为特征的时代里，当人们都热衷于消费和狂欢时，这个时代迫切需要知识分子冷静地思考和理性地批判，从而给追求功利而飞速旋转的主流社会喷上必要的思想冷却剂。无论是经济的可持续增长、社会的全面进步、国民素质的普遍提高，还是大众文化的人文提升，都离不开知识分子的知识支持、技术运用和观念指导。因此，知识分子必须不断地提高自己的文化能力，培养高尚的道德情操和精神追求，以其名副其实的能力和实力获得公众的认可，发挥主导社会价值观的功能。

再次，保持精英文化激情，创作高质量的文化产品。社会进步是一个分阶段的过程，“从有能力组织贸易进步到有能力生产工业产品，再进而能生产‘文化产品’”。② 在任何一个历史时期，知识分子的文化产品始终是人类文明程度的表征，是公众不

---

① 王小波：《知识分子应该干什么》，时事出版社 1999 年版，第 332 页。

② 中国社会科学杂志社编：《社会转型：多文化多民族社会》，第 17 页。

可缺少的精神食粮，是知识分子文化资本的外在表现。优秀的文化产品可以对社会产生积极的推动力，净化人们的心灵，激发人们对人性的反思、对高品位生活的追求。因此，知识分子应该保持精英文化激情，潜心于文化实践，研究不同层次人群的文化消费心理，创作优秀的、为民众喜闻乐见的文化产品，既保证了文化质量，又满足了大众的文化需求。只有这样，知识分子才能在遍布大众文化的市场里扩大自己的市场份额和地盘，获取更多的文化资本，从而有效地控制文化市场，把握文化发展方向。

（三）构建以专业介入公共的知识分子的理想类型

在大众文化时代，公共领域的活动空前频繁且呈现无序的状态，人们急需一种用来引导和规范的公共价值，而仅仅从专业领域进行反抗和批判无法形成整体的力量，也无从重建社会的公共性。另一方面，知识的高度专业化使得知识分子如果仅仅凭借普遍的价值诉诸批判，又会显得空洞乏力，缺少有效的力度。在这种公共与专业的两难中，知识分子要想走出困境，必须建构一种从专业介入公共的知识分子的理想类型。

1. 构建知识分子理想类型的可能性

对中国知识界来说，构建从专业介入公共的新型知识分子存在着巨大的可能性，这种可能性主要体现在以下两个方面：

第一，西方知识分子典范的影响。

苏联物理学家萨哈罗夫是著名的核武器专家，被称为苏联的“氢弹之父”，政府给予了他极大的荣誉。而当他逐步意识到自己的工作会给人类带来灾难时，他以其不容置疑的专业权威批判了人类对核技术的滥用，要求政府停止核试验，在遭到拒绝之后，萨哈罗夫毅然走上了与体制离经叛道的不归路，成了一个专门对国家说“不”的人。德国哲学家哈贝马斯作为一个对许多社会公共问题有深入研究和讨论的哲学家，总是积极地在公共领域中尽其责任，贡献他的思想。从早期的对海德格尔事件的评论，对学生运动的批评，到80年代就如何对待纳粹德国的历史问题而积极介入“历史学家的争论”，一直到近来关于德国统一、欧洲一体化、经济全球化、后民族国家的政治格局、人权问题、克隆人、海湾战争、科索沃战争、“9·11”事件的评论，哈贝马斯凭借其深厚的哲学基础，以一个哲学家的眼光审慎地看待这个世界，他那与众不同的反思精神得到了社会广泛的重视。

萨哈罗夫和哈贝马斯所表现出来的正是一种新的知识分子的理想类型：以专业介入公共的知识分子。他们在本专业内具有公认的权威性，有着扎实的专业知识，他们的活动不局限于自己的专业领地，而是热切关注公共领域中发生的事情，从专业的角度内行地、深入地分析社会问题，找出症结之所在，进而提出恰当解决问题的方案。他们已不仅仅是本专业内的一个专家，而是担当起了公共知识分子的社会角色。这样的知识分子已愈来愈多地出现在世界舞台上：2003年5月31日，欧洲几大重要报刊一同发表了七位作为公共知识分子的著名思想家、艺术家、文学家的文章，他们是：德国哲学家哈贝马斯、法国哲学家德里达、瑞士作家穆希格（Adolf Muschg）、意大利符号学家兼作家艾柯（Umberto Eco）、西班牙作家萨瓦特（Fernando Savater）、意大利理论家兼欧洲议会议员瓦蒂莫（Gianni Vattimo）以及美国哲学家罗蒂。他们以伊拉克战争为契机，从自己的专业角度撰文，主张一种多极世界的观念，要求加强联合国的地位，呼吁欧洲必须在政治上实现一体化。

与国际上这些著名的知识分子相比，国内知识界尚未形成一个相对完善的知识分子共同体，专业知识分子在公共领域的声音仍比较微弱。但随着东西方文化交流的不断加剧，西方知识分子对公共事件的有效干预和对社会问题的专业分析，都将极大地影响着转型期的中国知识分子。

第二，中国传统知识分子的优良传统。

中国传统知识分子与西方知识分子在基本精神上有契合之处，但其“士大夫”的身份使得中国传统知识分子并不满足于钻研学问，他们积极活动于社会生活中，在政治中心获得了评点世事的发言权。秦汉以降，中国的社会阶层序列一直是“士农工商”，与商人陪于末座相反，士人历来居于四民之首，几乎垄断了知识精英的宝座，既是政治运作的实际掌握者，同时又是文化价值的维系者，不管是成功者（进入政治领导层）还是不成功者，都是儒家意识形态的维护者，以阐释儒家伦理为本位的知识分子稳坐其知识霸主地位，成为主流文化的中坚。儒家文化中所包含的忧国忧民的忧患意识，道济天下的社会责任感，以天下为重的胸怀抱负使得中国知识分子先天具备了强烈的济世救民的“教师爷”、“救世主”情结。无论是孔子的“士不可以不弘毅，任重而道远”（论语·泰伯），还是张载的“为天地立心，为生民立命，为往圣继绝学，为万世开太平”（张载集），抑或是明代东林党人的“家事、国家、天下事，事事关心”，知识分子追求的并不只是个人的福祉，更多的是作为个体的知识分子自觉地意识并担当起对社会、群体的责任。也正是在这个意义上，余英时先生认为，知识分子除了献身于专业工作以外，同时还必须深切关怀着国家、社会，以至世界上一切有关公共利害之事，而且这种关怀又必须是超越个人（包括个人所属大小团体）的私利之上的。所以有人指出，“知识分子”事实上具有一种宗教承当的精神。①

---

① 参见余英时《士与中国文化》自序，上海人民出版社 1987 年版，第 4 页。

中国知识分子的“士大夫”传统成了知识分子的集体烙印，直至今日仍代代相传。知识分子社会良知的角色和对社会进步持有的责任感，是当代知识分子赖以生存的理想和信念。

2. 构建知识分子理想类型的现实性

在布尔迪厄看来，知识分子是二维存在者，需克服纯文化和入世之间的对立。他在《现代世界知识分子的角色》一文中指出，文化生产者要想成为知识分子，必须满足两个条件：“一方面，他们必须从属于一个知识上自主的、独立于宗教、政治、经济或其他势力的场域，并遵守这个场域的特定法则；另一方面，在超出他们知识领域的政治活动中，他们必须展示在这个领域的专门知识和权威。他们必须做专职的文化生产者，而不是政客。尽管自主和入世之间存在二律背反式的对立，但仍有可能同时得到发展。”[①] 也就是说，知识分子应该在本专业内有所建树，同时不囿于专业限制，将自己的专业知识放到广阔的社会背景中加以考虑，阐释其内在的价值和意义，并以此为背景反思社会公共问题。这样，知识分子就实现了从专业走向公共，由专业领域的权威转变为公共领域的权威。

首先，放弃“大众导师”的身份，实现与公众的平等对话。

知识的解放，大众教育的普及，使得人人都可以去追求自由、真理、信仰，追求真、善、美；人人可以有自己对知识观念和道德观念的理解，而不必再仰仗于知识分子的唯一合法性解释。知识分子“代言人”的角色摇摇欲坠，如果仍然坚守其“大众导师”的身份，硬要充当启蒙者的角色，势必会令自己不断陷于尴尬之中，成为大众加以诘问的对象。（一个不无恶意的

---

① 皮埃尔·布尔迪厄：《现代世界知识分子的角色》，赵晓力译，《天涯》2000年第4期。

极端化例子是：当代知识分子常常受到大众的如此攻击：你们知识分子有什么了不起?）因此，放弃导师身份，实现与公众的平等对话，是大众文化时代知识分子亟需坚持的立场。公众从一个被动的接受者变成了一个主动的言说者，渴望在一个平等的环境中与知识分子沟通、对话，就彼此感兴趣的话题发表自己的看法。知识分子应该成为一个谦虚的旁听者，认真倾听大众的呼声，也许公众的见解和认识未必比知识分子深刻和高明，但却可以给知识分子的言说提供参考依据，使知识分子不至于虚妄地把自己凌驾于社会之上。走下圣坛的知识分子应将目光投向“民间”，“民间”是与国家权力相对的一个概念，民间文化形态是指在国家权力中心控制范围的边缘地带形成的文化空间。知识分子在民间建立自己的专业知识价值系统，关怀人们的现实精神生活，履行知识分子的职责。

其次，成为公共领域的主导力量。

在哈贝马斯看来，“公共领域”是一种独立于政治权力之外、并不受官方干预的社会公民自由讨论公共事务、参与政治的活动空间或公共场所，其范围包括团体、俱乐部、党派、沙龙、通讯、交通、出版、书籍、杂志等，这个“由私人构成的公共领域”是“一个松散但开放和弹性的交往网络”。[①] 也就是说，在政府控制之外的区域，通过自由的、批判性的商谈、讨论，形成大众普遍承认的“公共意见”。因此，“公共领域”的根本内涵就是经过理性讨论形成的具有批判性的公众舆论。中国的农民阶层虽有批判的意愿，但却不能够进行理性的讨论，更不具有批判的能力。广大的工人、企业主等社会阶层虽然是社会物质财富

---

① 哈贝马斯：《关于公共领域问题的答问》，《社会学研究》1999 年第 3 期，第 35—36 页。

的主要生产者，但在以公有制为主体的框架下，其批判的能动性和准确性是有限的，因而也不能成为“公共领域”的主体。这样，只有知识分子方可担当此任，一方面，从知识分子自身而言，他们是社会理论的“发明者”和“创造者”，也曾一度是公众的代言人和精神导师，知识分子的言论会直接对公众产生深刻的影响。另一方面，从社会整体来看，只有那些拥有渊博知识、敏锐观察力、热心关切公共事务的知识分子才能更好地引导公众舆论，成为公共领域的领军人物。当知识分子成为公共领域的主导力量时，他的作用便能更好地发挥出来。

再次，以专业知识为背景参与公共活动。

随着社会日益复杂及知识不断分化，传统的公共知识分子跨越不同领域针对社会发言的可能性已经很小。加上公共领域内众生喧哗，任何身份的人都可以对某个社会事件发表自己的看法和评论，知识分子如果没有一定的专业知识，仅凭形而上的普遍知识实施批判，很难切中时弊并提出针对性的意见，在公众面前也就失去了足够的公信力及评判的有效力度。因此，以专业介入公共的知识分子必须在注重专业性的前提下构建知识分子的公共性。改革开放以来，随着我国教育、科研和商品经济的不断发展，知识分子群体中出现了或专注于专业研究、或热衷于社会经济活动的不同类型的群体。事实上，我们不能把公共化和专业化对立起来，而是应当在大力推进专业化的前提下，倡导知识分子以其专业为背景的公共化。北京大学哲学系教授陈来认为，公共知识分子应该“在自己的专业活动之外，同时把专业知识运用于公众活动之中，或者以其专业知识为背景参与公众活动”①，

---

① 陈来：《儒家思想传统与公共知识分子》，见许纪霖编《公共性与公共知识分子》，江苏人民出版社2003年版，第10页。

他强调“专业化的知识分子在以学术为志业的同时不忘致力于对公共问题的思考和对解决公共问题的参与”①。知识分子只有坚持在自己专业知识的基础上介入公共领域，才能以专家的身份更好地解释和解决各种社会问题，为一般公众更深入地了解问题的性质提供专业资讯，为他们做出理性选择提供条件，从而在公共领域中树立起知识分子的良好形象。

3. 构建知识分子理想类型的艰巨性

在当代中国社会，构建新型知识分子存在着巨大的可能性和充足的现实条件，然而，在实施过程中，依然存在着诸多困难：

一方面，随着功利主义与工具理性不断侵入学界，使大批学人有一种开始放弃公共关怀的倾向，而只在其“共同体”内部寻求个人的发展。当下众人皆知的学术腐败抑或剽窃成风现象正是这一问题的直接反映。与此同时，我们虽能听到各种各样不同的声音，但只是知识分子在其共同体内部的争吵，而没有与其他不同的共同体进行理性的讨论和对话，当然也不可能产生一种批判性的“公众舆论”。这样，很多知识分子忘记了自己的“公共性”特征，仅仅成为某个知识领域的专家，缺少了最起码的公共良知与人文关怀。另一方面，当代中国的知识体制（如各种各样的人才奖励政策、升职与晋级的量化模式等）越来越健全并受到了国家的支持和保护，因而表现了强劲的知识生产与再生产能力。但颇为悖论的是，这种知识体制生产的多为专业化与技术化的知识，而缺少一种批判性与公共性的知识。知识分子也因此变成了社会制度与公共政策的“阐释者”，而不再是社会思想与社会政策的“立法者”。于是，知识分子在现有知识体制的制

---

① 陈来：《儒家思想传统与公共知识分子》，见许纪霖编《公共性与公共知识分子》，第10页。

约下越来越局部化、私人化、专业化、学院化了，导致了“私人性”与“专业化”的急剧膨胀而“公共性”与“批判性”严重丧失的格局。

哈贝马斯说：“彼此差不多的人通过争论，才能把最好的衬托出来，使之个性鲜明——这就是名誉的永恒性。”① 当下中国知识分子所缺失的正是这种通过坐而论道、即使破伤情面也要对社会问题发表批判性意见的精神，这种对公共事务热切关怀的品质。因此，构建以专业介入公共的知识分子理想类型就显得尤为必要和迫切。正如福柯所说的，“知识分子的工作不是要改变他人的政治意愿，而是要通过自己专业领域的分析，一直不停地对设定为不言自明的公理提出疑问，动摇人们的心理习惯，他们的行为方式和思维方式，拆解熟悉的和被认可的事物，重新审查规则和制度，在此基础上重新问题化（以此来完成他的知识分子使命），并参与政治意愿的形成（完成他作为一个公民的角色）”。② 知识分子将学院生活与公共空间连接起来，从各个不同的特殊性批判立场出发，以专业的视角批判社会文化现象，共同讨论国内和国际事务，构建起新一代知识分子的形象。

殷海光说，“知识分子是时代的眼睛。”③ 如果知识分子的作用不能正常发挥，“这双眼睛已经快要失明了。我们要使这双眼睛光亮起来，照着大家走路”。④ 大众文化时代的知识分子面临着诸多压力和挑战，在不断地被排挤和分离中，是生存还是死

---

① 哈贝马斯：《公共领域的结构转型》，曹卫东、王晓玉、刘北城等译，学林出版社 1999 年版，第 4 页。

② 米歇尔·福柯：《权力的眼睛》，严锋译，上海人民出版社 1997 年版，第 147 页。

③ 殷海光：《中国文化的展望》，上海三联书店 2002 年版，第 543 页。

④ 同上。

亡？事实上，只要知识分子坚持精英文化的创作热情，不断提高自身的文化水平，以专业介入公共，体现出知识分子的批判本质，以铁肩担道义的精神直言时弊，那么，知识分子“可能仍然具有指路明灯的作用，这盏明灯并不在于为我们指明道路，而在于让我们认清障碍和面临的抉择。同样，在这样一个社会中——它充斥着‘在媒体上昙花一现的’新生事物，并时常被攻击性思想主宰——知识分子可以成为解毒剂，并且有助于重新加固辩论的根基——否则，它就可能会变成空谈”。[1]

---

① 让-弗朗索瓦·西里奈利：《知识分子与法兰西激情》，刘云虹译，江苏人民出版社2002年版，第428页。

第五章

文化资本背景下我国文化矛盾及其解决

布尔迪厄认为，“社会世界是一部积累的历史，如果我们不把它简化成行动者之间瞬间机械平衡的不连续系列，如果我们不把行动者仅仅看成可以互换的粒子的话，那么，我们必须把资本的概念和伴随这一概念的积累物及其全部效应重新引入社会世界。”[①] 布尔迪厄等许多非经济学者更侧重于从社会资源的占有与积累方面来解释“资本”，从而极大地扩展了“资本”概念的内涵。但无论“资本”概念的历史变化如何，有两点是可以基本确认的：第一，“资本”与社会生产的价值、利润、效益直接相关，作为产生价值的价值，“资本”是一种“活的”资源，人们只有在动态中才能理解其本质；第二，“资本”具有价值再生的特质。这一点不仅决定了“资本”的动态本性，而且也意味着资本作为一种创造性资源的本性。

对“资本”概念的非经济学或超经济学扩张，使当代社会科学有可能从更丰富更广阔的意义上理解“资本”。正是基于这种可能，布尔迪厄将“资本”理解为一个复合性或综合性的社

---

① 包亚明：《文化资本与社会炼金术》，上海人民出版社 1997 年版，第 192—193 页。

会学概念，并进一步具体分析了“资本”的不同形式。按他的解释，“资本”至少具有“物质的”与“非物质的”两种基本形式，并可具体分为“经济资本”、“社会资本”和“文化资本”三种形态。社会学把经济学意义上的资本限定为经济资本，而认为社会资本、文化资本具有资本的属性，是特殊的资本形式。这样，资本概念的适用领域特别是在社会学领域的应用直接导致了社会资本和文化资本的出场。

文化资本泛指任何与文化及文化活动有关的有形及无形资产，尽管我们无法像对待经济资本那样对其实行量化操作，但在日常生活中，它却发挥着与金钱和经济资本相同的作用。但是，文化资本不是一个实体性概念，它是表示文化及文化产物究竟能够发挥哪些作用的功能性概念。由于文化资本是一个十分宽泛的概念，所以为便于研究，布尔迪厄将其划分成身体化形态、客观形态及制度形态三种基本形式，即“（1）具体的状态，以精神或肉体的持久的性情的形式；（2）客观的状态，以文化商品的形式（图片、书籍、词典、工具、机器等），这些商品是理论留下的痕迹或理论的具体显现，或是对这些理论、问题的批判等等；（3）体制的状态，以一种客观化的形式，这一形式必须区别对待（就像我们在教育资格中观察到的那样），因为这种形式赋予文化资本一种完全是原始性的资产，而文化资本正是受到了这笔财产的庇护”①。布尔迪厄的文化理论借用了大量经济学术语和概念，他的理论主要是通过利用经济学隐喻来揭示现实社会中各不同阶层之间的不平等关系的。

“文化资本起初作为一种理论假设，试图依据学术上的成

① 包亚明：《文化资本与社会炼金术》，第192—193页。

就解释出身于不同社会阶级的孩子所取得的学术成就的差别。"① 文化资本理论使社会学摆脱了长久以来经济学理性经济人假设的束缚，强调人的文化性存在，强调文化对人的发展的重要作用。文化资本的提出是社会经济运行的必然结果，是以商品为中心向以人为中心的价值观的转变。任何一个国家或政府的政策目标应当满足人的全面发展，经济增长的最终目的不再是 GDP，而是以人为中心的社会经济全面协调发展；经济的增长是为人服务，而不是人为经济增长服务；真正的经济增长不仅仅取决于财、物资本（有形资本），更取决于文化资本。"文化资本的深刻性在于：它让我们看到，在现代社会，经济行为使货币得以实现后，接着文化目的就快速替代经济目的，缺乏以文化资本投入为基础的经济，其注定是不能持续的、不能巩固的。"②

文化资本与社会资本有着密切的关系。社会资本概念是布尔迪厄首先提出的，指实际或潜在资源的集合，这些资源与由相互默认或承认的关系所组成的持久网络有关，也就是说，社会资本是关系型资本，是个人通过占有"体制化网络"而获得的实际或潜在资源的集合体。个人或群体通过参加集体活动，旨在为自身谋求利益，而不考虑整个群体活动的效益。在此，社会资本是微观的，具有明显的工具性。继布尔迪厄之后，科尔曼深化和系统化了社会资本概念，他认为，"社会资本即个人拥有的社会结构资源，它不是某种单独的实体，而是具有各种形式的不同实体，其共同特征有两个：它们由构成社会结构的各个要素所组

---

① 纳森·特纳：《社会学理论的结构》，华夏出版社 2001 年版，第 192 页。

② 马惠娣：《文化、文化资本与休闲》，《自然辩证法研究》2005 年第 10 期，第 69 页。

成；它们为结构内部的个人行动提供便利”。[①] 显然，科尔曼将社会资本当作行动者实现自身利益的一种手段，但他更强调行动者之间达成共同目标，通过集体行动使行动者获取最大限度的利益。

社会资本和文化资本建立在市民社会的基础上，因为西方社会是建立在原子或原子团式的个体及俱乐部等社会组织形式基础上的，民间社团和社区组织对人们的现实生活有重要的影响，成员之间易于形成紧密联系，凝聚为较强的力量，利于达到共同的目标，以获得更大的效益。与之相比，中国的社会结构则迥然相异，中国的社会结构以“差序格局”[②] 为基础，城乡二元结构决定了农村与城市社会结构的不同，中国传统文化强调家庭和血缘关系的优先地位。个人首先站在家庭，其次站在单位、家乡、国家等立场上处理社会关系。社会成员的关系网是依循血缘关系的远近亲疏而形成的熟人网络，这使中国语境下的社会资本和文化资本在很大程度上具有可继承性。在明确中西社会结构的异质性之后，进一步指出社会资本和文化资本的相互联系，对全面理解中国语境中社会资本和文化资本的独特内涵有重要意义。

首先，文化资本的占有是社会资本积累的前提。社会成员首先需要经过文化教育、人身修养等过程，将文化资本实体化、具体化，并将其投入具体行动中，以获取效益。因此，文化资本是他人无法强行剥夺的内部财富，是个人文化能力的全

---

① 詹姆斯·科尔曼若：《社会理论的基础》，邓方译，社会科学文献出版社1994年版，第354页。

② “差序格局”这一概念是费孝通先生在《乡土中国》中分析中西社会结构的区别时提出的一个概念。（费孝通：《乡土中国》，北京大学出版社1998年版，第24—30页。）

面培养。自古以来，中国就以家庭为社会结构的内核，这种对“家文化”的认同使得社会成员对“家文化”资本的占有程度直接影响其社会资本的积累程度，这意味着，社会成员可以通过“家文化”资本的传递，打通进入上层社会或阶层信任的观念上的阻隔，扩展社会资本的运作空间，从而改变自身的社会政治与经济地位。因此，社会成员必须先了解中国的文化传统，占有具体的文化资本，才能得到社会认同，并为个人积累社会资本提供一种潜在的超常价值。其次，社会资本影响个人或群体的文化资本存量。它可以通过家庭教育来传承并积累，这种传承和积累：一方面源于父母对子女的直接的文化教育，另一方面源于父母所拥有的社会资本。父母所拥有的社会资本的丰富程度直接影响子女对文化资本的多样性占有，子女可以直接介入父母的社会关系网络之中，并以第三者的身份审视网络中的各个不同的行动者，这使得子女克服了学校教育的单一性，学会了在“差异”中汲取适合自身的文化资源，提升自身文化资本的积累。最后，社会资本与文化资本是相互转化的。一般而言，社会资本、文化资本与经济资本之间的转换是最为频繁的，社会资本和文化资本之间的转化也多以经济资本为中介。但在社会资本、文化资本存量都相当丰富的中国社会中，两者的直接转化也同样占有相当的分量。例如，在求职过程中，一个具有高等学历、在面试中展现出优雅谈吐的应聘者往往易于博得招聘者的好感。他的文化资本经制度化的认证后转化为招聘者对其工作能力的信任，从而在竞争中顺利胜出，而一个与招聘者有“关系”的应聘者，他的社会资本也可能转化成文化资本，与高学历的应聘者形成抗衡，在竞争中取得优势。

一 文化资本的形成与发展

（一）文化消费化引导了文化资本的产生与发展

“文化消费化”不同于我们平常所说的“文化消费”。“文化消费”主要是指在生理需求以外寻求精神依托、心理满足，它是一种心理需求，这种心理上的需求不是出于人的生物性本能，而是受文化环境和社会文化意识的影响而产生的；它是人格自我完善的标志，也是衡量一个人文化水平高低的重要标准。因此，一个国家的文化消费水平既体现了该国的国民素质，同时又跟文明与发展程度密切相关。“文化消费化”是指在消费主义的主导下，文化成为消费的对象，文化的崇高、意义、精神被消解了，审美规范被摧毁了，文化从一种教化工具和审美形式，逐渐过渡为一种大众娱乐方式和消遣方式，文化产品日益蜕变为“消费品”，从而使一切文化行为和文化经验统统被推入商品的洪流。因此，文化消费化的最终结果是消费文化。所谓消费文化，不同于经济意义上对物品的消耗，而是指这样一种消费方式：消费的目的不是为了实际需要的满足，而是在不断追求中被制造出来的，被刺激起来的欲望的满足。直至目前，消费文化已成为当今社会不同于历史上任何时期的最主要、最显著的标签。实际上，消费文化主要是指时下流行的大众文化。

大工业化生产、物质产品的丰富，使文化戴上了消费的枷锁。大众文化在现代西方发达资本主义国家的产生、崛起与发展，是人类文化发展史上的崭新现象，是文化发展的重大转折。这种转折，一方面表现为文化的生产方式和存在方式的根本性变化，另一方面表现为人的存在方式和生活方式的根本性变化，这两者共同地标志着一种新的文化模式，就是由文化工业塑造和支撑起来的消费型文化和消费主义取向的模式。

大众文化作为一种消费文化，它本质上就是文化的商品化。商品是用来交换的劳动产品，价值和使用价值是商品的两大属性。然而，商品并非只是纯粹物质的东西，它还可以是一种社会关系，还可以指精神产品。大众文化就是一种精神产品，它同其他一般商品一样，也有自己的价值和使用价值。大众文化是以大众传播媒介为手段的，按照市场规律运作，旨在使普通民众获得日常感性愉悦的体验过程。它是通过迎合大众而获取经济利益的，"口味即市场"就是大众文化的最好写照。正如多米尼克·斯特里纳蒂所言，"大众文化是通俗文化，它是由大批生产的工业技术生产出来的，是为了获利而向大批消费公众销售的。它是商业文化，是为大众市场而大批生产的"[①]。

大众文化革命使得中国传统社会正在步入消费社会，消费文化及其所倡导的生活方式正在兴起，这一切必将给中国社会造成一定的影响。不论是在城市还是在农村，都已经出现了一定的消费主义倾向，而且这种带有一定的意识形态的权力话语色彩的文化已经开始对人们的日常生活产生了很大影响。中国城乡社会追求西方发达国家代表性的高消费生活方式，正在逐步发展成为普遍现象，在这个过程中，对具有符号象征意义的文化产品的消费正在成为人们的主要消费选择，甚至超越了对商品使用价值的考虑。大众传媒的渗透以及西方生活方式的示范作用，推动了消费生活方式的扩散。于是，消费不仅在经济上，同时也在道德与价值判断上开始成为日常生活世界和社会关注的中心。

---

① 多米尼克·斯特里纳蒂：《通俗文化理论导论》，周宪、许钧译，商务印书馆2001年版，第16页。

（二）文化工业是文化资本施展身手的飞地

“文化工业”这一概念是20世纪前半叶西方学者提出来的。对于这一概念的理解，学界存在很大分歧，本雅明等代表了一种乐观主义的态度，肯定机械复制艺术所产生的大众文化的进步后果和革命性，他们把文化工业看成是文化发展的“必经之路”和文化最大可能地拥有“大众性”、“共享性”的方式。而霍克海默、阿多诺、马尔库塞等法兰克福学派的其他代表则持一种悲观主义的态度，他们以批判性的姿态认为文化工业不仅没有使大众获得解放，反而从肉身到心灵以及潜意识深处全面操作了大众，使大众的精神生活日趋平面化、肤浅化、庸俗化。

“文化工业”最早是在马克思的著作涉及到的。在《1844年经济学—哲学手稿》中，马克思谈到，可以把“通常的、物质的工业”看成“人的本质力量的现实性和人类活动”的一部分，看成是人们“普遍存在”、“普遍运动”的一部分，同样，反过来，人们也可以把这个“普遍存在”、“普遍运动”本身，看成是工业的一个特殊部分。这其中就包涵着“工业化的文化”或“文化工业”的思想成分。“工业化文化”的出现，实际上是资本主义精神生产领域一种历史形成的，虽然特殊但却是必然的形式。因为只有创造剩余价值，商品才转化为资本。这样，势必催生出一种以工业生产方式制造文化产品的行业，势必导致文化被资本所控制，势必将精神、文化、艺术“物化”为普遍的大量流通的商品，最终，从本质上和机制上破坏和消解了艺术的独创性和审美性。马克思清楚地看到，在现代资本主义制度下，文化的职能已变成为资本家谋“福利”的工具，“作家所以是生产劳动者，并不是因为他生产出观念，而是因为他使出版他的著作的书商发财”。这已经初步表达了后来“文化工业”批判的一个主要观点。[1]

本雅明1926年发表《机械——复制时代的艺术作品》一文，首先提出了20世纪二三十年代出现的一个新的文化现象，就是收音机、留声机、电影的出现带来的文化方面的变化，提出复制技术使文学艺术作品出现质的变化，艺术品不再是一次性存在，而是可批量生产的。这就使艺术品从由少数人垄断性的欣赏中解放出来，为大多数人所共享。本雅明认为这是文化的革命和解放，给无产阶级文化带来了新的广阔天地。所以，本雅明认为“文化工业”是文化的一次革命和解放，它为“文化大众化”提供了更广阔的发展空间。

一般认为，最早提出严格意义的文化工业概念的是法兰克福学派的两位思想家霍克海默和阿多诺。他们在20世纪40年代中期明确地把工业化程度看成现代文化的重要持点。他们在1947年出版的《启蒙的辩证法》一书中，首先使用了“文化工业”一词。在探讨当代资本主义社会的文化状况时，《启蒙的辩证法》专列一章“文化工业，欺骗群众的启蒙精神”，第一次系统地、分析性地使用“文化工业”这个概念。两位作者认为，资本主义的发展已经使“电影和广播不再需要作为艺术”，而转变成了“工业”，因此就以“文化工业”指代这些新的文化现象。很显然，在这一语境中，“文化工业”一词具有强烈的批判性和否定性意味，它像任何其他资本主义工业一样具有以下特征：使用异化劳动，追求利润，依靠技术、机器提供的竞争优势，主要致力于生产“消费者”等等。

在西方，20世纪中叶以来，大众消费社会逐步形成。最广

---

① 参见单世联《现代性与文化工业》，广东人民出版社2001年版，第377—382页。

大的人口聚集到都市，一切以血缘、种族、家庭甚至宗教背景等为代表的自然的、先赋的联系和差异已经消失或接近消失，把人们联系起来或使之相互区别的，是社会化的职业和身份，个体不再拥有天然属于“自我”的一切，而成为都市“大众”中的一个原子，一个可以相互取代的“符号”。文化工业既是这一社会结构的产物，也满足了这一社会结构的功能需要。

市场经济的发展与扩张是文化工业发展的时代背景和经济基础。市场扩张的后果之一，是使文化不再神圣、不再独立，它必须进入资本运行体系之中。美感的生产已经完全被吸纳在商品生产的总体过程之中。商品社会的规律驱使我们不断生产日新月异的商品，务求以更快的速度赚回生产成本。在这种资本主义经济规律的统辖之，美感的创造、实验和翻新也必然受到诸多限制。在社会整体的生产关系中，美的生产也愈来愈受到经济结构的规范而必须改变其基本的社会文化角色和功能。

技术革命大大加快了文化工业发展的进程。技术革命的后果之一是机械复制，电子传媒可以大批量地把曾经为少数人欣赏的文化作品转化为商品。以信息科学为标志的现代科学技术迅猛发展，数十年间，原子能技术、空间技术、微电子与信息技术、生物工程技术、新材料研究等等取得重大的进展，其成果超过了过去两千年成果之总和。这场科技革命的一个显著特点，就是迅速产业化，它不是推出单一的技术和产业，而是空前快速地不断出现许多新的技术群和产业群。其中，信息技术和信息产业，包括电子技术、电子计算机、微电子技术、光纤通信、激光技术以及整个信息系统，居于领头地位。因此，有人把当今科技迅猛发展的新时代称为“信息时代”，这一时代的文化主体，就是文化工业。

文化工业的发生有一个长长的过去，但只有在20世纪才完全成型。如果简略地概括西方国家的文化产业，那么英、法、德各有所长，而以美国为中心和龙头。美国推行的文化霸权主义，主要针对广大发展中国家。资本对利润的追逐并无国界的限制，为了开拓市场，资本势必像洪水一样向其他国家和地区漫溢。事实上，美国一直在凭借科技和经济的优势，通过各种手段控制、占领第三世界的文化市场，将其价值观念、生活方式和社会制度连同其文化产品一道向这些国家和地区渗透，重新塑造着第三世界民族国家的文化。由于跨国资本的运作，发达国家、地区的文化工业对于不发达国家的渗透，在相当长的时间内仍将强劲，不发达国家处于弱者的地位，不可能赢得文化交流上的主动性，不可能建立真正的文化独立性、自主性，对于以美国为代表的西方文化工业的渗透，客观上只能处于消极接受、被动接轨的立场。

在我国，文化一直具有意识形态特征。在组织体制上，以往的文化部门属于党委宣传部门或受宣传部门指导，主要发挥着宣传党和政府方针政策的功能；在经费上，主要由政府从国民收入中提取，是由国家全资投入养起来的事业部门，文化从业人员都是国家正式干部；在消费方式上，文化实际上是一个“为人民服务”的福利事业，消费者基本上不直接出钱。这种文化体制，配合一定时期的政治体系，部分实现了这一体系的目的。但它既没有提供文化生产所必需的自由条件，也不可能生产出满足社会需要的文化产品。改革开放以后，市场体制的转型、公众文化需求的增长、西方文化工业的引进等等，使中国文化开始走向产业化。从上到下，人们越来越清楚地发现，文化不但是政治宣传手段，也是一个经济门类；文化不但要花钱，而且也能赚钱，这就是通过生产大量的文化产品，提供文化服务来满足大众的文化消费需求，创造合理的经济效益。响应国内公众日益增大的文化消费需要，响应文化资本的全球化运作，文化产业在中国也悄然间世并迅猛发展。

从宏观上看，中国社会已经步入了一个经济社会，已经把经济实力看成自己综合国力中最重要的因素，这是一个划时代的伟大进步。由于经济社会的来临，服从于政治和意识形态标准的政治文化，在中国开始减少其影响力；思想垄断和禁锢被打破，市场为相当部分的文化知识分子提供了比前几十年多得多的生存空间、工作选择以及经济回报，从而使他们获得了更自由的文化心态；政府作为知识分子产品的单一购买者以及知识分子对政府单向依赖的局面正在逐渐消失。这一切都使得新的文化生态的发育有一个较为宽松的外部环境。同时，在经济运动中产生的文化产业，天然具有强烈的市场气息和平等观念。文化产业化的进程要求它为经济服务，然而一旦文化开始为经济服务，就不可避免地进入一种工业化、商业化的经济形态。

从微观角度看，中国企业由计划经济向市场经济的转变过程中，人们越来越认识到消费者的重要性，这也进一步促进了我国消费主义的兴起。“节俭即美德”的时代终结了，新的消费浪潮不断席卷而来，其中由文化工业产生的文化产品及文化服务便是新消费的重要内容。我们无不发现，闲暇消费、情感消费、环境消费、品牌消费、形象消费已成为受到人们追逐的新兴消费形式，而与之相关的文化服务行业也把不断追求文化形象上的吸引力视为重要的经营内容。

文化产业在中国还只有不太长的历史。然而，只要承认中国社会经济的进步性，就必然要承认文化产业的合理性。文化产业的发展依存于中国社会主义市场经济的发展——这一点便充分地为它作了最好的解释与说明。在文化产业已经迅速发展为当代经济体系的一部分，获得政府认可并支持的背景下，全面否定、拒绝文化产业的观点至少是越来越没有市场。而文化资本的内在动力、文化产业的巨额利润，都会成为文化产业强力发展的保证。无论如何，文化产业在中国还是一个新现象，中国文化的发展需要工业化、大众化，中国市场经济的发展也少不了文化产业。而且，正在和西方全面遭遇的中国，不可避免地会出现技术、市场和文化的互动，不可避免地要参与文化资本的全球化运作，如果我们基本同意文化产业是现代性、高科技、全球化的产物，那么，应当说文化产业不存在姓社还是姓资的问题。

（三）文化资本发展的双重影响

随着文化资本的发展，文化与经济的交融，我们愈来愈认识到文化也是生产力，没有与市场经济相适应的文化建设，就没有更好的市场经济的发展，就难以更好地促进社会生产力的进步。但是，另一方面，随着文化资本的发展，文化资本逻辑与社会主义文化制度之间的矛盾也更加激烈。

1. 文化是经济发展越来越重要的组成部分

20 世纪下半叶以来，科技进步日新月异，经济与文化的共生互动关系日益加强。在现代社会的发展中，文化作为商品和服务进入市场，具有越来越大的经济价值，已经在国民经济中占有举足轻重的地位。在今天，已很难找到没有文化标记的产品，很难找到不借助文化影响的销售，很难找到不体现文化意义的消费。劳动力素质的提高、新技术的开发和应用、政府对人民的组织动员能力、国际化的参与程度等，都越来越取决于文化发展的综合水平。随着知识经济兴起和信息技术发展，经济与文化进一步相互渗透、相互促进、相互交融，出现了世界性的历史趋势——经济与文化一体化。这一趋势表现为文化已经成为经济结构的重要组部分。

经济中渗入文化。在经济运行中，文化内涵不断增强，文化要素不断发挥作用，人文精神和文化资源在各种资源中所占的比重愈来愈大，文化商品不断丰富，并成为经济生活中的重要方面。经济中渗入文化的最直接表现就是在物质生产向文化产品的转移方面，在经济发展中的文化因素，包括观念、知识、信息、科技乃至心理因素越来越具有重要的主导性作用。现代商品之所以文化内涵越来越深厚、文化附加值越来越高、文化特色越来越鲜明，源于消费者心理的发展变化牵引着市场的发展走势，它促使企业不断开发新的产品、新的服务项目。随着经济全球化的发展，发达国家不断地向不发达国家输出文化商品，赚取超额利润，当今世界的经济竞争核心已经是文化的竞争。

文化转变为经济因素。在当代大众文化发展过程中，经济成分不断增加，市场手段不断引入，大众文化进入市场，进入产业。文化生产、文化管理中愈来愈渗透各种经济要素，文化活动愈来愈自然地融入经济活动之中，形成了新兴经济产业——文化产业，文化产品、文化服务日益具有经济功能和市场效益。文化转变为经济因素的最直接表现就是：在文化产业的发展上，包括教育产业、智力产业、高新技术产业、媒体产业、艺术产业、健康产业、体育产业、休闲产业以及政治性的文化产业等等，都体现了产业化的方向，并占了相当比例，特别是在发达国家，其文化产品的输出在比重上已大于其他商品。在世界最发达国家的GDP中，80%以上来源于服务业，其中以知识为基础的信息服务业扮演了主要角色，成为推动经济社会发展的动力。在提法上，美国用“信息经济”、“知识经济”或“新经济”，欧盟则普遍用“文化产业”的概念。由此可见，文化产业导致了现代世界生产结构、经济结构的变化。

2. 文化生产力是社会生产力的重要组成部分

在我国，文化产业已经逐渐在国民经济中占据着越来越重要的地位，人们越来越认识到文化也是一种生产力。马克思认为，社会生产包括物质生产和精神生产两个方面。他经常使用“精神生产”、“艺术生产”等概念，并深入讨论精神产品的“价值”和“交换”问题。根据马克思主义的观点，文化产品生产中的智力投入和物质投入，具备社会生产力诸要素的基本特征。文化产品的生产与其他产品的生产一道，共同构成社会生产总过程。

经济、政治、文化是支撑人类社会的三大支柱，三者相互联系、相互依存、相互渗透、相互促进。文化作为经济社会发展的内源动力，在新世纪对于推进经济、社会发展的作用越来越重要。因此，我们要站在全局和战略的高度，对文化的深刻内涵和重要作用进行再认识，进一步发展先进文化。文化和经济历来是联系在一起的，现实社会中既不存在纯粹的经济活动，也不存在纯粹的文化活动。文化与经济的日益融合，将迸发出巨大的创造力，从而极大地推动生产力的解放和发展。因此，文化生产力是社会生产力的重要组成部分。

文化生产力在今天不仅已经成为综合国力的构成要素之一，而且也是衡量一个地区综合竞争力的重要标志。文化生产力具有明显的精神性特征，传统的理解把文化艺术等生产简单地看作是文化艺术创作活动的另一种隐喻性表述，其实文化生产力也具有不容置疑的物质性。文化生产同其他生产一样，也具有一般实践活动的特征，即由实践主体通过劳动，将一定的材料加工改造为新的存在物。因此，文化生产的过程也表现为一个物化的过程，它也要改变物质的现实形态，获得物质的存在形式。实践已充分表明：文化是一种生产，而且是一种大规模的社会生产。作为一种大规模的社会生产，它天然地具有社会生产的基本特征，具有流通、交换、消费等基本环节，具有市场经济运作的全部过程，而不仅是某个艺术家内在的独创精神的心理活动。

二 大众文化对我们时代的正面影响

大众文化是现代工业和市场经济充分发达之后相互作用的产物，它是“大众”与“制造商”共同创造的文化复合体。大众文化是后现代主义思潮的直接产物，后现代主义的文化后果便是造就了当今的大众文化。哲学的消解，使精英文化失去往日的支撑；知识分子不再拘泥于寻找事物的本质，他们迅速地发生了蜕变，原来的思想导师突然不复存在；普通大众也都变成了“知识分子”，原有的“深刻”变得不为人所理解，到处存在的是平庸与日常化，形成了人人都能参与的后现代文化格局。从西方到东方，从城市到乡村，当今世界正在被后现代大众文化的浪潮包围，后现代大众文化已经成为当代文化主流，它借用现代传媒为手段，以都市大众为消费对象，以满足大众感观愉悦为直接目的，是一种集娱乐性、消费性和广泛传播性为一体的文化形态。对于这样一种文化，我们应当选择什么样的文化观念呢？

由于后现代大众文化的商业性特征，许多人对之大加责伐，认为这是现代文化的堕落。从利维斯主义到西方马克思主义，到詹明信，再到后现代主义者，多数人以此为批判对象。但是，人们却没有看到当今的大众文化是那么地丰富多彩，以致人们为其能适应自己的休闲、娱乐而赞不绝口。当然，后现代大众文化的缺失是不容置疑的。但是，其人文关怀的一面难道就不值得我们所推崇吗？其日常化、民主性和自由意识的放纵，显然会引得大众的欣喜与愉悦。但是，我国文化的发展却决不能沿着西方社会大众文化发展的轨迹，尽管我们现在正处在市场竞争阶段，应该尽可能地扩展自己的地盘。现时代人们的文化观念究竟如何，将影响着我们未来的文化走向，影响着人们未来的价值观，影响着人们对于社会的控制能力。

首先，我们现时代的文化观念应该在多元化背景下形成。作者认为，我们应该放开自己的胸怀拥抱大众文化时代的来临，迎接大众文化之花的绽放。文化理所当然地应该与人们的日常生活联系在一起，如果一个时代的文化脱离人民大众的日常生活，那么它便是无本之木、无源之水。作为一个文化生产者，无论是谁，他都希望自己的作品会得到更为普遍的人们的认同和接受，而不希望留在抽屉里让蛀虫去批判。但是，传统社会中的文化“象征着我们对地位的伤感、对传统的怀旧、对部落的偏爱、对等级制度的敬畏”[①]。而在后现代社会里，“文化和社会生活再一次紧密结成联盟，但这时则是表现为商品的美学形态、政治的壮观化、生活方式的消费主义、形象的集中性，以及最终将文化变成一般商品生产的综合”。[②] 从当今社会经济的发展情况看，文化的消费已经占据了相当比例，我们正处在一个波德里亚所说的“消费社会”中，而这个消费社会则是以文化消费为特征的。因此，我们没有理由说面对着一个文化消费的社会，而不生产大众化的文化产品，没有理由去回避这个时代的到来。

我们应该看到，大众文化虽然是一种商业文化，但仍然不失其存在的人文价值。具体地说，主要包含以下几个方面：

（一）媒介性的大众文化造就了平等的文化氛围

大众文化是大众的文化，主要表现在两个方面：文化受众的大众化和文化传播途径的大众化。大众媒介不仅是大众文化产生

① 特瑞·伊格尔顿：《文化的观念》，第33页。

② 同上书，第33页。

和传播的载体，而且其本身（比如电视、电影、网络等）就是大众文化的组成部分。在大众媒介的参与下，大众文化实现了量的剧增和面的突破，成为真正面向大众的文化形态，造就了无受众歧视的平等的文化氛围。

第一，大众媒介技术的发展促进了文化交流方式向平等的方向发展。

从原始社会一直到16世纪，人类文化以口头交流为主，语言符号占据了主导地位，是亲身传播的时代，人与人之间生产意义和沟通主要是面对面的交流，经验的积累都靠亲身体验。然而，人与人之间直接的语言传播是最不可靠和最受限制的文化载体，语言符号的交流最易产生误差和误解，虽然直接但不能广泛流通，同时因交通和地域的限制使文化只能被局限在狭小的范围里。因此，传统社会里文化的发展和传播极其缓慢且具有极强的地域封闭性。

16世纪印刷技术的发明使人类进入了印刷传播时代，文化交流进入文字符号阶段，由直接交流转向间接交流，阅读成为人们主要的文化接受方式。而这对受众提出了知识储备上的要求，掌握与欣赏此类文化需要经过长期的专门训练，而在教育还不普及的16世纪，“大部分人口根本就不识字”，从而势必使文化演变成只是少数人享有的精英文化。

到了19世纪，工业革命推动了文化生产和传播技术的迅速发展，广播和随之而来的电视将人类带入了大众媒介传播时代，尤其是第三次科技革命以后，卫星、计算机、激光与高新传播技术的兴起更推动了大众媒介的发展。以大众媒介为主要载体的大众文化更新了文化的制作和传播手段，使文化与人从间接性交流变为直接性接触。

媒介性的大众文化“表现了一种文化上的平民主义趋势和

大众化思潮”①。在大众媒介的推动下，电子影像成为传播文化信息的主要方式，将许多没有受过教育、目不识丁的社会群体也纳入了文化传播的圈子，打破了精英阶层对文化的垄断，文化不再是以往“沙龙”里的文化，也不再是人的身份、地位和特权的象征。大众文化摒弃了贵族文化和精英文化强烈的门第观念，大众能平等地消费它，它成为一种“大众的艺术，它为各个阶层千千万万的民众提供了相同的艺术性娱乐”②，它成就了一种平民化的、满足大多数人的文化生活需要的开放的文化类型，实现了文化贵族化到大众化的转变，实现了文化消费的共享性。这种共享对促进世界文化交流和民族文化发展，推动文化民主化和多元化，创造社会共识具有相当大的作用。

第二，具有高复制率和传播技术的大众文化使文化成了人人都能参与的事业。

大众文化成就了一种人人参与的事业。“大众文化由各种组合的居于从属地位或被剥夺了权力的人们创造，他们丧失了推理的和物质的资源——这由剥夺了其权力的社会体系所提供”③，普通大众进入了能自己独立创造文化的历史阶段。作为大众媒介的主要手段之一——复制，使大众文化具备了众所周知的模仿性和“平面性”，文化成了批量生产但又脍炙人口的艺术快餐。尽管大众文化多是复制和模仿的结果，具有明显的平面性、无深度性，但从深层来看，它实质上不是模仿而是参与，正因大众文化的无限复制性才促使它结束了文化和政治是少数人事业的历史，使其成了人人都能参与的领域。复制技术超越了时空的局限，大

---

① 朱立言：《哲学与当代文化》，中国人民大学出版社1998年版，第50页。

② 豪塞尔·阿诺德：《艺术史的哲学》，陈超男、刘天华译，中国社会科学出版社1992年版，第320页。

③ 约翰·菲斯克：《解读大众文化》，第2页。

量复制的艺术赝品使人人都能领会大师的风范，并从中引申出自己理解的意义。大众文化借助大众媒介不断复制、传播使之流行，使每个人都能自由地进入大众文化领域。大众文化的这种平等性、开放性，引导了人们走出长期以来的政治中心和伦理本位的生存状态，极大地丰富和改善了大部分人的生存状况，提高了人们的生活质量。

“工业化与科技的进展，提供了更为宽广的人文发展空间，赋予人们更大的自由。”① 工业社会日新月异的科学技术水平使文化产品更加琳琅满目，尤其是印刷、摄影、电子媒介等各种复制传播技术能批量生产和快速、远距离传播和保存文化产品，超越了时空界限，使世界变成了一个地球村，并且使文化能在这个村落的各个角落及时地传递，从而满足了文化市场的大量需要，打破了文化的民族和阶层垄断，把文化受众联结到了一起：在纽约电影院里看到的《蜘蛛侠》并未与在中国电影院里播放的有什么不同；录音带、唱片等产品使人们在历时几十年以后还是可以细细欣赏邓丽君的优美歌声。这就显示了大众文化对于任何一个国家及其之后的每个时代都赋予了公平的权利。人们可以自由地进行选择，选择自己希望知道的东西，“在当代艺术的大展览厅里，展览对任何想了解世界文化的人都开放，这种情况着实令人惊愕”②。可以说现代科技联合市场经济把精英文化置于受众缺席和无人喝彩的境地，而提供给大众以宽广的人文发展空间，使每个人都能平等地成为文化受众。

第三，大众媒介在技术上促进了大众的发言权，使民众不仅

---

① 阿兰·斯威伍德：《大众文化的神话》，冯建三译，北京三联书店 2003 年版，第 26 页。

② 丹尼尔·贝尔：《资本主义文化矛盾》，第 149—150 页。

真正地参与文化而且更创造文化。

大众文化不仅实现了文化的平等与共享，更推动了大众创造文化的主动性。正如本雅明指出的“工业化时代文化扩张的潜在倾向，就是作者和读者系统里角色的奇特流动性：随着报纸发行量的日益增长，越来越多的读者变成了作者。这样，作者与大众之间的区别正失去其基本特征。……工业产品作为欲望的意向，把人的创造力从欧洲传统艺术的垄断中解放出来，它的意义不下于16世纪科学把自己从哲学的束缚下解放出来”①。因此，大众既是文本的阅读者也是发言者，这种发言与他的身份地位无关，发言者仅是代表自己利益关系作为一个主体参与了文化创造活动。不仅读者与作者的角色可以互动互换，说者与听者更是如此，人们利用现场热线电话存活于电子传播媒介之中的符号世界，参与对话，使原先的听者成为倾诉者，原先的说者成为倾听者。大众文化就是这样把过去少数人把持的文化活动转向大众，消除了文化的贵族标志。

互联网的出现，更是削减了精英文化的话语权，它带来了文化上更大的变革和发展。网络是20世纪晚期迅速崛起的继报纸、广播、电视之后的“第四媒体”。“网络与以往的传播媒体的根本不同在于，以往的媒体只能硬邦邦地单向输出信息，而网络做到随时随地地与人对话、交流。语言本来是用于交流的……网络完整地与语言相符合。”② 网络集聚了交互性、多媒体性、传播无限性、高效性、传播内容的无限性和易检索性以及身份的隐匿性等多种特征于一体，从而使它上升为一种极富诱惑力和人文关

① 徐贲：《走向后现代与后殖民》，中国社会科学出版社1996年版，第166—167页。

② 陈卫星：《网络传播与社会发展》，北京广播学院出版社2001年版，第33页。

怀的文化新景观。它消解了传统和繁杂的生活困扰，将整个世界都缩小到了这个方寸天地之中，可以满足人们的各类需求。从E-mail、BBS到即时聊天工具、网络电话，网络提供了人与人之间快捷、隐蔽而刺激的全新沟通方式，而且这种沟通不受空间限制，网络传播超越国界，甚至在渺无人烟的沙漠、雪地也可以通过卫星移动电话联网，人与人的交流有了历史性意义的跨越；从网络小说、网络电视、网络电影到网络游戏，网络几乎整合了报纸、广播、电视等其他媒介的所有功能，集图、文、声于一体并由使用人掌握播放时间、速度甚至播放情节，这就更加突出了使用者的主体地位；从求医、购物、炒股到交友、咨询、旅游等等，网络的内容无限庞大，社会有多复杂网络就有多精彩，人们足不出户就可以办妥一切事情，正是“一切皆有可能”（著名广告语）。但更为神奇的是网络方便的检索性能，人们在信息海洋中使用检索工具就可以快速捕捉到自己需要的信息，这更加显示了网络人文关怀的一面。网络这一新兴的大众媒介开启了大众文化的新时代，创造了极富人文关怀的文化新景观。

（二）日常性的大众文化促使生活与艺术相融合

当现代工业社会来临，政治民主和市场经济的发展促使了大众文化的产生，政治束缚和物质贫困渐成昨日烟云，普通大众所突显出的精神世界的无限自由性和物质生活的日益宽松性越来越显现出现代大众日常生活的重要性。日常生活不再局限于恩格斯所说的“人们首先必须吃、喝、住、穿，然后才能从事政治、科学、艺术、宗教等等”，而是更多地体现为卢卡契所说的“日常态度既是每个人活动的起点，也是每个人活动的终点。这就是说，如果把日常生活看作一条长河，那么由这条长河中分流出科学与艺术这两样对现实更高的感受形式和再现形式。它们互相区别并相应地构成了它们特定的目标，取得了具有纯粹形式的——源于社会生活需要的——特性，通过它们对人们生活的作用和影响而重新注入日常生活的长河”[①]，这就表明了人们的日常生活获得了自为性，而大众文化正是表现了对这种自为性的关注。大众文化以大众日常生活为自身的主要构成和反映对象，并追求“寻常”意义，使生活与艺术相融，它追求日常生活的审美体验，“它强调了艺术与日常生活之间的界限的消解，高雅文化与大众通俗文化之间明确分野的消失，总体性的风格混杂及戏谑式的符码混合”[②]。肯定此岸世俗意义的大众文化已经具备甚至超越了强调彼岸精神理想的精英文化在现代社会中的地位，体现了对当下现实意义的个体的人文关怀。

第一，大众文化提供给人们日常生活消费和文化再生产的资源。

文化只有与社会发生关联时才能得以传播和有意义。大众文化作为意义的生产和流通都产生于人们日常生活，成品不是文化意义本身，而是社会大众进行意义生产和流通的资源，人们在日常生活中对它进行意义再创造。根据菲斯克的研究，文化商品的流行是对于一种相互抵牾的需要的满足。一方面，金融经济的同质化、中心化需要，使商品的经济回馈与它所赢得的消费者的数量成正比，因此形成一种中心化、规训式、霸权式、一体化、商品化的意识形态力量，来否定社会差异。另一方面，大众的文化需要与这种力量形成抗衡。在大众经济中，原先的商品成为一个文本，具有潜在的意义和快感的话语结构，而大众通过对大众文化的消费，使自己从观众变成了生产者——意义和快感的生产

---

① 卢卡契：《审美特性》，徐恒醇译，中国社会科学出版社 1986 年版，第 1—2 页。

② 迈克·费瑟斯通：《消费文化与后现代主义》，第 94 页。

者。大众动用自己的力量将文化商品转换成一种文化资源，从而形成文化意义和快感的多元化，在大众力量的推动下，文化商品的同质性和一致性被化解。所以说，大众文化的创造力并不在于商品的生产，而在于对工业商品的生产性使用。人们可以根据自身不同的知识水平和生活经验对文化产品进行不同的理解，也可以有选择地利用大众文化提供的资源创造新的文化意义，他们通过生产意义和快感，使电影、电视、广告等大众文化产品变成他们自己的，表达他们的关注和自我，创造出自己的社会文化资本。大众文化使受众摆脱了“作者”的阴影，完全以“读者”为中心，以日常生活为内容又能根据日常性体验产生日常性意义，这也正是大众文化的独到魅力和内在关怀。

第二，大众文化实现了日常生活审美化和文化审美日常化。

随着社会文化教育和审美水准的提高，也逐渐提高了大众对日常生活的审美意趣标准。尼采曾经提倡“像艺术品一样生存”的生活方式已经逐渐由精英转向大众，大众有愈来愈强的日常审美体验要求，而大众文化就摒弃了远离日常生活的艺术，消解了传统美学“审美非功利性”的诉求，文化工业利用其“有目的的无目的性”[①] 驱逐了康德美学的“无目的的合目的性”。这样，康德以来的欧洲美学传统就受到了作为“自在的美学”的大众美学的置疑，“将审美消费置于日常消费领域的不规范的重新整合，取消了自康德以来一直是高深美学基础的对立：即‘感官鉴赏’与反思鉴赏的对立，以及轻易获得的愉悦——化约为感官愉悦的愉悦，与纯粹的愉悦——被清除了快乐的愉悦对立”[②]。

---

① 霍克海默·阿多诺：《启蒙辩证法》，洪佩郁、蔺月峰译，重庆出版社 1990 年版，第 148—149 页。

② 皮埃尔·布尔迪厄：《区分：鉴赏判断的社会批判》，黄伟译，《国外社会学》1994 年第 5 期，第 20 页。

大众文化将人们的日常生活转化为艺术，使生活呈现出“日常生活审美化”。在大众文化时代，大众的日常生活被越来越多的艺术品质所充满。如是观之，在大众日常生活的衣、食、住、行、用之中，“美的幽灵”无所不在——外套和内衣、高脚杯和盛酒瓶、桌椅和床具、电话和电视、手机和计算机、住宅和汽车、霓虹灯和广告牌——无不显示出审美泛化的力量，当代设计在其中充当了急先锋。就连人的身体，也难逃大众化审美设计的捕捉，从美发、美容、美甲再到美体都是如此。可见，在当代文化中，审美消费可以实现在任何地方，任何事物都可以成为美的消费品，人们的生活伦理被当作艺术品般雕刻。大众文化“既关注审美消费的生活，又关注如何把生活融入到（以及把生活塑造为）艺术知识反文化的审美愉悦之整体中的双重性”[①]。

日常生活审美化“消解了艺术与日常生活的界限”，也促使了文化审美日常化。大众文化——包括达达主义、波普艺术、超现实主义等等——质疑传统的艺术观念，而是以日常生活的现成物来创作或获取灵感，“艺术可以出现在任何地方、任何事物上。大众文化中的琐碎之物、下贱的消费商品，都可能是艺术品。艺术还可以在反作品中得到发现：如偶然性事件、不可列入博物馆收藏的即兴即失的表演，同时也包括身体及世界上任何其他可感物体的活动”[②]，这些所谓的大众文化的艺术品尤其在大众媒体上被经常使用。不仅如此，在大众文化时代，众多古典主义艺术形象也通过文化工业的“机械复制”出现在大众用品上。大众可以随时随地消费艺术及其复制品，复制品使大众和艺术的距离愈来愈近，当人们不再膜拜原

---

① 迈克·费瑟斯通：《消费文化与后现代主义》，第97—98页。

② 同上书，第96页。

作甚至无法辨认原作的时候，艺术与现实生活的界限也就模糊了。

艺术与生活的融合消解了永恒真理和终极意义，放弃了对人生价值的超越，使文化能走出宗教的、神本的阴影，不断走向人本主义，并消解了永恒真理和传统的合法性意义，突出了对当下的生存空间的关注，从而消除了长久以来因为所谓永恒和真谛而一直缠绕在人们心头的焦躁和不安。当然这非但没有“消解人的斗志”，而是更加突出了人的自我和当下的意义，从而帮助人们重塑一个健康的心理空间并过上更美更具艺术性的生活。

第三，大众文化突破了“英雄叙事”，建构了“平凡叙事”的模式。

现代人繁琐的日常生活挤走了理想、信仰和美好的乌托邦，广大人民的喜怒哀乐更多与柴米油盐、邻里纠纷的世俗日常生活相关联，正如我国作家刘震云在其小说中写道：“生活是严峻的，严峻的是那个日复一日、年复一年的日常生活琐事。单位、家庭、上班下班、洗衣服做饭弄孩子、对付保姆，还有如何巴结人搞到房子、如何求人让孩子入托、如何将老婆调到近一点的单位。每一件事情，面临的每一件困难都比上刀山下火海还令人发愁。因为每一件事情都得与人打交道。我们怕人，于是我们被人磨平了。我们拥有世界，但这个世界原本就是复杂的千言万语都说不清的日常身边琐事。它成了我们判断世界的标准，也成了我们赖以生存和进行生存的证明的标志。这些日常生活琐事锻炼着我们的毅力、耐心和吃苦耐劳的精神。”① 而大众文化就介入了大众的现实日常生活，用平凡叙事的方式表述大众在现实日常生

① 刘震云：《磨损与丧失》，见《中篇小说选刊》1991 年第 2 期，第 36 页。

活中所关心的柴米油盐、利益得失。大众文化的这种介入不是精英分子那种高高在上的教诲和启蒙，而是真正站在大众的立场上，认同大众的生存方式和价值观念，用平民化的思维和语言来揭示大众的生存状态，从而在精英文化的反叛和主流文化的一体化趋势之外，形成大众自己的话语权力——即关注现实的、当下的日常生活，从彼岸的乌托邦理想回归到生存、人事关系、金钱、时尚、娱乐等俗事中来。

大众文化还用不同的故事和叙述方式来“还原”现实主义的最初面貌，褪去一切神圣崇高、理想主义和浪漫激情的外衣，疏远政治道德的理性权威，放逐精英们的形而上思考，转向人生的平凡，以平凡叙事的方式将世俗化的平民生活展现在受众面前，强调平民百姓的日常经验，寻找与日常生活最适合的切合点，它直面生活，审视当代人的生存、生活环境，探寻普通人的文化体验，以平凡人物与平凡实践作为文化聚焦点，从而生动地展现了文化的当下关怀。这种平凡叙事模式贴近人的感观，更贴近时代民生，颠覆了传统的教化思想。英雄叙事提倡奋斗、进取、奉献，而造成人的心理甚至生理产生紧张感。而大众文化“跟着感觉走”，“讲述老百姓自己的故事”，提升日常审美和娱乐功能，放松了这种紧张情绪，群体目标的壮丽远去了，个体生命得到了极度张扬。大众文化又以玩笑来消解重大事件和主题，并经过拼贴重新展现在人们面前，不但满足了大众对生活的参与欲望，而且具有乐观主义的激励和推崇，使大众都能意识到自己的主体性，从而敢于实践和追求自己的梦想。不但如此，大众文化还能将各种梦想收集起来并包装后重新展现，这在启发人们生活斗志上是很有帮助的，正如莫特比认为的“如果它把我们的梦想拿去，重新包装，又卖给我们，是通俗文化的罪恶的话，那么它给为我们带来比我们所能知道的多得多的各种各样的梦想，这也是通俗文化的成果”①。

此外，大众文化还消解了传统的偶像观，塑造了新的平民偶像，构建起新的价值观体系。任何时代都需要偶像的存在，没有偶像会使人类的信仰、希望走向泯灭，价值信念无所寄托。大众文化时代抛弃了以往“英雄偶像”的英雄叙事教化模式，而是使大众本身成为自己的偶像，球星、影星、节目主持人甚至网络人物都能被包装成新一代受人吹捧的偶像，这些偶像大多没有高贵的血统和显赫的权势，是从小人物开始奋斗最后成功。因此在大众文化时代，先辈的荣耀和家族的兴旺不再是个人的贵族标志，后天的努力和成功才是衡量个人价值的标尺。

（三）娱乐性的大众文化满足了人们的精神放松需求

无论是主导文化还是精英文化都不屑与“娱乐”挂钩，统治者和知识分子不约而同地认为娱乐是一种消极心态，“玩物丧志”是传统教化中最为常见的一种。但是，无论在怎样的年代，娱乐都具有天然的合理性，人在工作学习之余总会有精神愉悦享受的追求，以求放松在生存压力下绷紧的神经，尤其步入工业社会之后，社会转型带来一系列经济、文化的冲突；现代科技的发展更使技术性和结构性失业的人数不断增加，社会生活中出现各种难以避免的混乱，劳动者心理承受着多种压力，大众尤其是都市大众的心灵充满迷惘，迫切需要以轻松、休闲和消遣作为减压阀和润滑剂，以求放松、平衡甚至宣泄。同时随着社会的发展，人们开始重视物质享受和感官快乐，感性价值在日常生活中的地位和功能被重新确立。正如英国经济学家凯恩斯提出：“有史以

---

① 约翰·斯道雷：《文化理论和通俗文化导论》，杨竹山等译，南京大学出版社 2001 年版，第 13—14 页。

来，人类将首次面对一个真正永恒的问题——如何利用工作以外的自由与闲暇，过快乐、智慧与美好的生活。”马克思和恩格斯也提出了娱乐、享受的合理性：“并不需要多大的聪明就可以看出……关于享乐的合理性等等的唯物主义学说，同共产主义和社会主义有着必然的联系。”[①] 作为一种日常消费的文化，大众文化与政治文化重教化以及精英文化重审美不同，生产和再生产的快乐是它唯一的价值目标和百战不殆的文化战略。

第一，万众同乐——狂欢节式的娱乐。

大众文化是一种集体性狂欢的文化形式。从原始的图腾崇拜到酒神节、狂欢节，都反映了充分舒展合理人性，颠覆、解构一切僵化、不合理的事物的狂欢精神，这种精神充满活力和创新，彰显生命的自由，“狂欢节以身体的快感对既定秩序的冒犯来对抗规则和社会控制，建构了一个官方世界以外的第二世界与第二种生活，一个没有地位差别和森严社会等级的世界”[②]。而大众文化正与这种精神一脉相承，它借助现代科技和媒介搭建了一个类似狂欢节的民间广场，提倡解放，追求游戏性的自由。正如菲斯克引用巴赫金的话：“是尊崇富于创造的自由……是从流行的世界观中解放出来，也是从常规习惯与既定的真理，从陈词滥调、从所有无聊单词的与普遍接受的事物当中解放出来”[③]。

大众文化实行的是群体性传播，提供了一种群体性娱乐，而且随着科技的发达，电话、网络、移动技术的进步，这种群体性娱乐也日益从单向向双向和多向互动转变。电视节目“用对矫

---

① 马克思、恩格斯：《神圣家族》，人民出版社 1982 年版，第 7 页。

② 蔡凯如、黄勇贤等：《穿越视听时空》，新华出版社 2003 年版，第 217 页。

③ 约翰·菲斯克：《理解大众文化》，第 99—100 页。

情的贵族意识的嘲笑，对那些虚伪的道德寓言和价值观念的瓦解以及那种进退自由如宠辱不惊，超然于胜利与失败之上的人生态度，为处在生存压力下的大众允诺了一种文化解放。它兴高采烈地抛弃了那些由自由、信念、价值强加给人们的重负，用一种能够逃脱惩罚的游戏方式，满足着人们的一种‘轼父’欲望。它们提供的是一个欢乐的平面，一个世俗化的万众同乐的世界”①。大众文化提供的群体性娱乐与权力相对抗，这种对抗产生了新的快感——躲避式的快感和生产式的快感。大众文化提供了“一种集体性的宣泄，是在高科技年代的一种纯粹的娱乐，是在生存压力不断增大的情况下，在似真似幻之间，对现实真实生活的逃避，是与高科技生活相对应的情感补偿”②，这是一种躲避式快感。而通过大众文化对传统准则的蔑视打破社会规范，重新构建规则同样带给人们一种快感——生产式的快感。人们观看电视不仅是被动地欣赏、单纯地满足，更会进行自己的解读，而这种解读往往伴随着对社会规范和主流意识形态的抵触或质疑，在抵触和质疑中进行新意义的生产。比如美国版的《新婚游戏》、台湾综艺节目《我猜我猜我猜猜猜》、《康熙来了》等等，这些电视综艺节目游走在道德与不道德边缘，正是这种与正道叛逆的节目在群众中大受欢迎，“就像坏孩子在摔跤比赛中起哄一样，观众在看到反派人物打破规范的时候，也感到激动、兴奋”③，这种激动和兴奋就源于生产式快感的产生。无论是躲避式快感还是生产式快感，大众文化所发挥的作用是能使大众的“身体暂时脱

① 马克思、恩格斯：《神圣家族》，第218页。

② 朱羽君、殷乐：《减压阀：电视娱乐节目——电视节目形态研究之一》，《现代传播》2001年第1期，第96页。

③ ［美］吉·妮格拉汉姆斯·克特：《脱口秀：广播电视谈话节目的威力与影响》，新华出版社1999年版，第293页。

离它的社会定义与控制，暂时脱离那通常占据着它的主体的暴政”[1]，这就是一种狂欢精神，是狂欢节似的自由瞬间，从而提供给人们以笑为总原则的娱乐享受，提倡了一种“与自由不可分离的和本质的联系，它显示了人们从道德律令和本能欲望的紧张对峙中所获得的自由”[2]。正是在这种充满狂欢节似的笑的快感宣泄过程中，实现了人们对现实和苦难的超越，开始主宰自我，保持必胜的信念，达到自由的境界。

第二，休闲——自己的娱乐。

休闲是自古就存在的人的生存方式，它与人的本能相连，是指“人在完成社会必要劳动之后为不断满足人的多方面需要而处于的一种文化创造、文化欣赏、文化建构的生命状态和行为方式，它也是一种价值取向——自由地选择有其自身意义与目的的活动”[3]。它是一种“成为人”的状态。当人类进入工业社会，市场经济同时刺激技术和经济不断进步，使人们的必要劳动时间在人们生活中所占比重逐渐缩小，越来越多的人们从生产部门中脱离了出来。尤其是后工业社会的来临，“引起了消费商品、为购买及消费而设的场所等物质文化的大量积累，其结果便是当代西方社会中闲暇及消费活动的显著增长”[4]，整个世界开始步入消费社会的时代，在这个时代，休闲已经成为人类生活的重要组成部分，休闲是人作为一个生存主体的主观需要，是使人感到自由的重要方式（这种自由主要是指摆脱压力的感觉）。正如菲斯克提出的，从官方意义上来讲，休闲是劳动者身心调剂的过程；

---

① 约翰·菲斯克：《理解大众文化》，第101页。

② 《巴赫金全集》（第6卷），河北教育出版社1998年版，第611页。

③ 马惠娣：《休闲——文化哲学层面的透视》，《自然辩证法研究》2000年第1期，第60页。

④ 迈克·费瑟斯通：《消费文化与后现代主义》，第18页。

从大众意义讲，休闲则是狂欢节意义，是“从工作的规则中解脱出来，以及合法地沉溺于那些被日常生活的状况所压抑的快感之上”①。而科技和社会的发展，生活质量的提高，使现代人的闲暇时间不断增加，正确、智慧地利用闲暇时间对增进人的身心健康、构筑良好的社会经济体系、改善现代生活方式，甚至对文化价值的进一步确立等等都会产生重要影响。但休闲时间——尤其是普通大众的休闲时间——不可能都像精英知识分子一样用于所谓“思维的碰撞，灵感的挖掘，生活的思考”，而更多的是希望得到心灵上的平静和精神上的享受，追求一种单纯意义的放松，并从中得到消遣。“无论在城市和农村，消遣都是重要的，消遣为人们提供了激发基本才能的变化条件，消遣时间是一种自由的时间，但在这个时间里，人们能掌握作为人和作为社会的有意义的成员的价值。”② 因此逐渐增长的休闲时间呼吁能有一种填补休闲时的娱乐文化来获得消遣，而这种文化非大众文化莫属。

真正意义上的休闲时代的来临正是在大众文化产生之后才开始的。大众提供的娱乐无论在节目的内容上还是在观众的接受形式上，都是轻松而无需心理负担的，正是在这一点上有别于传统中人们只通过仪式化来产生娱乐。大众文化的日常生活化和廉价的大规模复制，为每个人满足自己的娱乐诉求提供了可能。大众传播媒介技术的发展使大众文化的成本越来越低，从报纸到广播、从电视到网络这些文化消费的支出已经成为一般家庭日常开支的一部分，而且已经成为必要的又不占很大成分的一部分，人们可以消费无尽的电视节目，享受无限的网络冲浪，而无需太多

① 约翰·菲斯克：《理解大众文化》，第92页。

② 摘自1970年由联合国劳工组织通过的《消遣宪章》。

考虑费用问题，这种毫无经济负荷，无需大动干戈即可得到的娱乐享受对现代人来说是何等的诱惑。同时便捷的方式更体现了无尽的关怀，人们只要坐在家里，报纸会有专人自动送到你的手上；可以在家里放松状态中收看电视，众多节目无论是电视游戏、电视音乐、电视谈话甚至电视新闻等都能给不同需求者提供不同的娱乐方式，产生相同快乐感受，而这种快感产生的主动权完全掌握在握有遥控器的人手中。大众生活在这个日益异化的社会之中进行自我减压，在学习工作之余对自己生活的调剂，在获得放松的同时得到文化的熏陶，“如果没有大众文化的填充，私人生活区域中的文化需要将不能满足，在社会中就有可能出现更贫瘠的文化荒漠”①。

第三，后现代主义——感性的娱乐。

在过去的文化中，宗教在很大程度上承担了给人减压的功能，忏悔、祷告等手段使人在不利和紧张的环境中自我调节，保持精神生活上的平衡。但随着后工业社会的来临，神的偶像的打破，无神论也无法消除日常生活中固有的情感和情绪上的欠缺，如何消除社会转型和城市化过程中带来的心理焦虑，工业化带来的巨大的竞争和生存压力，使人得到一种宣泄的途径，获得补偿性娱乐就成为这个时代必须解决的问题。

19世纪60年代开始，后现代主义发展成为一股强大的、席卷式的潮流。后现代主义倡导本能，认为“只有冲动和乐趣才是真正的和肯定的生活，其余无非是精神病和死亡”②，而事物没有界限，行动获得知识，后现代主义要颠覆社会秩序，“以解放、色情、冲动、自由以及诸如此类的名义，猛烈打击着‘正

---

①　陈刚：《大众文化与当代乌托邦》，作家出版社1996年版，第146页。

②　丹尼尔·贝尔：《资本主义文化矛盾》，第98页。

常’行为的价值观和行动模式”。后现代主义的产生极大地震撼了久已麻木的人的神经，它对文化领域的推动作用也是前所未有的。后现代主义可谓是大众文化创作的理论基础，正是在后现代主义精神的引导下，才会出现不拘一格的文化形态——大众文化。

后现代主义的大众文化不仅把矛头指向社会秩序，倡导本能，更使文化价值标准发生了改变。在后现代社会，知识只有转化为商品和有效信息，才具有价值意义，这种合法性标准的改变，使大众文化成为一场游戏。根据利奥塔的看法，后现代文化的发展方式是“语言游戏”，在一个谈话者的语境中，说话者处在一个“知者”的地位，而听话者则处在一个同意或反对的地位。而大众文化所坚持的也正是这种语言游戏的手法，在这场游戏中，作品可以随意拼贴，不断复制和模仿，一个文本可以任意延伸出一个或多个文本，在这些作品中，世界是无序碎片，可以任意组合，叙述的片断性取代了文本的完整性，零散的意向，浮萍的人物，可以根据大众的口味重新组合，历史被消解，文本中的世界是一个全新的戏谑的世界，“现实转化为影像，时间断裂为一系列永恒的现在”[①]。大众文化脱离了以二元对立为基础的历时性的发展模式，以一种共时的平面性创造了一种开放的文化游戏，给读者充分的自由，想怎么理解就怎么理解；它消解了时间向量，使一切处于变化和转瞬即逝之中，各类重大事件经过后现代的加工被玩笑消解，各项重压可以以闹剧形式轻松带过，它剥离了文化的历史严肃性、历史视野和历史精神，把历史的正面埋葬于后现代主义的喧哗之中，文化从原来生硬严肃的面孔转化

① 弗雷德里克·詹姆逊：《文化转向》，胡亚敏等译，中国社会科学出版社2000年版，第20页。

为调侃、轻松、戏谑的状态，“怎么都行”是大众文化创作的唯一通行原则。正因如此，社会大众才能处在大众文化之中享受无约束的狂欢，解除精神的禁忌，得到宣泄与放松。正如科林伍德所说：“如果一件制造品的设计意在激起一种情感，并不想这种情感释放在日常生活的事务中，而要作为本身有价值的某种东西加以享受，那么，这种制造品的功能就在于娱乐和消遣。”①

大众文化同时又倡导了一场“场景游戏”。在这场游戏中，所有现实中的矛盾已经隐去，在那里的是人们认为的、先验的戏剧性矛盾，在其中现实的历史经验已经被简化为冲突和解决的简单的戏剧性格局，通过主人公这个代理者来解决游戏中的困境，从而能使观众在这个游戏中体验到幸福，再以更大的勇气和激情投入到生活中去。大众文化所叙述的是轻松流畅的故事，是令人心旷神怡的场景，尽管它或许没有深度，但它却实在地供人消费，供人娱乐，并实在地让大众在消遣中修补现实的创伤。它演绎的世俗神话让大众含蓄地释放自己心中的无意识的冲动，使人们在轻松幽默中发现小人物大世界，让普通人觉得自己的生活也同样是充满了惊喜和阳光。

后现代主义的大众文化具有明显的感性色彩，正是这种感性使大众文化具有强大的娱乐功能。比如欣赏摇滚乐类的通俗音乐比欣赏所谓高级趣味的音乐存在更充分的积极性，能唤起更多的热情和动感的美觉，正如舒斯特曼认为的“象摇滚乐这样的通俗艺术启发一种回归肉体的快乐和美感，它是人类价值领域中被哲学长期压制了的权力”②。大众文化中的“娱乐”和传统价值

---

① 罗宾·乔治·科林伍德：《艺术原理》，王至元、陈华中译，中国社会科学出版社1985年版，第80页。

② R. 舒斯特曼：《通俗艺术对美学的挑战》，《国外社会科学》1992年第5期，第37页。

中所指的醉生梦死的“享乐”是不同的。大众文化一切的娱乐功能都旨在消除社会对人造成的异化，消除人的紧张、压抑，使人能在文化消遣中得到放松和自由。而且这种娱乐与后现代意义的游戏联系在一起，作为一种“游戏”，大众文化带有与生俱来的快乐与智慧，也表现了对现实生活的调侃，消解了传统意义的价值观，并提供给世人新的动力，创造了大众形象的一部分：“那是一种无边无际、不可阻挡的物质力量，是一个巨大、自我再生、无差别的身体，克服着前行路上的一切障碍。”①

（四）商业性的大众文化促进了人的独立人格的形成

大众文化的商业特性是其区别于其他文化类型的主要特征。精英文化以审美创造、思想启蒙为其自身主要目的，它与功利、商业划清界线。而大众文化摈弃了精英文化的清高，毫不讳言自己的商业品质——它卖的是文化商品，具有商品营利性。它是一种消费文化，而这种消费文化具有双重含义：“首先，就经济的文化纬度而言，符号化过程与物质产品的使用，体现的不仅是实用价值，而且还扮演着‘沟通者’的角色；其次，在文化产品的经济方面，文化产品与商品的供给、需求、资本积累、竞争及垄断等市场原则一起，运作于生活方式领域之中。”② ——正是这一性质，使得大众文化改变了人们的文化义利观和价值观，更表现出对人作为人的本身的关注。

第一，文化的商品化和商品的文化化。

“到了后现代主义阶段，文化已经完全大众化了，高雅文化与通俗文化，纯文学与通俗文化的距离正在消失。商品化进入文

---

① 约翰·费斯克：《理解大众文化》，第124页。

② 迈克·费瑟斯通：《消费文化与后现代主义》，第123页。

化，意味着艺术作品正在成为商品，甚至理论也成了商品……后现代主义文化已经从过去那种特定的‘文化圈层’中扩张出来，进入了人们的日常生活，成为了消费品。”① 随着大众文化完全成为一种消费文化，文化被商品化了。一些大众媒介机构，包括报社、出版社、广播电台、电视台、电影制片厂、网站等都已经成为生产文化商品的营利性机构。文化的商品化使商品可以转化为符号渗入到社会生活的各个层面，无论作为大众文化的作品还是非文化的日用品共处一室，成为一道新的消费文化景观。正如波德里亚提到：“杂货店本身具有完全不同的意义：它不把同类的商品并置在一起，而是采用了符号混放，把各种资料视为全部消费符号的部分领域。文化中心成了商品中心的组成部分。但不要以为文化被‘糟蹋’：否则那就太过于简单化了。实际上，它被文化了。同时，商品（服装、杂货、餐饮等）也被文化了，因为它变成了游戏的、具有特色的物质，变成了华丽的陪衬，变成了全套消费资料中的一个部分。”②

大众文化的兴起实现了从使用价值到符号价值转换的过程。19 世纪后期美国百货商场的出现就标志着商品符号价值占主导地位的时代开始来临。正如英国社会学家威廉斯（R. Williams）研究所表明的：“百货商场无论是从内部装修还是设计上讲都史无前例的。这些美轮美奂的装修和设计为逛商店、购物和消费创造了一个崭新的环境。铺张华丽、气派和奇异的混合使得这类商场为顾客提供了想象中的欲望和物质现实之间以及梦想和商业之间既新鲜又明确的结合。”③ 百货商场提供给顾客全方位的信息

---

① F. 詹明信：《后现代主义与文化理论》，第 162 页。

② 波德里亚：《消费社会》，第 4—5 页。

③ Rosalind Williams, *Dream Worlds: Mass Consumption in Nineteen Century France*, California: University of California Press1982, p. 69.

刺激，鼓励顾客在商场中随意闲逛，以便使他们吸收其中表现出来的商品符号意义，并体现出大众从对商品“使用价值”的重视开始转换为对“交换价值”和“符号价值”的强调。这便构成了社会从注重生产转向注重消费的重要一步。不仅在百货商场，许多细化的商品个体更是转向符号性生产。比如一些商品品牌，无论是耐克、可口可乐还是金利来、麦当劳等，作为形象的符号价值都远远超过了它们的使用价值，这正是商品文化化的体现。而一切经典的、艺术的手法和技巧也毫无顾忌地被利用到商业之中，如商品美学、形体艺术、广告哲学等，一切商品活动领域均可冠上经典之名。商品与文化纠结在一起创造了一个新的景象世界：从咖啡店到书店，从百货商场到装璜公司，从琳琅满目的商品到无处不在的广告，文化即商品或者说商品即文化。在这样一个消费社会中，大众文化最重要的意义就是大众的参与，是公众而不是某一阶层在从事娱乐性的消费。这和传统社会中的上层阶级为了维护上下尊卑或炫耀而进行的奢侈消费具有完全不同的社会背景，大众文化所进行的是针对大众需要而倡导的消费。

文化与商品两者的交互更引起了人们消费观和义利观的改变，消费从原先单纯的物质消费转向非物质消费与物质消费同等甚至比其更加重要，能够在有空调的地方愉快购物，与此同时，丈夫和孩子可以看着一部电影或就地一同用餐等。物质与精神能同时得到满足，在获得购物满足的同时，也能得到文化上的享受，这不仅是人类生活质量的一大进步，而且也使以营利性为主要目的的商品市场更具有一种人文气息，商品的消费更具有了一种人性化的特征。

第二，广告肯定人的真实欲望。

在消费时代，大众文化还承担着把范围广泛的商品和货物让大众不断地去追求和消费的功能，而这些功能主要通过广告表现出来。而广告除了推销商品和消费主义的功能之外，也具有了一种人文气息的内在含义。

广告所引发的消费其视觉诱惑是相当巨大的。从最早的印刷图像到运动图像直至网络虚拟图像广告，广告越来越具有视觉吸引力，并越来越接近人们的生活，消费也越来越容易，尤其是电视广告与电视购物的结合以及网络购物的诞生，使广告与商品的消费更是浑然一体并且方便快捷，只要一个电话或轻点鼠标，商品便会有专人送到购买者的手上，这的确是一个神奇的消费社会。

大众文化对货品的原始意义和使用概念进行改变，并附以新的形象和符号，广告成功实现了意义的转换，构建了一种新的意义结构。在这种结构中，商品都被赋予了特殊的意义，如“钻石恒久远，一颗永流传”——钻石不再只是一种罕见的矿石，而是被赋予了爱情见证的意义。正是这种符号化转换使消费品脱离了原来单纯的使用价值而具有某种象征意义，并让消费者在消费品和某种文化意义之间取得某种习惯性的联想，使商品具有深厚人文气息的文化底蕴。不仅如此，在这种意义的引导下，大众文化更推进了人们生活往美的方向发展。

广告奉行了一种欲望原则，它肯定了人们的世俗欲望。人类在经历了战争和动乱，集中的计划经济把人视为政治机器和经济组织的齿轮和工具，而没有属于自己的文化空间，更谈不上满足正常的日常欲望追求。理性压制欲望，人们连表达欲望都会显得罪恶，但世俗社会毕竟是真实的，欲望推动发展，是人类行为的原动力，连马克思都坦言“人是有欲望的动物”。而当今社会弗洛伊德主义的流行更把人类欲望这一古老的发展法则提到了一个新的高度。正如波德里亚所说，广告“不是理解，也不是学习，而是让人去希望”。所以今天的大众文化生产在一定程度上不仅满足人们的“需求”，更大的是满足人们的“欲望”。消费的动力由生产转向刺激大众的占有欲望。广告激化社会需求，树立生活品位，使人的内在个性成为一种合理性延伸。广告这一概念也随着为“消费人”服务而成为一个充满人文内涵的文化概念，它将“人关于幸福生活的梦想与商品联系起来”，引导人们去实现自己的幸福生活。而那美轮美奂、温情脉脉的广告文化已经具备了社会文化的功能，并促进社会大众独立人格的形成。“伴随着广告中出现了较为弥散的，模糊的对生活方式的想象，多种多样的信息读物被激发出来，它们不断地采用现代主义的甚至后现代主义的格式，采用对读者既教育，同时又阿谀奉承的促销手法，这样，消费文化诚如它一贯的承诺，能更明显地养成人们的个性及与他人的差异。”①

第三，消费文化推动现代人文精神的形成。

法国社会学家布尔迪厄曾将人类社会以物化的形式或“具体化”的、“肉身化”的形式积累起来的劳动称为“资本”，即人们能够以具体化的或活的劳动形式占有社会资源，并且把资本分为三种：经济资本、文化资本和社会资本。其中经济资本以财产权的形式被制度化，可以立即并直接转化成金钱；文化资本以教育资格的形式被制度化，在某些情况下可以转化为经济资本；社会资本则是以社会义务（“联系”）组成的，以某种高贵头衔的形式被制度化，在一定条件下也可以转化成经济资本，它与文化资本一起合称“象征资本”。在传统的以精英文化为主流的时代，精英知识分子可谓是文化资本的绝对占有者，而其他上层人物通过社会资本也可实现对经济资本的占有，只有最广大的普通大众因占有极少甚至不占有象征资本，无论经济、文化还是社会

① 迈克·费瑟斯通：《消费文化与后现代主义》，第126页。

地位上他们都无法形成自己的独立人格，因而社会上不同的人的地位可以以经济资本和文化资本的拥有量的多寡而定。尤其是文化资本，它“具有自己的，独立于收入和金钱之外的价值结构，它相当于转化为社会权力的能力”①。而知识分子为保持自身的这种文化资本占有特权，总想通过抗拒文化的平民化运动来强化文化资本的稀缺性。

从当代社会发展来看，任何经济活动和经济模式的背后，总是存在着某种人文观念并受到人文意识的支配，作为经济活动的大众文化生产、流通和消费也不例外。随着文化的商品化，市场经济法则不断地渗入文化生产与流通领域，市场化要求文化产品的大量供应，文化资本的稀缺性逐渐被打破，知识分子对文化资本的绝对占有的时代已经被大众文化的兴起所颠覆。因此，大众文化作为一种经济活动反映出对人的生存状况和发展状况的关注，体现出对人的生存和发展命运的理解。

在消费文化的推动下，大众社会逐渐形成当代人文精神。当文化成为商品后，文化生产者和经营者就已经成为独立的经济实体并自主处理全部经营活动，文化商品同样实行等价交换，而等价交换的前提是交换双方具有完全平等的权利。因此，大众文化是摆脱了等级和特权的商品化的文化，作为销售者、购买者内部之间和售购双方都是平等的，而这种平等性构建了一个新型社会人际关系的多维坐标，每个人都有自由和平等竞争的机会。可以说市场经济将“人的依赖纽带，血统差别，教育差别等等，事实上都被打破了，被粉碎了”②，使人们摆脱了非经济的依附关系，超经济的统治和奴役关系被打碎，盲从和人的依赖关系被消

① 迈克·费瑟斯通：《消费文化与后现代主义》，第130页。
② 《马克思恩格斯全集》第4卷（上），人民出版社1985年版，第110页。

除了。大众文化充分挖掘了每个人的创造潜力，人能在文化层面上和其他商品消费一样形成属于自己的独立人格，具有自己的独立个性。从而改变了以往受到占有大量经济资本和象征资本者歧视的地位。

大众文化作为文化商品的消费在一定意义上不同于人们对一般商品的消费，大众文化是在经济和文化两个层面上同时流通，它除了消费以外还包括特定意义的认定和排斥，所以大众文化与受众存在一种双向互动的复杂关系，受众并不是被动接受大众文化的产品，大众文化意义的产生是受众与大众文化文本共同构建产生的。大众的口味成为大众文化商品生产的市场导向，大众文化只能引导却无法主导人们的口味，“强大有力的工业也并不能轻易操纵其消费者，而是一个工业正竭尽全力向一群口味挑剔，明鉴善辩的公众兜售唱片”①。无论是流行歌曲、畅销书还是电影、电视节目，销售量、卖座率、收视率都成为大众文化产品最权威的评价标准，“大众是上帝”——这一法则在大众文化生产中与商家视“顾客是上帝”具有同等效力。“假如文化商品或文本不包含人们可从中创造出关于其他社会关系和社会认同的他们自己的意义的资源的话，它们就会被拒绝，从而在市场上失败。它们也就不会被广泛接受。”② 因此，大众手中其实是掌握着自己消费的主动权的。

（五）视觉化的大众文化改变了人们把握世界的方式

在西方的传统中，语言更接近理性，而形象更趋近于直接。因此，当人类文化由传统向现代过渡转换时，语言的优先性或首

---

① 约翰·斯道雷：《文化理论与通俗文化导论》，第154页。

② 约翰·菲斯克：《解读大众文化》，第2页。

要性得到了强调，从文艺复兴到启蒙运动，理性的中心一直是随着语言中心地位的确立和强化而形成的，科技的传播和教育的发展同样伴随着对语言重要性的关注，语言在传统文化的意识和精神活动中具有压倒一切的重要性。但语言符号的理性毕竟是属于精英文化思考和把握世界的方式，而"群众娱乐（马戏、奇观、戏剧）一直是视觉的"①。随着大众文化的兴起，语言和印刷文化的中心地位逐渐衰落，视觉符号正在或已经超越语言符号而转化成为文化的主导形态，"在当今世界，除了口传和文本之外，意义还借助于视觉来传播。图像传达信息，提供快乐和悲伤，影响风格，决定消费，并且调节权力"②。

第一，图像化的大众文化加强了人的视觉能力。

随着视觉符号取代文字符号占领文化符号的统治地位，图像上升为主导媒介，人的视觉能力被大大加强，图像所带来的视觉愉悦性也比以往任何时候都要强烈，视觉冲击和快感成为人们认识世界之首。在现代传媒的推动下，现代人的生活中已远远超过了传统的造型艺术视觉作品，视觉形象、广告、表演艺术、摄像、电影、电视剧等视觉产品无处不在，已经成为现代人生活的"第二自然"。人的感性在图像的冲击下已经从理性挑剔的注视中苏醒过来，并焕发出了蓬勃的生命光彩，图像本身的视觉价值得到了充分的重视和开掘。

大众文化带来了图、声、文并茂的信息充裕的全新生活。在这样一个信息爆炸的时代，人们睁开眼睛就能看到这个丰富多彩、令人目不暇接的形象化世界。夏威夷的热情、富士山的浪漫

---

① 丹尼尔·贝尔：《资本主义文化矛盾》，第154页。

② 伊雷特·戈罗夫：《视觉文化研究》，《文化研究》第3辑，天津社会科学出版社2002年版，第41页。

和中国长城的雄伟，只要轻按遥控或轻点鼠标就能充分领略；还有其他巨量的接踵而来的视觉信息，人们可以被动接受也可以主动选择，栩栩如生的场景、高保真的影视，图像的逼真和特殊的视觉效果充分满足了大众娱乐需求和视觉美感追求，使人们"看"的"养眼"，"听"的"悦耳"。而且一些流行杂志也一改过去图配文的格局，代之以文配图甚至整版彩图，文字成了点缀，人们通过图像就能直观地理解其中含义，且图像的冲击力和对人们感观快乐的满足在其中充分体现。一些后印象主义画家也超越了古典和现实主义绘画的故事性和文学性，追求一种纯粹的视觉形式，凸显出一种独立的审美价值，使绘画真正成为视觉的表现对象，从而使图像从规则的理性审视目光中得以解脱。借助技术而创造的新的图文世界更是显现了大众文化的巨大潜力，提供给了人们无限的想象力，像迪斯尼的《米老鼠和唐老鸭》、《猫和老鼠》、《狮子王》等卡通片以超美感的动态画面和人性化的情节不但征服了全世界的儿童，更是为成人所喜好，而且在一定意义上为成人的童年缺憾提供了一定的补偿，使成人能重拾童真。这些现代化技术的图像影片所表达的真、善、美的内涵比精英文化更为直接和容易接受，2003 年夏季好莱坞排行冠军的《海底总动员》，美轮美奂的海底世界更是给人美好的视觉享受，具有强烈的视觉美感，其中表现出来的亲情、友情、善良和毅力更具有极强的感染力。这些图像作品所融合的视觉冲击力和感染力是文字作品所无法表述和给予的。可以说现代大众正处在一个视觉符号的海洋之中，"在历史上的任何社会形态中，都不曾有过如此集中的形象，如此强烈的视觉信息"①。

第二，视觉化的大众文化使人把握世界的方式发生改变。

---

① John Berger, *Ways Of Seeing*, London: Penguin1973, p. 129.

视觉时代的来临使现代大众把握世界的方式发生了转变，由依赖于经验和语言向依赖于视觉影像等转变。正如米兰·昆德拉在其小说《不朽》中惊呼的那样，一种普遍的、全球性的从意识形态向意向形态的转变已经出现！米兰·昆德拉的“意向形态”主要就是指形象设计和各种图像宣传。在意向形态出现之前，人们把握世界的方式主要依靠自己的亲身经历和生活经验——“面包怎么烤的，房子怎么造的，怎么杀猪，怎么熏肉，被褥用什么做成的……可以这么说，人们对现实有一种亲身的把握。”① 而当代都市的视觉和影像符号的兴盛，对人们观察和把握世界的方式产生了深刻的影响。影像、视觉可以比语言和文字轻易数倍地说服人们的眼睛，当人们无法拒绝图像的感官冲动及其快乐时，已经不再轻信文字传达的信息了。

视觉化的大众文化同时提供给人们相关经验，而不必亲身经历或者查看文字资料。视觉文化给了大众的日常生活以最直观和最形象的指导，从旅游指南到家庭烹调，无不显示出大众文化极具人性化的一面。大众文化同时创造出大世界小天地的个人生活环境，从而大大节约了个人资源并空前开拓了人们的视野。在充斥着影像符号的这个生活空间里，大众文化（特别是电影）“缩小了观察者与视觉经验之间的心理和审美距离。立体主义强调同步性，抽象表现主义则重视冲击力，这都是要强化感情的直接性，把观众拉入行动，而不是让他观照经验”。②

第三，视觉化的大众文化成就了真正大众化的文化事业。

现代文化的走向主要是视觉符号取代语言符号，而语言符号

---

① 陈立旭：《大众文化的兴起和当代文化转向》，《浙江学刊》2003年第6期，第45页。

② 丹尼尔·贝尔：《资本主义文化矛盾》，第155页。

与视觉符号的差异主要在于“前者意味着认为词语比想象更具有优先性；注重文化对象的形式特质；宣传理性主义的文化观；赋予文本以极端的重要性；是一种自我而非本我的感性，通过观众和文化对象的距离来运作。而后者则相反：是视觉的而非词语的感性；贬低形式主义，将来自日常生活中常见之物的能指并置起来；反对理性主义的或‘教化’的文化观；不去询问文化文本表达了什么，而是它做了什么”①。因此，语言符号作为精英文化的特征之一是普通大众所无法轻易把握的，语言符号占统治地位的社会注定是少数人占有文化资本的社会。到了现代尤其是后现代社会，视觉符号的中心化才真正成就了文化大众化的事业。

在今天的大众文化时代，图像对生活领域的广泛渗透已经成为一种突出的文化现象，图像已经从最早的膜拜和审美功能中剥离出来，主要起“展示”的作用：图像的机械复制性满足了大众文化的流行性要求，图像的可大量复制否定了原作的“独一无二”性，消解了原作的权威性，使文化普及化和流行化成为可能，社会上到处充满了复制的文化赝品，任何人只要愿意都能领略或拥有世界名著名作的副本，从而消解了传统意义上的文化追求，使文化享受成为每个人的权利。图像的高逼真和简单方便的记录功能和重现功能使文化的传递显得轻而易举，它脱离了文字的局限，直接作用于人的视觉——“满足眼睛”，从而使任何人都能不受限制地欣赏，并能将关注对象吸收、内化为自我的经验。

不仅如此，电子传媒制造的视觉影像，同时改变了社会大众日常生活的肌理，并大规模地占领了政治生活和社会生活。不但

---

① Scott Lash, *Sociology of Post Mordern*, London: Routledge 1990, p. 263.

大众文化产品本身是视觉化影像化的，甚至今天的一些经典艺术在转向市场化操作时也采用了视像化传播。传播媒介在介绍古典音乐时，不仅用文学的和观念的手段，而且更多地运用图像的手段，用优美的画面来烘托音乐的气氛，使听众在赏心悦目的视觉刺激中不知不觉地受到音乐的浸染和熏陶；古典的文学名著则经过电视、电影等图像手段的翻译而变成了一连串的画面，使没有阅读能力的人也能感受到直观、生动的艺术形象；美术本身就是具有图像性的视觉艺术，而当代的图像制版技术则给这门古老的艺术赋予了新的性质，使之可以被大量复制和传播，可以被仔细研究分析，还可以被任意裁剪、变形和组合到其他文本中去，从而产生原来的作品本身没有的图像魅力。正是在视像力量的推动和大众文化的包装下，经典艺术也日益被普通大众所接受，得到了大规模的普及和发展。

正是由于这种特殊视觉展示功能，大众文化把我们的世界转化成了一个图像化的世界，“从本质上看来，世界图像并非意指一幅关于世界的图像，而是世界被把握为图像了”①。视觉化的大众文化，把古代及中世纪的“世界即文本”的观念彻底转换成“世界即图像”。大众文化“用图像符号代替非具象性的符号，由于它直接作用于人的视觉，消除了人们的知觉与符号之间的距离，因而也消除了文字那种需要通过接受教育才能理解的间接性，消除了从符号的所指到能指之间的思维过程”②。正是所指和能指之间思维过程的消除，视觉化使普通大众融入文化人的行列之中，使大众文化能真正实现将所有人塑造成文化人的使

① 海德格尔：《林中路》，孙周兴译，上海译文出版社 1997 年版，第 86 页。

② 黄会林：《中国当代大众文化研究》，北京师范大学出版社 1998 年版，第 10 页。

命，成就了真正的大众化的文化事业。

第四，视觉化的大众文化实现了真正全球流通的文化。

从1492年哥伦布远航美洲使东西半球汇合以来，人类就开始了世界历史的进程。但真正全球信息一体化是20世纪大众文化兴起之后才开始的。计算机、电视机和人造卫星这20世纪对文化传播起重要作用的三大发明打开了文化全球化的大门，在此基础上，视觉化的大众文化则真正实现了文化的全球流通。“图像（凭借声音支持）在感知上更易于接受；而从技术上看，其传播也简单易行。”① 因此，视觉化的大众文化不仅能迅速地在一个国家或地区内部流行，而且能借助大众媒介和跨国商品市场迅速扩展到全球，成为真正全球流通的文化形态。

当代美国学者阿尔君·阿帕杜莱曾指出，全球互动的中心问题是文化同质化（cultural homogenization）与文化异质化（cultural heterogenization）之间的张力。这种张力造成了全球文化流通的悖论：一方面，文化全球化造成文化日益同质化趋向，牛仔裤、麦当劳、摇滚乐，甚至美国中产阶级的生活方式和趣味都风弥于全球；另一方面，文化的多极化、民族文化的本土化追求的呼声一直不绝于耳，所谓“东亚模式”、“现代新儒学”等无不是文化异质化的表现。而图像化、视觉化的大众文化在文化异质化方面仿佛并未遇到什么阻碍就获得了空前的成功，富有图像特质的时髦大片，电视剧、新奇建筑、新款时装等文化商品，在全球畅通无阻地流行。视觉性的图像大众文化在文化全球化过程中大显身手，主要是因为它一方面是视觉直观的感性媒介，不存在像理解文字时出现的隔阂问题；另一方面图像可以避开文化观念

---

① 阿莱斯·艾尔雅维茨：《图像时代》，胡菊兰、张云鹏译，吉林人民出版社2003年版，第33页。

之间的直接冲突，使“看”图“读”图者在关注画面时接受异域文化的熏陶。

不仅如此，图像可以超越文字和语言的局限，融合异质的文化。比如迪斯尼佛罗里达动画工厂 1998 年出品的《MULAN》（《花木兰》）就改编自中国民间故事“木兰从军”，正如此片的 VCD 汉英双语版的宣传词所说：“此片是以外国人的审美观来诠释中国的古代传说，迪斯尼动用了 600 多位动画师，用时 4 年将这一传说变为精彩的动画。”片子恰到好处地融入外国人的审美观，赋予了主人公现代性意义，把花木兰描述成独立、勇敢、追求个性解放、实现自身价值的美国式英雄，却也并未脱离中国民族文化元素，很好地弥合了中美文化的差异。因此，图像文化是在政治、经济、社会全球化进程中最具同质化与异质化张力的文化，也只有图像文化才能实现完全意义上的全球化。文化的民族或阶层垄断被打破，信息接受者在客观上已经联成一个整体，全球范围内的大众共同参与文化的消费与创造，人类行为的本身就是进行着的文化交流。由此，人类的不同文化主体间开始有了相当接近的行为尺度，这是具有历史意义的全球文化的整体发展。

三　大众文化背景下我国的文化矛盾及其出路

尽管大众文化具有人文价值，但是，由于大众文化毕竟是商品化的，大众文化的发展满足市场发展的逻辑。而文化则是一个意识形态性较强的领域，历来都受意识形态的制约。

（一）现时代我国的文化矛盾

传统的真、善、美是衡量一种文化之先进性的标准，然而随着后现代大众化社会的出现，文化的标准发生了改变，不言而喻，价值规律便与文化自身发展的规律相矛盾。市场逻辑下的文化资本遵循资本的逻辑、经济化等原则，而我国的文化发展则是由社会主义文化制度所规范的。所以，文化发展与文化泛经济化、文化主权与话语霸权、提倡消费与遏制消费主义、全球化与本土化等之间也都存在或多或少的矛盾。

1. 大众文化的商业化与社会主义文化发展要求的矛盾

众所周知，市场经济对社会历史发展所具有的巨大推动作用，除了其自身较之以往的经济形态有一定的优越性外，还在于它对市场的刺激与引导作用。市场经济将人从一切非经济的依附关系中解放出来，还人以独立自主的现实性存在。一个时期以来，经济包括经济的目的、经济的思维、经济的价值观等等，不断跨越自己的边界进入文化领域，在发掘出新的文化功能的同时，也遮蔽了文化的另一部分功能；在推动文化建设的同时，也对文化建设形成了一定程度的制约。甚至在一些地方，经济的目标和功能被无限制地引伸和泛化，导致文化建设的弱化和扭曲，即文化彻底商品化了。

文化的经济化，是指在文化的发展过程中以经济结果为终极目标和价值追求，放弃作为文化自身本应具有的追求真、善、美等目标的过程。随着我国文化产业的发展，加上西方文化工业、文化资本的影响，我国文化的发展渐渐地显现出一种经济化的倾向，文化资本作为一种资本，其经济属性吞噬着它的文化属性。在文化建设中人们热衷于数字报表式的成果，热衷于与形象、政绩相联系的成果，形成文化上的“GDP 至上”的倾向，文化完全沦为经济的附庸。近几年来，我国的文化市场虽然发展很快，而且取得了很大成绩，其在解放文化生产力、发展文化艺术事业方面的地位和作用也得到了证明，但是文化市场兴起时间毕竟较短，对一些文化管理部门来说还属新情况，而且我们的管理体制一时还没有及时得到调整和适应，加上文化市场自身方面的一些因素，使文化市场在发展中存在不少问题和不足。如以经济效益取代社会效益，忽视公益性文化事业；以经济视阈取代文化视阈，忽视文化艺术规律；以经济价值取代文化价值，忽视文化的独立存在等等。

2. 文化霸权与本民族文化发展的矛盾

文化资本是和全球化相依相伴的，全球化的发展结合文化资本的扩张性导致了世界各国文化之间的相互激荡。在广大发展中国家包括中国在内文化主权浪潮的兴起决不是空穴来风，它的背后是强大的西方文化霸权的统治。发达国家借助其硬实力的支撑，在全球化的运动中大量输出其文化商品，且愈演愈烈，从而构成了西方文化的霸权，这是我们不能不给予充分重视的。

具体说来，西方国家文化资本对我国的影响和渗透主要体现为：通过媒介霸权、话语控制、意识形态、殖民文化等传播来建立其话语霸权或文化霸权。媒介提供了文化殖民的技术基础，话语控制疏通了文化殖民的有效途径，而西方大众文化所隐含的意识形态、文化价值观在我国的广泛渗透并获得认同，也就最终实现了文化殖民的目的。西方国家在文化传播媒介方面拥有绝对优势和霸权地位，为他们实施文化霸权提供了技术上的可能性。现代文化传播是建立在电子、卫星、网络等技术手段基础之上的，这些技术构建了现代化的传媒系统，缺乏这些技术基础就无法形成真正的现代文化传播，而这些技术基本上都是由以美国为代表的西方发达国家生产、输送、控制的。传播媒介绝不是完全中立性的，媒介无非是文化、意义的中介或物质载体，离开了文化内容，传媒只不过是一堆机械设备和从业人员，工具性的传媒只有在它和特定的文化、政策、意识形态结合在一起时才具有意义。

由此可见，西方国家在传媒上的控制权，同西方文化所内涵的意义内容结合起来，在文化殖民中的作用是不可低估的。通过传媒的绝对优势力量，西方文化在走向文化殖民的过程中，首先形成了对其他国家的文化话语控制。

在现代社会，如果在特定的文化领域中某种话语占据了决定性的地位，那么这种话语就成为普遍性的话语，它实际上约束、限制了文化创造及其传递。所以说，话语占领也就是权力占领。由于历史文化等方面的原因，中国在文化建设方面和西方国家相比存在着明显不足。在这种情况下，西方文化就借助于强大的资本支持和媒介力量入侵我国，并在我国文化领域占据重要地位。而我们在文化创作、发展过程中则模仿外来的、西方国家的文化，我国文化话语规则、程序、模式在很多方面对西方文化话语进行了复制。在媒介霸权和话语控制的基础上，西方文化文本所隐含的文化价值观、意识形态内容在我国得到了广泛传播和渗透，造成了西方文化意识形态的殖民，从而不断侵蚀着我国的传统文化、民族精神。内含西方国家统治阶级的意识形态、文化价值观的西方文化，在传播中极大地影响了我国社会大众的思想观念、文化认同。我国的受众在接受的同时产生了对这种生活方式的认同、渴望、向往，这种来自民众的心理愿望在我国的政治领域、经济领域、文化领域，特别是在传统文化和意识形态领域必然会产生自下而上的冲击力，乃至于造成传统文化、民族精神、意识形态的合法性危机。

文化霸权发展的极致表现为“文化帝国主义”或“文化殖民主义”。西方统治阶级通过对他国人民的文化生活的系统地渗透和控制，以达到重塑被压迫人民的价值观、行为方式、社会制度，因而是一种霸权文化的产物。任何民族只能生活于语言状态的传统之中。语言就是传统存在的言说，西方“语言殖民”就是通过现代广告、影视、音响、图像切断我们的传统承递之链，使我们在对西方语言的崇拜中接受全部西方文化价值观念。这个理论是斯塔夫里亚诺思、佩查斯、哈里森等先后提出的。他们还认为，在“二战”以后的世界进程中，西方国家改变过去单纯依靠政治、军事力量实施世界霸权的策略，实施文化的世界霸权，力图通过传播媒介、文化交流等渠道，把自身的社会制度、生活方式、政治理念、意识形态等输送到其他国家，打破这些国家自身的文化历史发展，而走向西方发达国家的模式，并在文化入侵的同时完成政治、经济的入侵。而这种入侵带上了温情的面纱，似乎是一种人道主义的引导。西方国家在长期的发展过程中，积累了经济、技术、科学、资本等方面的先发优势，特别是经济上取得了压倒性优势，其基本的经济体制和规范在全世界得到了传播。他们的文化价值背靠这种优势向全世界渗透和传播，成为西方国家对外战略中一个重要因素。而发展中国家由于在政治、经济和科学技术等方面处于劣势，并由此产生了一定的依赖性，它们的文化价值在和西方国家的“软权力”较量中处于弱势。

坚持文化主权与发展本土文化是每一个民族的责任。如果一个民族丢掉了文化独立性，其实质就是丢掉了本民族的基本价值观，从而使殖民文化统治了民族文化，做了西方世界的文化奴隶。因此，了解西方文化殖民主义的实质，对我们制定有效的应对策略，抵制西方文化殖民，发展和创新民族文化，有着积极的意义。面对经济全球化的世界经济发展大趋势和我国加入世贸组织的新形势，我们决不能对西方文化殖民主义漠然视之，而应该以积极的态度，及早着手，提出有关理论，制定有关政策，使中华民族的优秀文化更好地在新的历史时期发扬光大。

3. 刺激消费和消费主义的矛盾

市场经济的成长过程，也就是从短缺经济到过剩经济、从卖方市场到买方市场的转化过程。自从上世纪 90 年代建立市场经济以来，我们已经越来越强烈地感受到，消费不仅仅是生产的目的，而且是生产的前提。刺激消费、扩大需求已经成为当前经济发展的当务之急。丹尼尔·贝尔针对西方的情况曾说过："造成新教伦理最严重伤害的武器是分期付款制度，或直接信用。从前，人必须靠着存钱才可购买，可信用卡让人当场立即兑现自己的欲求。"[①] 如果说新教伦理是资本主义经济发展的最重要精神动力的话，艰苦奋斗的革命传统则理应是社会主义经济发展的一大精神资源。然而，工业化生产的驱动使大众消费市场出现空前繁荣。媒介推动了市场的扩大，同时也推进了消费主义，而这些推进消费主义发展的手段也自然就形成了消费文化。

随着全球经济一体化，消费文化也呈现出深刻的变化。"全球化"这一特征已深深印刻于消费文化种种现象的深层。跨国企业受到利益与理念的驱动，基于体制化的、不断深化的科技、经济与文化的相互依赖的客观外在性，为追求某一具体的战略目标而对全球化进行人为的推进。而消费文化的传播媒体利用其绝对的技术和组织优势，有选择地向全球范围或特定地区的受众传播其消费价值观，制造消费热点，帮助跨国企业对其产品和服务不遗余力地进行推销。全球化也冲击着传统的区域文化和经济，消费文化呈现出新时代的变化特征。本土市场空间发展成熟，在竞争日趋激烈的情况下，固有的市场已不能满足国际大型企业自身发展的需求，使他们纷纷把希望寄托于发展中国家，特别是战后重新进行经济建设的国家。各种国际品牌在不同的市场以相同

① 丹尼尔·贝尔：《资本主义文化矛盾》，第 67 页。

的话语进行推销，不仅销售产品，更销售由他们设计并传播的消费文化。在接受了相同的商品文化所推销的生活方式、文化观念之后，各地市场开始趋同化，呈现出“全球化”的时代特征。

中国目前正处于生产性社会。一方面，以经济成长及日常生活改善为基础创造的社会共识得到了巩固；另一方面，社会阶层的分化推动了新一轮消费文化的出现。与典型的消费社会相比，中国的经济能力依然只能使相应的消费方式适应于社会生产。但由于受消费文化的影响，中国居民的消费观念与消费行为又在追随消费社会而出现明显的消费主义倾向，如目前中国已经进入了所谓“内需不足”（“生产过剩”的代名词）；因此目前中国消费者的生活既有生产性社会的特点又有消费性社会的特点。前者主要是受到社会的经济能力和消费者的购买能力的限定，而后者则主要是受到西方消费文化的影响。

在文化全球化进程中，不同国家、民族文化的相互渗透、相互融合既是客观存在的现象，又是一个不可逆转的趋势。随着文化全球化的深入，具有不同文化的人们会越来越多地从人类整体考虑问题，承认人类文化中的共同性，从而顺利完成从民族文化、地域文化向全球文化的转型。文化全球化必须建立在世界多样文化相互尊重的基础上。文化全球化的未来，不是走向绝对的“同一化”，形成新的单一的文化，而是指多样文化将通过对话的方式达到相互的深切理解，求同存异。因此，在文化全球化进程中，我们既要反对“文化西方化”和“文化霸权”，又要防止狭隘的民族主义。如何在尊重文化多样性的前提下实现文化的共存，是不同文化在全球化进程中共同面对的问题。中华文化应该积极参与文化全球化的进程，在用自身先进文化影响其他文化的同时，广泛吸收世界不同文化的精华，中华民族的优良传统必将会对文化全球化的进程产生积极的影响。

因此，面对大众文化时代的到来，我们也应该看到我国文化发展存在着的危机性。大众文化虽然允许文化多元论，但大众文化毕竟是传统文化的反叛，它将荡涤着我们祖先的一切文化，威胁着我们的传统文化、传统的价值观、道德观。因为其宣扬性与暴力、挖掘人们的本能消费，摧毁传统道德规范而言，是一种病态的文化。传统的高雅文化把低俗的、病态的东西遮蔽起来，而大众文化却是无度的放纵。当然，高雅文化在过去仅仅表现为一种说教的形式，完全独立于大众的意识形态之外，它所认定的真、善、美难免具有乌托邦性质，因而它难以对大众起着塑造的作用。然而，对于一个民族而言，难道我们可以抛弃过去的价值观吗？难道我们过去的主流文化可以终结了吗？我们难道可以放弃原先的爱情、让自己的情感开始堕落了吗？我们难道到了享乐主义的时候了吗？我们难道可以放纵播放暴力影片而培养孩子们的好战性格了吗？我们难道到了需要相对主义、虚无主义而无视现实的实在世界的时候了吗？……这一切都需要我们重新思考，面对文化的危机性，我们需要作出正确的选择。

（二）发展我国社会主义文化的战略和策略

正确认识大众文化的价值观，重组我们的理性与道德，是我们这个时代文化发展的重要任务。在大众化的时代，也许所有的事情都会使我们不满意，高雅文化成为我们的批判对象，但大众文化也同样会遭致这样的命运。因为大众文化并没有使我们懂得应该如何去行动会更好些，特别是后现代主义精神，它彻底地破坏了我们修复事物的能力。高雅文化所要建立的是我们难以实现的真、善、美的目标，而大众文化则丢失了任何确定的价值观，使我们无所适从，使我们的鉴别力钝化，使我们无法辨别真假、善恶，两者似乎都走向了极端。高雅文化的价值观是着眼未来，大众文化的价值观则盯上了利润。目标过于远大，则容易脱离人民大众，目光短浅则容易使人们变得模糊不清，容易使本民族走向没落。因此，可以预见，西方文化的没落已经在所难免。但是，我们也不能沉浸于西方文化的没落中，实际上西方文化无时无刻不在渗透到我们的社会中来。正是由于西方大众文化这种极强的渗透性，所以我们必须重建我们的价值观。这种价值观的重构在于，把西方大众文化纳入我国马克思主义为指导的文化中来，一方面要贯彻市场经济的原则，符合文化发展的逻辑；另一方面，必须改造大众文化目光短浅的特质，贯穿面向未来的原则。具体地说，我们应该做到以下几点：

1. 转变政府文化管理职能

政府对文化事业的管理方式由过去的微观管理变为宏观管理，从办文化向管文化转变，从以管理直属单位为主向管理全社会文化转变，从以行政手段管理为主向以经济和法律手段管理为主转变。政府要以转换机制、增强活力、增加投入、改善服务为重点，抓好公益性文化事业的改革和发展；以创新体制、面向市场、增强活力为重点，抓好经营性文化产业的改革和发展，推动文化事业和文化产业走上良性循环、健康发展的轨道。对现代政府而言，提供公共文化服务是其重要职责。政府作为公共文化服务提供者，其任务不仅仅是提供直接的文化服务，而是保证公共文化服务得到提供，保证公民的文化权利得到实现。为此，政府必须尽快制定公共文化服务的最低标准，建立和完善公共财政体制，提高公共服务支出的总量与比例，扩大公共文化服务的覆盖面，保证低收入人群能够获得最基本的公共文化服务。还要制定公共文化支持和扶持政策，改革文化投融资体制，激活文化主体和市场主体投资、经营公共文化，实现公共文化服务主体的多元化。政府在文化设施建设中应当与各地实际结合起来，充分挖掘各地文化资源优势，分析市场行情，搞出文化特色。与此同时，还要鼓励国内外社会法人和各界人士捐资兴建各类非营利性的公益性文化项目，形成非营利性的公益性文化项目以国家投资为主体、引导社会资金广泛参与捐赠的多元资金筹措机制。政府还应尽快建立公共文化信息共享平台和文化产品交易网络，促进文化资源信息交流和文化合作。信息交流平台就是利用政府文化网络，及时发布文化产业政策、动态、发展规划和市场供求等方面的信息，为各地文化企业及时了解国内外的技术、市场、资源、资金等状况提供便利，实现城乡文化资源共享，实现信息、技术、人才的有效交流，实现文化产品交易与合作，促进文化产品和文化项目的交易、开发，培育和培养文化中介组织和文化经纪人。

2. 完善文化市场配置机制

在文化生产力中，文化产业的生存方式和价值体现是通过市场获得的。政府实现从办文化向管文化转变，建立公平、开放、有序的文化市场，必然刺激多种所有制办文化的社会需求的出现和增长。市场文化需求的质和量的不确定性，人们对文化需求的多层次性和无限性，社会资本规避风险和利益最大化的特点，要求政府把自己垄断文化资源的权力还给市场，依法建立和完善有效市场配置机制。由于文化产业的存在形态与文化消费主体之间存在着文化权利结构上的对应关系，文化产业结构并不是现存的若干文化行业的经济组合，而是文化关系的制度性反映，实际上是我国政府根据文化的意识形态在产业形态上的不同表现方式所作的一种划分。中国文化产业结构是政府从意识形态管理需要出发，用行政手段对文化产业进行资源配置和安排，具有明显的行政管理色彩。进行文化产业结构的战略性调整，就意味着对原有的文化权利结构在文化资源权威性分配的调整与重组方面，要求克服和解决由行政条块分割的管理模式而导致的行业壁垒和部门利益。文化产业结构的战略性调整必须克服对原有体制的路径依赖，不能仅仅停留在一般意义上的国有文化机构合并的层面上，而是要从有利于建立完整的市场体系和公平竞争的机制出发，重构中国文化产业结构的制度体系，实行全面的制度创新。文化产业制度创新拓展了文化产业的发展空间，形成文化产业结构的战略性调整与经济结构的战略性调整的互动效应，拉动社会对文化产品和文化服务的有效需求。国际文化产业集团进入中国，不仅打破了中国文化产业结构的原始生态，而且也使得中国文化产业结构的战略性调整具有参与国际文化产业竞争的性质。因此，中国文化产业结构的战略性调整的路径选择与目标定位，就不能只考虑国内市场这一个向度，失去国际市场和全球化趋势这样一个向度，完全可能使中国文化产业结构的战略性调整失去它的战略性内涵和要求。而失去文化产业化和市场化这样一个有效配置文化资源的向度，完全可能使中国文化发展因失去它的最有效的手段而丧失文化创新能力和文化竞争力。

3. 加快文化立法的步伐

文化法制的不健全和文化政策制定的随意性，是造成我国文化制度性缺陷的重要因素。一个法治国家制度的建立的合法性标志，就在于它有健全的国家法制程序。任何法制程序的缺席，都将威胁到所有制度建立的合法性。宪法是文化立法的基础和核心，宪法关于国家发展文化事业及保障公民享有从事文化活动的权利的规定，为文化法制建设提供了基本原则。在现有文化立法中，文化管理方面的立法数量居多，而公共文化事务和规范文化行为方面的立法还很欠缺，宪法确定的公民的文化权利、义务缺少具体化的法律规范加以保障。我们应积极调整立法的思路，完善公共文化事务和规范文化行为方面的立法，把文化建设和管理纳入法制化轨道，建立平稳的文化法规体系，以立法的方式确认文化主体的地位、权利和义务，确立文化产业主体灵活多样的所有制形式，使国家发展和管理文化事业，推动文化产业，保护文化资源的行为具体化、法律化。管理、规范文化领域的社会关系无疑是文化立法的一个重要目的。我们过去的文化规章过多地关注文化的社会效益，没有更多地把文化作为一项产业来对待，也没有更多地注意立法在推动文化产业发展方面的作用。由于文化立法更多地与公民的宪法权利有关，因而文化立法应侧重于保护公民的文化权利，合理界定文化管理部门的管理权限，并明确其相关职责，这也是法律与法规政策的重要不同之处。

4. 文化制度创新必须古今结合、东西结合

虽然传统的儒家思想在许多方面已不能适应现代化建设的需要，成为陈旧落后保守的象征，但中华传统文化博大精深，是任何一个国家与民族都不可比拟的，中华民族文化的源头充满着智慧与理性。文化制度创新要求我们既不是全盘否定传统文化，也不是照单全收外来文化，而是批判与继承相结合，继承与创新相结合，挖掘传统文化中科学的、合理的、尚有生命力的部分加以创新，使之与现代化相对接，以期传统文化在现代社会中扎根。儒家文明在其历史发展过程中，构建了一整套完整的价值系统，被实践证明是行之有效的，其主要内容有：在政治上推崇大一统的国家民族观念，追求大同世界；在人生追求上，强调人对社会、对群体的责任，追求立德、立功、立言“三不朽”事业；在经济上，主张艰苦创业、勤俭持家；在人与自然的关系上，力求顺应自然，天人合一；在道德价值上，提倡以天下为己任，主

张仁与礼的统一，等等。但是，这种传统文化是以自然经济为背景的，在许多方面与现代化大生产不相适应，迫切需要做出适当调整与创新。如在商品经济中，在强调国家利益和集体利益的同时，也应兼顾个人利益，调动个人的积极性；在现代化大生产条件下，应高度重视理性化制度的建设，用“法治”精神完善自我；在社会主义市场经济条件下，应树立正确的“以义谋利”的义利观，效率优先，并兼顾公平；在知识经济扑面而来的今天，应树立能力本位主义观念，高度重视知识和人才。

作为东西方两种不同时间与历史发展条件下形成的文化，它们都有各自的优点，同时又有各自的缺陷。这就为东西方文化的融合贯通提供了可能。在马克斯·韦伯看来，新教伦理之所以导致一种资本主义精神的出现和资本主义的形成与发展，关键在于新教伦理培养出具有个人主义品格的新教徒，从而有助于建立在私人财产制度、竞争和个人主义基础上的资本主义的产生。在现代条件下，这种西方文化传统也导致了诸如极端个人主义和极端权利意识等问题，给西方国家带来许多社会问题。儒家文化在这方面与西方文化迥异，它把个人看作是联系着的实体和社会力量，忽略培养一种有能力且富有进取心的个性化品格。在文化制度创新中，儒家文化可以借鉴西方文化中尊重个人等有益成分，而摒弃其极端个人主义倾向。中华文化中存在着许多有利于经济发展的美德，但之所以在历史上特别是近代历史上长期处于落后的状态，就是因为这种文化中的一个基本弱点是不注重理性化制度的建设，因而不能适应于近代的大规模社会化生产的要求。而西方文化传统尽管存在很多弱点，但恰恰有一点是中华文化所欠缺的，它尊崇和努力探究那种外在于个人的、不以人的意志为转移的“自然法则”，显然有利于形成稳定的制度。中国经济要想发展，一定不能夜郎自大，而要尽可能地吸收外来文化的精华，把自己融于国际经济体系和国际社会大家庭中去，遵循一些国际通行的规则，更加重视理性化、规范化制度的建设。

5. 努力建构全球范围内的进步文化

今天，全球化已经成为整个世界的一种客观现实和历史发展趋势。但经济全球化并不意味着文化一体化或文化一元化，相反，时代呼唤的是全球文化的多元化发展，而这些多元文化又能以不同方式整合，形成既体现民族特色又能在全球范围内流通进行各民族之间交流与对话的进步文化。当然，这种进步文化的建构还面临诸多挑战，势必需要各种文化形式、世界各国民族共同努力方能实现。特别是对于我们这样一个大国来说，肩负着帮助世界文化发展的道义与责任。因此，强调从世界的角度眺望文化发展，那么，首先，高雅文化与知识分子依旧应承担起自己的历史使命。人类社会存在着多极主体，文化的发展逻辑与人类主体的发展逻辑是相适应的。从一定意义上讲，文化都是人的自我异化的一种表征，而根据个体异化的程度不同，意识形态限制的种类制约不同，文化在生活中逐渐分层为高雅文化和大众文化。高雅文化具有自己严格的真、善、美的判断标准，对社会大众的道德伦理、价值观念和行为规范进行引导、教化和规范，具有反思、批判现实和探索未来，建构新的生活方式，追求理想的功能。它是集教化、反思和批判于一体的一种文化体系，具有自己的审美价值观和批判标准。

今天的高雅文化虽然已逐渐从权力话语的中心地位转向边缘地带，似乎风光不再。但应该值得肯定的是，高雅文化作为一种自觉的文化，它对社会的使命感和对社会价值的追求并未减弱，它毕竟是文化的高级形态，是一个民族文化发展的根基，是社会文化理想和人文精神的重要载体。更何况从历史和现实来看高雅文化和大众文化的分野也不是绝对的，不少高雅文化在刚开始时也是作为通俗文化或大众文化的面貌出现的，经过数十年甚至几百年的历史沉淀才显现出其内在的精英成分成为经典。因此，高雅文化依旧承担着社会文化建设的使命，追求真、善、美，提升社会整体素质。

同时，我们也应该看到虽然大浪淘沙，经过市场经济的洗礼，知识分子逐渐分化，其作为“立法者”和“思想启蒙者”的角色已经被消解，但真正有理想、有抱负的知识分子并未没落，反而愈加显示出其人格和学术的功底和魅力，高雅文化的边缘化并不完全等于全部知识分子的边缘化，知识分子的整体地位并没有动摇，科学技术专家仍是受尊敬的权威，社会科学家也在逐渐形成一个相对独立的群体，对社会和经济的实际运行发挥着越来越重要的作用。作为现代人文知识分子，依然担负着理性审视、进行社会批判和自我批判、对社会的整体现象做出正确的判断和引导的重要历史使命。

知识分子应当继续肩负起自身的历史使命，改变对大众文化的不屑和鄙视态度，改变以往那种坐而论道的姿态，结合新的科技推动市场经济条件下高雅文化的大众化，使高雅文化呈现一种大众所喜爱的身姿，在有深厚的人文精神的同时更多一点普通大众的人文关怀，从而提高全民族的思想文化素质和科学教育水平，建设一个真正的现代化的人文社会。

其次，应有效地防止全球文化产业发展不平衡所造成的文化霸权。这是一个不得不集中主要精力来优先发展物质文明的时代，但日益物化的生存方式却导致了一个民族精神文明诉求的“失语”，泛功利主义似乎正在取代一切旧有的价值观。而在全球化进程中，发达资本主义国家和发展中国家的地位本身就并不平等，从而形成了全球化中的强势文化和弱势文化的差异。大众文化是在西方资本主义社会产生发展并率先繁荣起来的，西方社会经过百来年的发展，已经形成庞大的文化工业和成熟的市场经济来支持大众文化的进一步发展。高水平的物质消费和不断增加的闲暇时间，更是给大众文化的繁荣提供了肥沃的土壤，大众文化已经成为西方社会文化生活一种成熟的话语系统。其在全球范围内流通的同时也将其母体带有的意识形态散播到了世界各地，尤其当它成为全球范围内的主流文化的时候，它会使世界文化趋向同质化。因此，文化全球化进程在很大程度上被异化成了西方文化的扩张进程。

而在亚非等发展中国家，大众文化产业才刚刚起步，许多国家的市场经济体制还没有发育成熟，商品尤其是文化商品的制作并未实现全面的工业化。尤其对我国来说，绝大部分人口在农村，有能力进行文化消费的大众包括城市消费大众还没有完全形成，尽管我国近年来大众文化发展势头迅猛，但大部分是外来的大众文化而且有不少色情的、暴力的以及俗不可耐的广告语等等“文化垃圾”存在，技术、受众和制度等多种原因在很大程度上影响了大众文化在我国的健康发展。此外，在我国，由于传统文化“文以载道”观念和革命时期一切服务于革命以及新中国成立之后社会发展经历了一系列挫折，人们观念上往往认为文艺与政治相联系。改革开放后强调文艺的独立性，但却走上了另一个极端，一些大众文化产品过分强调自身的独立性，只注意其娱乐性和消遣性、追求经济效益的一面，而忽视了社会效益。

因此，各国在大力发展健康的大众文化引进其他国家优秀文化题材的同时，要注重维护文化主权，抵制文化侵略。在全球化时代，文化的力量是综合国力的组成部分，发展中国家在引进和借鉴西方大众文化的优秀作品的同时，要注意对其意识形态侵略性的鉴别，抵制文化侵略。同时各国要扩大与其他国家文化的平等交流，让本国文化同样能够走出去，从而形成全球范围内大众文化“百花齐放，百家争鸣”，使全球各族人民的文化生活得到空前繁荣！

第六章

后现代马克思主义的文化批判理论

后现代马克思主义是西方马克思主义发展的新阶段，其主旨是用马克思主义观点批判后现代主义的文化形式——大众文化，其代表人是詹明信、伊格尔顿、哈维、波德里亚、拉克劳等人。其中心思想是解构传统的马克思主义理论，特别是马克思主义的社会存在决定社会意识、生产力决定生产关系从而决定上层建筑等历史唯物主义原理，他们把马克思主义的这些理论都归结为本质主义与基础主义，看作是元叙事或宏大叙事而丢弃不用。但同时，他们却试图建构一种新的后现代马克思主义理论，他们承认差异的存在，引入了多元决定论，特别是重视文化的作用，认为文化是介于经济基础与上层建筑以外的因素，而大众文化更是目前资本主义全球化战略中的霸权方式，是晚期资本主义的文化形式，是目前文化帝国主义的新的扩张。

马克思主义在西方的发展大致经历了以下几个时期：第一个时期是早期的西方马克思主义，这个时期也可称作形成时期，其主要代表人物是卢卡契、葛兰西等人。这个时期的西方马克思主义是在第一次世界大战以后至20世纪50年代，当时俄国十月社会主义革命摄得胜利，东欧各国的社会主义革命却累遭失败，卢卡契等人不是从革命本身或从革命的社会基础寻找失败的原因，而是认为工人阶级的革命意识不足，企图重新理解马克思主义，特别是主张以黑格尔哲学观点来理解马克思主义。在这一时期，同时还出现了存在主义的马克思主义、分析的马克思主义、现象学的马克思主义、结构主义的马克思主义，等等。第二个时期则是法兰克福学派。法兰克福学派是在资本主义发展遇到了内在的矛盾性，革命学生起来反对资本主义制度的情况下形成的，它以法兰克福为中心，其主要代表人物是霍克海默、马尔库兹、哈贝马斯、阿道尔诺等人。他们强调批判理论的重要性，认为马克思早期的一些理论强调的是批判精神，如《黑格尔法哲学批判》、《哥达纲领批判》、《政治经济学批判》等等，但到后来马克思改变了自己的思路而转向科学性，批判理论追求的是人本主义的理想，而非马克思的共产主义理想。法兰克福学派还认为，当前的资本主义社会之所以存在许多弊端，是因为科学技术的发展所导致的，科学技术导致了人的异化，导致了人的片面化，使人成为了单面的人。他们还批判了大众文化，认为大众文化是同一化的、标准化、技术化、商品化的文化形式，是一种以追逐利润为目的的文化工业，是强迫性的文化。经济利益代替了审美价值，文化工业成了控制公共舆论的强大工具。第三个时期则是紧接着法兰克福学派后期思想的后现代马克思主义、后结构主义的马克思主义、后马克思主义等等，它们以美国、法国和英国为中心，以詹明信、伊格尔顿、波德里亚、拉克劳、莫菲等人为代表。其主要的思想是以后现代主义理论为基础，对晚期资本主义的文化形式——后现代主义大众文化进行了批判。

当然，对哪些人物是后现代马克思主义者我们还不是很清楚，特别是一些学者其早期信仰马克思主义，而后来则改弦易辙，投入到新的宗派。例如，丹尼尔·贝尔、李欧塔、波德里亚等人便是如此。所以，本书只选了四人，一个是詹明信，代表美国的后现代马克思主义者，不但是其关于资本主义的分期理论类似于马克思主义，而且其对当代后现代大众文化的批判也一样是马克思主义的。一个是伊格尔顿，他坚持用马克思主义的思想观点来批判大众文化和艺术，是英国“新左派”的一面旗帜。一个是哈维，他坚持后现代主义理论来批判当代资本主义社会。一个是波德里亚，把符号学理论与批判理论相结合，以消费社会为核心批判当代资本主义。当然这样的选择是有些问题的，后现代马克思主义决不只是他们几个，还应包括威廉斯、本雅明、拉克劳、瓜塔里甚至萨义德等。由于对这些人的思想脉络还没有把握清楚，而且这些人的思想本身并不是象有些人所说的那样明显表现出马克思主义的倾向，因此还有待继续研究。

一　晚期资本主义文化逻辑——詹明信的后现代马克思主义文化批判

正如在《文化转向》中佩里·安德森的评价那样，詹明信作为一个后现代马克思主义者，他的著作犹如夜晚天空中升起的镁光照明弹，照亮了后现代被遮蔽的风景，后现代的阴暗和朦胧霎时变成一片奇异和灿烂。詹明信是一个带有马克思主义倾向的后现代批判理论家。对许多中国读者而言，对詹明信也是不陌生的，“文化批评”的概念与他是分不开的。1985 年詹明信在北京大学讲学四个月，1986 年陕西师范大学出版社出版了由唐小兵翻译的詹明信在北大的讲演集《后现代主义与文化理论》。2004 年 6 月，70 岁高龄的詹明信再次访华，奔波于中国各地，在多所大学进行演讲，并同时被清华大学、郑州大学等几所高校聘为客座教授。这使其后现代主义理论的影响迅速波及中国各地。

不可否认，后现代主义的出现确实对马克思主义提出了严峻的挑战。后现代标举的反本质、反整体、反中心的观点与马克思主义的基本原则背道而驰，其深度模式的消失使马克思主义的历史意识和辩证法被大大削弱，后现代去差异化的特征也对马克思关于经济、政治的论断提出了质疑等等。对于传统马克思主义所面临的种种危机，作为新马克思主义批评的代表，詹明信自觉担负起维护马克思主义的重任，希望在后现代社会这个新的历史语境下重建马克思主义。詹明信公开表示，他对马克思主义始终抱着浓厚的兴趣。作为一名文化批评家，他坚持马克思主义的一个重要内容就是坚持文化的中心地位。文化一直是詹明信理论的主题。他运用马克思主义的方法，从经济基础决定政治、文化等上层建筑的观点出发，提出后现代主义是晚期资本主义的文化逻辑，指出后现代主义与以往时代相比，明显呈现一个文化的断裂。

应当说，詹明信后现代主义理论以及其对马克思主义的文化分析，已经形成了其独具特色的后现代主义的马克思主义思想。王逢振在为其论文集《快感：文化与政治》出版所作导读中指出，詹明信的成就主要表现在三大领域：叙事分析、意识形态分析和文化批判。

（一）马克思主义的意识形态阐释学

作为西方后现代主义的马克思主义的最重要代表性人物，詹明信首先是作为一个后现代的文艺批评家登场的。他的大众文化批判是从文学批评开始的，他最初的两部作品《马克思主义与形式》（1971）和《语言的牢笼》（1972），主要是以文学文本作为自己研究的基础。我们先介绍作为大众文化批判前奏的马克思主义的阐释学，詹明信的文学阐释理论处于其整个学术思想的转折点。叙事理论是其马克思主义阐释学在叙事文类研究上的拓展。叙事理论研究和意识形态批判都是大众文化批判的前奏。马良博士也认为，詹明信是通过把文本、意识形态和辩证法统一起来理解晚期资本主义的文化逻辑的。

众所周知，马克思把精力主要放在对社会政治经济批判问题的研究上，马克思前瞻性地看到了当时资本主义的发展给人类带来的重大影响，从哲学与政治的角度对资本主义进行剖析，强调在资本主义社会中人的本质的异化，因此，要使人的本质得到解放，就必须对资本主义持批判的态度。但是，正因为马克思本人所意识到的批判资本主义的历史使命，而使他没有专门对文学与文化进行批判研究（马克思曾做过许多关于意识形态方面的批判）。所以，詹明信声称：他所建立的新马克思主义阐释学，是在马克思主义经济最终决定因素的问题框架下，阐释文化和经济间接的、复杂的而非一对一的简单关系，我们对过去的阅读主要取决于我们对目前的经验，尤其取决于有时所称的消费者社会的结构特征（或晚期垄断资本主义或消费的资本主义或跨国资本主义的“非积累”阶段），以及现阶段资本主义发展中文化与经济一体化的趋势。

马克思在《〈政治经济学批判〉序言》中阐明了生产力与生产关系的关系、经济基础与上层建筑的辩证关系，乃至概括性地阐述了历史唯物主义的基本思想，以致每当人们论及历史唯物主义，就会引用《序言》中的这段经典性的文字。詹明信认为，“经济基础”和“上层建筑”是马克思主义理论中一对关键性的概念，经济基础是由一定发展阶段的生产力所决定的占统治地位的生产关系的总和，是该社会的经济结构，经济制度。一定社会的经济基础，不是一个社会现存的一切生产关系的总和，而是指该社会占统治地位的生产关系诸方面的总和。它不包括旧的生产关系的残余或新的生产关系的萌芽，因为占有统治地位的生产关系，才能直接规定一定社会上层建筑的性策和整个社会的性质，才能明确区分不同的社会形态。上层建筑是建立在一定的经济基础之上的各种制度、设施和意识形态的总和。上层建筑是一个复杂庞大的系统。文化由经济、政治所决定，是经济和政治的反映，在经济、政治和文化三者中，经济处于基础和中心的地位。但是，一些人把这一理论理解为简单的一对一的、机械的因果关系，误认为马克思主义只强调了经济的决定作用。但实质上马克思承认经济是“最终的”决定因素，但绝非是说经济是唯一原因。作为上层建筑的重要部分的意识形态，在马克思那里是个非常重要的概念，同样詹明信也从来没有忽视意识形态的重要性，下面我们先来看看意识形态的涵义已经詹明信从最开始的文学批评转向文化批判的内在因素。

詹明信认为，马克思主义是一个根据特定历史环境发展的开放性体系。在詹明信看来，马克思主义并没有像一些资产阶级学者所说的那样已经过时，相反，马克思主义在每个时期都有其特定的意义。他认为，当今的马克思主义的任务就在于意识形态的批判。他把资本主义的发展区分为三个时期：即国家资本主义、垄断资本主义和晚期资本主义阶段，每一阶段都具有其相对应的文化形式。晚期资本主义或称为多国化的跨国资本主义，这一时期与前两个时期不同的是：文化工业的出现。而对于这种文化工业的批判，仍然必须借助于马克思主义的方法，必须从后现代主义的意识形态批判着手。所以，意识形态批判是新时期马克思主义发展的新形式。

詹明信有关意识形态的理论总是与其他的问题，尤其是与对文本文化的分析结合在一起，他对意识形态的研究几乎贯穿在他的所有著作之中。他对“二战”以来的马克思主义意识形态理论进行了归纳，总结了七种模式：

（1）错误意识

意识形态的经典性表述，主要是意识形态（谬误）与科学对抗这一主题。一般认为，马克思意识形态理论中的“错误的意识”，或者说“虚假的意识”，是指与启蒙运动中的唯物主义相对立的意识形态，它们批判启蒙运动的理性思想。詹明信认为，这种理论与启蒙运动有着内在的一致性。启蒙运动意味着对旧世界的猛烈抨击与批判。对启蒙运动家而言，旧世界首先就是宗教和教会的统治，因此，他们批判的矛头首先就指向了宗教理论本身。在他们看来，宗教的教条就是一种错误的意识形态，是“谬误”、“迷信”。然而，在詹明信看来，启蒙思想也同样是一种错误意识。启蒙运动突出了个人主体性，强调个人理性的地位和力量，并试图运用理性来揭示宗教的神秘本质，批判宗教的虚假与谬误。马克思主义认为，所谓的“错误的意识”实际上就是否定科学与理性的“唯心主义”、“形而上学”。特别是19世纪的错误意识，是与启蒙运动中的唯物主义相对立的错误意识，这种意识认为18世纪启蒙运动只注意到了理性的作用，而没有注意到非理性、无意识的力量。詹明信认为，对启蒙思想持批评态度的不光是唯物主义，而且还有那些类似阿尔都塞之流，他们“在很大程度上仍然是一种认识论方面的意识形态模式，强调的是作为个人的认识者，个人认识者的知识或是谬误，强调扫除掉那些引起谬误的习惯之后，个人理性的突出地位。这种对意识形态的认识有两个根本的局限。首先，这种认识仍然局限于后来阿尔都塞所称的作为个人的主体的视角，而同时又必须面临一些远为辩证复杂的问题，而这些问题只有当我们开始觉察到思想、意识形态等等是以一种集体性方式作用的时候才会出现。其二，从政治角度来看，这种认识导致的是这样一个观念（在今天的某些自由主义运动中仍然有市场），那就是政治变革和进步只是一个理性的说服问题，……使人们忽视了那些更深一层的、无意识或非理性的力量，而正是这种无意识、非理性的力量驱使着大量的人群，这在19、20世纪暴露无遗。"① 错误意识和启蒙运动哲学家们的争论之间存在连续性，马克思关于"错误意识"的理论是相对于18世纪的理论的。

（2）领导权或阶级合法化

统治阶级的意识形态的任务是合法化和领导权，相对抗的意识形态向占领导权的意识形态挑战，揭穿并削弱它们，去除合法化的外衣，使其"非神秘化"。这种意识形态模式可以理解为两种对立，即"进步的"与"反动的"，或"积极的"与"消极的"。具体而言，从马克思主义关于阶级斗争的学说来看，"错误意识"的模式本质上正体现了资产阶级的局限性。实际上，意识形态的虚假或真实并没有什么决定性的意义，真正有意义的是意识形态在阶级斗争中的功能、作用及有效性的问题，即意识形态的领导权和合法化问题。詹明信认为，合法化和领导权这两个术语分别来自哈贝马斯与葛兰西，它们在本质上代表了统治阶级意识形态的基本任务，这就是说，除了在危机和动乱中运用暴力之外，统治阶级还必须借助意识形态来维护自身的统治，统治阶级的意识形态的基本功能就是掌握意识形态的领导权，使该阶级的统治地位获得合法化；与此同时，与之相对抗的意识形态就会向这种领导权和合法化提出挑战，并力图揭穿、削弱、消解统治阶级的意识形态。

（3）物化理论

在《资本论》中，马克思提到了物化和商品拜物教的概念。劳动产品一旦作为商品来生产，就带上拜物教性质，因此，拜物

① F. 詹明信：《后现代主义与文化理论》，第258—259页。

教是同商品生产分不开的。在资本主义时代，人们以信仰这种物化现象为特征，人们专注于商品的获取与消费，人与人的关系变为了物与物的关系，社会生活的真实关系被隐藏了起来，只能通过批判才能间接地被揭示出来。卢卡契更注重这一过程对人的主观精神的作用，即主观精神在文化思想上产生的效果。物化造成主体的零散化，这一模式是没有主体的过程，都是资本运作的规律，对意识形态的抵制没有了明确的对象。对此，卢卡契的设想是“全面而系统的变革”，想象资本及其作用的消亡和新的社会体系；卢卡契用韦伯的合理化概念，认为我们可以把物化概念理解为更广泛意义上的社会化过程，即在理性化基础上，新兴的资产阶级运用理性对世界的一切进行了重新组织。人类精神本身越来越从属于外在的劳动，那些抽象的理论则越来越被挤到了边缘。按照詹明信的意见，我们现在不是应当从理性中去寻找意识形态，而是应该把现代社会理解为是合理化、商品化和工具化等这些准规范的东西对日常生活进行重新全面而又系统的组织。这种组织不是人为的，是无主体性的、规律性的表现。此外，马尔库塞的设想是游戏的或审美的抵制。马尔库塞认为，对合理化、物化、工具化的意识形态我们已经无法抵制，因为它是无主体性的。我们所能抵制的动力只能来自于游戏精神，只有审美领域本身才能对合理化—物化进行抵制。由此詹明信认为，卢卡契的认识模式是一次的“量的飞跃”，它引发了一系列新的成熟的意识形态理论，其理论的复杂程度足够给人们提供分析的工具。

（4）日常生活的意识形态

现代社会的发展使我们对过去所有的错误思想进行重新定义，精神的作用在过去比我们分析的要复杂得多。然而，在当代我们还会发现语言符号不仅是我们思维的外壳，而且更是影响我们思维的重要因素，电脑正体现了这种新型的信息—语言—交流技术。而随着这两个方面的改变，社会自身也发生了改变，媒介社会出现了消费社会，意味着社会生活被形象、信息、广告词和广泛的文化形式所充斥。正是在此意义上，马克思原先的经济基础与上层建筑的划分法已经为人们所不满意。因为对于文化，我们得重新考虑。詹明信认为，为了考虑文化在当代社会中的作用，我们必须从四个模式来重新对意识形态进行结构化理解。而此四种模式的第一种便是日常生活的意识形态。

以往的研究并没有将日常生活理解为异化的对象，没有把我们对日常生活的体验看作是现实的意识形态形式。但是，法兰克福学派提出了"文化工业"的理论。文化本来是不受商品化的影响，而保持着其本身的自由。但是，在法兰克福学派看来，在"我们的时代"，文化的领域恰恰已经渗透了商品化的进程，这意味着，不论是在内容上，还是在形式上，商品化都抽去了文化的否定性和革命性力量；文化最终被纳入到了日常的商品消费之中而沦为意识形态的俘虏。文化的否定性、批判性的特征已经被削弱了，商品形式已经渗透到文化领域。文化可能成为了消费社会的新的"支配因素"，发挥着越来越大的作用。

(5) 意识形态国家机器

"意识形态的国家机器"是阿尔都塞在他的《意识形态与国家》这篇论文中提出的一个新概念，在阿尔都塞看来，一些非政治性的机构，比如家庭、教育、宗教尽管不是严格意义上的国家机构，但事实上，它们都是意识形态的国家机器。詹明信认为这种模式，描述了个体与意识形态、个体与意识形态的机构之间的关系，描述了个体精神状态与普遍的社会制度之间的内在联系，因此弥补了意识形态理论在这一方面的空白。而且，这种模式还促进了文化领域内极有影响的研究，尤其是，阿尔都塞的理论还被用于电影批判、广告分析等领域。

（6）支配权的意识形态

关于权力意识形态来源于黑格尔的《精神现象学》，来源于黑格尔对“主人与奴隶”关系的分析。马克思主要是从经济的角度论述了奴隶如何通过以物质为基础的生产劳动而获得解放。萨特以“目光”为中介，论述了两个阶级之间争夺支配权的斗争，每个阶级通过自己的目光将其他阶级的外在的东西主观化，其他阶级也一样，人们正是通过他人的目光来认识自己、审视自己，对照他人，把经验到的东西变成阶级意识的东西，来界定自己。这种模式的另一个典型代表是福柯的理论，在福柯看来，疯癫的概念来自理性的需要，即理性需要用一个被排斥的对象未一肯定自身的中心地位。詹明信称福柯的理论是一种“结构性排斥的理论”，有关支配权的意识形态模式。詹明信认为，这是“新马克思主义思想家”对马克思思想的重新定义。

（7）语言上的异化

詹明信指出，我们可以在马尔库塞的《单面的人》中看到这种理论。其中，马尔库塞指出，传媒和公共圈层使用的是单向度的语言，这种语言在功能上显然是抑制性和意识形态性的。另外，哈贝马斯强调语言上的异化，主体的意识与现实的关系被语言与现实的关系代替了，意识的发生与存在均受制于语言，他认为既没有一种不依赖于语言而存在的对象，也不存在一种先于语言的先验意识和主体。

詹明信通过对西方马克思主义理论家意识形态内涵进行阐释，对他们的理论加以批判地继承和吸收，从而建构了自己独特的意识形态观，认为今天意识形态所起的合法化与支配作用也越来越深入到了文化的领域。詹明信通过对意识形态的分析认为，马克思主义对现实社会的批判功能是始终存在的，这是马克思主义生命力之所在。

作为新马克思主义的代表，詹明信并没有把马克思主义看成一种固定的体系，而是把它作为有待于进一步探讨和发展的领域。詹明信深刻认识到，当今的现实不同于马克思那个时代的现实，也不同于20世纪30年代，甚至不同于20世纪60年代，马克思那个时代是一个社会冲突更尖锐也更加一目了然的世界，不论是单个民族国家内部还是在国际舞台上，都投射出各个阶级相互对立的一种明确的模式。而在今天这个消费社会中，尽管国家之间、阶级之间仍存在差异，但由于跨国资本的发展，媒体的幻化，由此带来了阶级结构的进一步隐匿，用现在流行的术语说，人们似乎居住在一个由人工刺激和电视传播的经验所构成的梦幻世界里。这正是今天的马克思主义面临的新问题。詹明信一方面坚持马克思主义的基本原则，同时又力图结合变化了的形势对马克思主义作出新的解释。他主张马克思主义理论的优先性，提出了一种创新的马克思主义元叙述，认为这种元叙述是变革整个社会制度的前提；同时又吸收和融合了20世纪西方马克思主义和其他批评流派的理论，包括萨特、卢卡契、阿尔都塞、阿多诺、拉康、德里达、利奥塔、波德里亚等人的观点。他希望创造一种能够很好地阐释现实存在的马克思主义批评。当然，詹明信的新马克思主义批评的主导符码不是经典马克思主义所强调的经济和阶级斗争，也不是技术论或主体论，而是“生产方式”。他认为，生产方式是马克思主义理论中最有生命力的领域，将生产方式作为文化变化的最根本的原因来解释当今社会所形成的理论，即是“马克思主义的阐释学”。

詹明信从“马克思主义阐释学”出发，反对所谓“纯文学”批评，而是走向大众文化的批评。他认为马克思主义阐释学应该坚持唯物主义的历史观，应该对文学文本产生的社会历史环境连同其形式和内容以及上层建筑同经济基础之间关系作出深刻的分析。同时，在马克思主义的问题框架下谈文学问题，就必定会涉及意识形态文学的关系问题。

其实，在詹明信之前，只是还不系统。葛兰西的文化霸权主义思想、本雅明的文化生产理论、阿多诺对大众文化的批判等等，已经形成了西方马克思主义独具特色的文化批判理论。詹明信认为，任何经济的或政治的行动方式无不和文化纠缠在一起。到了80年代，后工业社会更为显著的特征就是“文化的扩张’。在后工业社会里，后现代主义文化已经是无所不包了，文化已经完全大众化了，以前所谓的纯文学，不仅遭到了巨大的冲击，文学与非文学的界限被拉平，经典文本的神圣光环被削弱；而且文学越来越受到视觉图像的排挤，面临着“终结”。

马克思的意识形态理论是建立在资本主义社会里把劳动商品化基础上的，因为在这里把劳动商品化是人类历史上的第一次。而大众文化的意识形态理论则是建立在大众文化商品化基础上的，在这里文化被广泛地商品化为物质的东西，文化商品化也是人类社会历史上的第一次，这是一种新的生产方式。后现代主义的马克思主义正是以批判这样一种新生产方式为主要目的的，它是新时期马克思主义发展过程中的一个变种。

（二）后马克思主义的文化方法论与后现代主义理论

詹明信的后现代文化批评倡导总体性研究，因为后现代文化不再是一种孤立的美学现象，它不仅涉及到20世纪资本主义的文化生产，而且涉及到文化与经济生产之间的复杂关联，涉及到当代资本主义的意识形态的建构和新的结构性压迫的形成，涉及到跨国资本主义时期民族之间的关系。在詹明信那里，文化批判成为人们对自己生活其中的当代社会进行反省和思索的一个批判性的认识活动。

詹明信说道："我们必须从方法论的角度来观察文化究竟在起什么作用。"[①] 他认为，马克思研究的是生产方式的变迁，通过生产方式来区分社会的各个不同阶段。德勒兹则是通过符码化——超符码化——解符码化（再符码化）来理解社会的多个不同阶段。而后现代主义的马克思主义则是通过对大众文化的批判来进一步弥补马克思在理解生产方式方面的不足。

詹明信把文化看作是介于基础和上层建筑之间的新的生活方式。他说："如果真有上层建筑和经济基础这种区别？为什么会存在文化？也就是为什么社会需要上层建筑？为什么一个社会表面上总是围绕着上层建筑或文化来组织的？"[②] 在当代，由于大众文化的商品化，文化成了一种经济体，同时对大众本身又是含有价值观的，它既是社会生产的一个重要组成部分，同时也是一种意识形态。"在过去的时代，人们的思想、哲学观点也许是很重要，但在今天的商品消费时代里，只要你需要消费，那么你有什么样的意识形态都无关宏旨了。我们现在已经没有旧式的意识形态，只有商品消费，而商品消费同时就是其自身的意识形态。"[③] 大众文化是我们今天理解新时期社会的一个重要基础。过去的社会里是宗教占居统治地位，宗教包括了文化，社会是以一种经济以外的方式来组织的，而进入资本主义社会以来，一切都和经济相关，都受经济的制约。特别是当今社会里，文化已经成为经济生产的新方式。"文化的威力，在整个社会范畴里以惊人的幅度扩张起来。而文化的威力，可使社会生活里的一切活动都充满了文化意义（从价值到

---

① F. 詹明信：《后现代主义与文化理论》，第15页。

② 同上。

③ 同上书，第29页。

国家权力，从社会实践到心理结构)。"① "文化是当今资本主义的工具。"② 资本主义发展的最新阶段正是高度大众消费与文化消费的时代，抓住大众文化这一核心便可了解资本主义的当代发展。丹尼尔·贝尔说道："资本主义是一种经济—文化复合系统。经济上它建立于财产私有制和商品生产基础上，文化上它也遵照交换法则进行买卖，致使文化商品化渗透到整个社会。"③

所以，詹明信把文化作为一种理解当代资本主义的方法，透过当代大众文化，我们可见资本主义在当今全球性发展的第三次扩张。詹明信说："这种文化产品的意识形态是彰明显著的，要论证其真确性的一面必须依赖一个基本假设：我们所称的后现代（或称跨国性）的空间绝不是一种意识形态或者文化幻象，而是有确切的历史（以及社会经济）现实根据的——它是资本主义全球性发展史上的第三次大规模扩张（在此以前，资本主义曾有过两次全球性扩张，第一次促进国家市场的建立，而第二次则导致旧有帝国主义系统的形式；这两个各有其文化特殊性，也曾各自衍生出符合其运作规律的空间结构)。"④

詹明信的后现代主义理论是建立在对后现代文化与美学的理解基础上的。他认为，后现代主义是现代主义自身的又一个阶段而已，后现代主义的特征在现代主义都可以找到其成熟的身影。现代主义的那些极其肮脏的东西在后现代主义文化形式中已经得到尽情的表现，并且被人们看作日常的模式，这是因为后现代主

① F. 詹明信：《晚期资本主义的文化逻辑》，张旭东等译，北京三联书店 1997 年版，第 504 页。

② 汤林森：《文化帝国主义》，冯建三译，上海人民出版社 1999 年版，第 240 页。

③ 丹尼尔·贝尔：《资本主义文化矛盾》，赵一凡等译，北京三联书店 1989 年版，第 60 页。

④ F. 詹明信：《晚期资本主义的文化逻辑》，第 506—507 页。

义文化是以商品化的形式出现的。“同样必须强调，其进攻性特征——从晦涩、赤裸裸的性题材到肮脏心理和社会、政治挑衅的公开表达，这些都超过了人们在高级现代主义最极端的例子中所想象的——不再令任何人感到可耻，人们不仅带着极大的自满在看待它们，而且它们自身已经成为制度化的东西，并与西方社会的官方文化相一致。”[①] 之所以如此，是因为现今的文化普遍地被整合到商品生产中。而这一特征正是当今所谓晚期资本主义的经济本性所致，也是文化本身在当代的发展特性所致。

一般认为，詹明信对后现代主义的关注始于上个世纪80年代初，他对后现代主义的首次比较详尽的分析是在《后现代主义和消费社会》一书中，而他的全面思考则体现在《晚期资本主义的文化逻辑》中。众所周知，詹明信将文学时代划分为现实主义、现代主义和后现代主义，同时他所关注的三种文学表现形式所反映的不仅仅是某一阶段的文学问题，也是某一阶段的文化风格，代表某一个阶段的文化逻辑。

可以从两个方面来阐述詹明信的后现代主义。

学界一般认为，詹明信的后现代主义主要是继承了恩内斯特·曼德尔（Ernest Mandel）在《晚期资本主义》中关于资本主义发展三阶段论的观点。认为资本主义有三个发展阶段，一是市场资本主义，也就是古典时期，马克思《资本论》中描写的基本就是这个时期；二是列宁提出的垄断资本主义，也称为帝国主义；三是“二战”以后，出现了多国化的资本主义，当然关于第三个阶段有各种不同的称呼：晚期资本主义、跨国资本主义、后工业化社会、消费社会等。每一个阶段都标志着对前一个阶段的辩证发展。对应于三个阶段的文化逻辑分别是现实主义、

① 王岳川：《后现代主义文化与美学》，第77页。

现代主义和后现代主义。他认为，后现代主义的出现与晚期的、消费的或跨国的资本主义这个新动向息息相关。在晚期资本主义阶段，资本的扩张和渗透是无形的，但对于文化的变化人们却可以经验到。西方有些学者认为社会发生了根本性的转型，资本主义的第三个阶段是以科学技术和信息为基础的，旧有意义上的阶级已经不存在了，意识形态的斗争也消失了，因此马克思主义也不适用了，新的多国化的资本主义不再是经典的资本主义。马克思认为，真正的社会主义运动只有在全球的劳动力都转化为商品时才会出现，而晚期资本主义恰是这种情况，所以詹明信接受曼德尔的观点，认为第三阶段的资本主义是比以前任何一个阶段都更加纯粹的资本主义形式。三种不同的文化逻辑确实反映了一种新的心理结构，标志着人的意向性质的改变，但是这只是局部的，而不是社会的彻底转变。当然，值得注意的是，从共时性来看，后现代主义也只是晚期资本主义的文化逻辑，它是一种主导当代的文化形式，而不是当代唯一的文化形式。除了主导性的文化，后现代社会亦呈现出多样化的文化景观。不过詹明信并不觉得今天所有的文化生产都可以用“后现代”这个广泛的概念来概括，而是认为只有透过“主导文化”才能更全面地了解这个时期的总体文化特质，把非主导的、从属的、有异于主流的文化面貌聚合起来，在一个兼容并收的架构内讨论问题。

正如他《现实主义、现代主义、后现代主义》一文的标题所示，他的后现代主义也是基于对现实主义、现代主义的思考提出来的。詹明信指出，谈后现代主义，首先要同意一个假设，即在 20 世纪 50 年代末期到 60 年代初期，我们的文化发生了剧变，这种剧变就是新的文化形式和过去的文化出现了彻底“决裂”。也就是说，后现代主义的产生是建立在现代主义的基础之上的，后现代主义是对现代主义的刻意反动。詹明信以德勒兹和瓜塔里的《反俄狄浦斯》一书为例，将现实主义、现代主义、后现代主义辩证地联系起来，他认为：现实主义是“规范解体”的时代，也就是摧毁一切神圣的残余，把世界从错误和迷信中拯救出来；现代主义是“规范重建”的时代，规范解体后人们已无法返回到过去的整体社会体制中，但是却越来越无法忍受生活在一个不断向外延伸的灰色世界里，于是，开始寻求新的、补偿的途径，力图恢复那具有鲜明个人性质和主观色彩的领地；后现代主义的特点就是精神分裂症患者要求回归到原始时代的理想。詹明信说道：“德勒兹和瓜塔里把这些人称作患精神分裂的人、‘欲望的真正英雄’、反叛一切社会形态的极端分子、否定一切的人。他们确实是我们这个时代的尼采式的超人。你们会感到，这正是本世纪60年代人们对事物的看法；我倾向于认为，《反俄狄浦斯》在某种程度上最确切的，最全面地表述了那个时代已经消逝的时期。但是，我不想在这里继续探讨这一观点，只是想扼要地说明这种新的神话在我的分期理论中所起的作用。”① 他说，可以用他自己的话说，规范解体的时代是现实主义，规范重建的时代是现代主义，而患精神分裂症要求回归到原始流时代的理想则是后现代主义，这是詹明信按照文学理解的方法所提出来的，这样做的目的是想把分期纳入到完全不同的语言体系中，即索绪尔的语言学的符号能指和所指的体系中，使这些分期成为有意义的语言行为。他认为，语言是变化的，每个时代的语言表明不同的行为，前资本主义的各个时代中语言具有一种完全不同的结构和作用。而后来出现了一个新的观念和经验的时代，一个向外在世界不断延伸的时期，符号发生了变化，至少使人类规划与神话发生了分离。而一个开创的时代即当代，即是符号能指、所

① F. 詹明信：《晚期资本主义的文化逻辑》，第282页。

指和指示（referent 或译“参符”）三者形成的时代，“这个时代投射出一个存在于符号和语言之外的，存在于它本身之外的参照物的外在客体世界”①。这样三个阶段的划分对于詹明信来说，具有特别重要的意义，“我要强调说明，这个极端的抽象的模式对我来说很有价值，它包含着相当具体的文学内容和文化内容”②。后现代主义与现代主义相比较，它是一种更为国际化的语言，现实主义的叙述性作品把解决金钱与市场体系消失带来的矛盾和困境作为最基本的经验；现代主义的叙述性作品把关于时间的新的历史经验作为主题；而后现代主义在一个困境与矛盾都消失的情况下提出了新的问题，即关于空间的问题。

作为晚期马克思主义的杰出代表。詹明信立足于马克思对早期资本主义的分析，从资本生产和再生产的角度准确地对后现代主义进行了分析和判断，换句话说，后现代主义是分化分期思考的结果，在他那里，后现代主义是一个特定的文化范畴，并在此基础上探讨后现代主义的特征、作为后现代主义的形式的大众文化的特点。“后现代主义是当代多民族的资本主义的逻辑和活力偏离中心在文化上的一个投影。”③

詹明信认为，后现代主义主要是表现为后现代文化，因为文化在当今社会中是主导的方面。在詹明信看来，只有通过当今的文化才能理解现代主义与后现代主义的区别，才能对其差别进行评估。我们必须重视后现代主义的文化规范，并尝试去分析及了解其价值系统的生产与再生产过程，我们才能正确地理解后现代主义和当代社会。

---

① F. 詹明信：《晚期资本主义的文化逻辑》，第 284 页。

② 同上书，第 287 页。

③ 同上书，第 292 页。

（三）后现代大众文化批判

大众文化批判是詹明信后现代马克思主义理论体系中最重要、最核心的部分，要想把握詹明信的思想，最主要的是考察其大众文化批判理论。

作为马克思主义的创始人，马克思一直把资本主义当作其理论研究的核心。通过长期艰苦的理论工作与实践活动，马克思对资本主义做出了极为深刻的剖析。马克思发现，资本主义内在的基本矛盾表现为生产的社会化与资本主义私人占有之间的矛盾，这种矛盾在社会经济领域中主要表现为个别企业生产有组织和整个社会生产的无政府状态的矛盾，反映在政治领域，这种不可调和的矛盾又表现为资产阶级和无产阶级两大对抗阶级之间的阶级矛盾。

詹明信坚持运用马克思主义观点来阐释后现代主义。认为后现代是大众文化为主导的时代，大众文化体现了晚期资本主义的文化逻辑，是资本在文化领域的全面渗透，是对以往以现代主义为代表的精英文化的颠覆。大众文化是指一种在现代工业社会背景下产生的与市场经济发展相适应的市民文化，是以都市大众为消费对象和主体的、通过现代传媒传播、按照市场规律批量生产、集中满足人们的感性娱乐需求的文化形态。

1. 大众文化：后现代主义的形式

如果说后现代主义是晚期资本主义文化逻辑的话，那么大众文化就是这一文化逻辑的形式。詹明信认为，大众文化的理论——或大众视听文化，商业文化，通俗文化，文化工业，像它被多种多样地理解的那样——总是倾向于所谓精英文化来限定它的对象。在詹明信那里，高雅文化主要是指文学艺术之类的文化，也就是能给人美感、给人艺术享受的文化，类似于我们通常所说的精神文明。对大众文化詹明信没有给出具体的定义，但是他基本沿袭了法兰克福学派的"文化工业"概念。法兰克福学派把晚期资本主义时代的大众文化称为"文化工业"，指凭借现代科技手段大规模地进行复制和传播文化产品的娱乐工业体系，这种文化工业不是产生于大众本身，而是"特意为大众消费生产出来的"。因而是典型的商品文化。詹明信认为，后现代主义的典型特征是吸收所有高雅或低俗的艺术形式，抛弃一切外在于商品文化的东西，文化逐渐商业化、生活化，高雅文化面临几乎消失的危险，大众文化以其强劲的势头对高雅文化进行殖民和渗透。

詹明信认为，在现代主义的巅峰时期，高雅文化与大众文化，也就是商业文化分别属于两个截然不同的美感经验范畴，文化还被理解为听高雅的音乐，欣赏绘画或者看歌剧，文化仍然是逃避现实的一种方法。现代主义向来是维护高雅或精英文化领域的，并以此来对抗庸俗、质次和媚俗、电视连续剧和《读者文摘》文化的周遭环境。而在后现代主义那里却把两者的界限彻底取消了，文化已经完全大众化了，商品化锈蚀了文化，艺术作品正在成为商品，美感的生产已经完全被吸纳在商品生产的总体过程中。后现代主义文化宣称，我们不承认什么乌托邦性质，我们追求的是大众化，而不是高雅，我们的目标是给人愉悦。因此，后现代主义在表达方式上艰深晦涩、在性欲描写上夸张渲染，在心理刻画上肮脏鄙俗、以至于在发泄对社会、对政治的不满时明目张胆、单刀直入。完全是对现代主义极力维护的"精英文化在上，大众文化在下"、"精英高于大众"的文化价值的反叛和否定。

后现代主义在瓦解精英文化和大众文化界限时形成一个聚合不同力量的文化中枢——大众文化。这就是后现代主义作为一种反基础、反中心、反权威哲学思潮，反抗二元（原因和结果、本质和现象、内容和形式、能指和所指等）对立的反映。

詹明信认为，文化研究应联系马克思主义生产方式的理论。“为了研究某一种文化，我们必须具有一种超越了这种文化本身的观点，即为了解资本主义文化，我们研究了解另外一些来自完全不同的生产方式的文化。也就是说要彻底了解资本主义文化，就得超越时间，回头从人类学的角度来考察资本主义生产方式和这种生产方式带来的文化。”① 詹明信正是以马克思主义生产方式理论为前提构建了大众文化理论，当然他所认识的马克思主义生产方式理论不是“经济决定论”，而是作为一个整体的经济基础与上层建筑的辩证关系。

相对于早期以法兰克福学派为代表的大众文化批判理论来说，詹明信等后现代理论家对大众文化的批判也标志着大众文化批判理论的后现代转向。

2. “雅”、“俗”界限的消弭：大众文化的特点

詹明信在《后现代主义或晚期资本主义的文化逻辑》一文中对后现代主义文化的特征作了如下描述：

第一，后现代文化给人以缺乏深度的全新感觉，到处都是经过无数次的复制而成的图像产品。第二，表现为无历史感，无论是历史人物还是艺术品，在当今的后现代文化里，都不断地被人们所遗忘，我们整个社会开始生存在一个永恒的当下和一个永恒的转变中，开始渐渐丧失保留它本身的过去的能力。第三，是一种精神分裂症式的艺术表现——后现代文化是一种病态文化，是一种歇斯底里的经验的比拼。第四，是一种高强度的情感方式，后现代文化借助色情与性行为，把原先人们不

---

① F. 詹明信：《后现代主义与文化理论》，唐小兵译，北京大学出版社 1997 年版，第 13 页。

想暴露给他人的东西一露无遗地展现给他人。第五，后现代主义是一种怀旧模式，后现代文化由于展现性与暴力，宣扬原始状态的存在方式，因此仿佛是原始状态的复归，是一种回到古代的艺术形式。第六，批评距离的消失，在后现代主义的表现手法中，现实与物本身都已经被遗忘，人们想要表现的不是现实的物，而是从文化本身内在地创作出艺术作品，现实已经不复存在。正是由于现实这一原先艺术品的摹本不存在了，所以艺术批评的参照对象也就不复存在了，也就失去了艺术批评的距离。第七，它是一种依赖现代全新科技的现象，由于后现代文化是一种文化工业，它是借助技术手段进行规模生产的。如果展开来叙述其特点，那么就表现为：

第一，商业化。

詹明信认为经济的文化化和文化的经济化常常被认为是如今众所周知的后现代文化的特征之一。现代主义的高雅文化对商业持一种有意的抵制态度，现代主义认为，文化是一种高于世俗物质生活的精神活动，倡导灵魂的纯洁和艺术的神圣，不被物欲浸染，它拒绝把文化作为一种商品，在 19 世纪，文化还被理解为只是听高雅音乐、欣赏绘画或是看歌剧，文化仍然是隐含着逃避现实的一种方法。现代主义的文化艺术遵循美学自身的标准，艺术是一个超越商业化的精神价值领域。

而到了后现代阶段，文化已经完全大众化了，商品化进入文化，意味着艺术作品正成为商品。在后现代主义中，商品化的形式在文化、艺术、无意识等等领域无所不在。而后现代文化纯粹为商业而制作，艺术由自律变为他律，伴随形象生产，吸收所有高雅或是低俗的艺术形式，抛弃一切外在于商业化的东西。形象就是商品，后现代社会是一个完全商品化的社会。商品经济的发展、扩张，彻底打破了文化（主要是高雅文化）与商品的界限。

商品已进入一切领域，并产生出遵循商品逻辑的新的文化工业。在新的文化工业中，文化彻底商品化了。后现代已具有文化消融于经济和经济消融于文化的特征，因此，商品生产现在是一种文化现象。在商品生产和销售的意义上，经济变成了一个文化问题。詹明信进一步指出，消费文化的出现，消解了精英文化与大众文化的界限。商品的供求关系又促使文化生产不断变换形式，导致了文学、艺术、建筑、影视等领域内五花八门的有别于现代主义的表现形式。

第二，深度感的消失。

后现代文化产品是一种拼凑，一种模仿。很显然，后现代文化削弱了现代主义文化所反映的事物的本质，形而上的抽象，而过渡到了拼贴与摹仿。其作品均是一种平面化的图像，我们无需透过图像来观其本质，即透过图像进行审视其美的本质。所以，深度消失又称“平面感”，这是大众文化的首要特征。詹明信认为，一种崭新的平面而无深度的感觉，正是后现代文化的第一个、也是最明显的特征。我们可以从三个角度理解“无深度感”：空间深度、时间深度和阐释深度。具体来讲，空间深度主要是指一种视觉深度的消失，时间深度主要是指一种历史深度的消失、阐释深度则主要指深度的解释模式的消失。

首先是空间深度的消失。詹明信以现代主义的代表作品梵高的《农民的鞋》和后现代主义的代表作品华荷的《钻石粉尘鞋》为例说明了这一点。梵高笔下农民那双鞋，使人们想到农民的苦难生活和艰辛劳动的情景，梵高“把贫农的客观现实着意地、甚至粗暴地转换成为彩色缤纷、质感丰富的纯油画世界”，“艺术家以创作为终极的补偿方法，用意开拓艺术的乌托邦领域……奢望艺术能为我们救赎那旧有的四散分离的感官世界。”[①] 这样，梵高通过画笔，揭示生活的苦难，寄托一种乌托邦的愿望。而华荷的《钻石粉尘鞋》却是一堆只有黑白颜色的死物，只看出是大工业生产下的相同的鞋子，“我们无法为华荷笔下的鞋完成任何阐释活动，我们无法为那些遍布眼前的零碎的物件重新缔造出一个完整的世界——一个从前曾经让它们活过、滋育过它们的生活境况”[②]。在《钻石粉尘鞋》“最浮面的金光尘埃之中，我们只见到一种无端的轻狂和浅薄，一种无故的装演和修饰”[③]。

其次是时间深度的消失，也叫“无历史感”。空间化是我们理解后现代主义的一把钥匙，正如时间化是我们理解现代主义的关键术语一样。詹明信把后现代时间物质看作一种“精神分裂症”或“示意链的崩溃”。精神分裂就是一种纯粹的物质的能指体验，即时间中的“非连续性”的“断裂感”体验。后现代主义的“精神分裂理论”只有纯粹的、孤立的现在，过去和未来的时间观念已经失踪了，只剩下永久的现在或纯的现在和纯的指符的连续。后现代的时间，在詹明信看来，成了永远的现在，因此又是空间性的，除了一系列永恒的当下，什么也没有。

再次是阐释深度的消失。詹明信认为后现代主义文化拒绝对其文化本身的阐释，一切文化作品都无需解释。文化的意义就是文化产品的属性，没有潜藏在语言文化背后的深层寓意。这说明后现代主义的作品，已经没有了思想，更没有深度可言。詹明信认为当代的理论论述特别是后结构主义的出现正是以四种深度解释模式的消失为标志的。这四种深度解释模式分别是辩证法关于

---

① F. 詹明信：《晚期资本主义的文化逻辑》，第435页。
② 同上书，第438页。
③ 同上书，第442页。

现象与本质，精神分析关于明显与隐含，存在主义关于确实性与非确实性，符号学关于所指与能指的深度模式。

第三，主体的死亡、情感的消失。

主体是现代哲学的元话语，标志着人的中心地位和为万物立法的特权，在哲学中一直处于至高无上的地位，高雅文化也总是张扬主体的至高无上地位，作品总是努力表现主体自身独特的情感体验。因此，现代主义作品总是努力地表现主体自身的情感体验，为此形成了诸如焦虑、疏离等情感性概念。然而，在后现代主义中，詹明信认为，主体已被“零散化”，丧失了昔日的中心地位。在后现代主义社会中，自我解构、主体消失、人的精神被彻底零散化了。踏入后现代境况以后，主体的疏离和异化已经由主体的分裂和瓦解所取代。伟大的现代主义以个人、私人风格的创造为基础，它如同你的指纹一般不会雷同，或如同你的身体一般独一无二。丧失了风格，在现代主义中也就等于丧失了自我。而在后现代主义文化艺术中，人的主体性、自我、人格和风格走向了终结。

“自我”既然不存在了，所谓“情感”也就无所寄托了，“情感”自然也就不能存在了。除此之外，其他相关事物也随着情感的消逝而一一告终，今天一切的情感都是“非个人的”、是飘忽无主的。这样，在后现代主义作品中，情感都隐退消逝了。

第四，拼贴、复制。

大众文化不是一种纯创造性的文化，而是一种引用文化，一种“互文性”文化，玩弄的是一种文本的拼凑游戏。主要创作方法是拼贴、复制。

大众文化的基本创作手法是拼贴，拼贴不同于现代主义的别有用意的“戏仿”，“戏仿”对所模仿的原作有一种隐秘的感应，但已掺进了个人的理解和特征，好比一个伟大的滑稽演员应当有能力将自己带入所模仿的人物之中。而拼贴是一种机械的混合，一种空心的模仿。它采取中立的态度，在仿效原作时绝不多做价值的增删。拼贴之作绝不会像戏仿作品那样，在表面抄袭的背后隐藏着别的用心，它既欠缺讽刺原作的冲动，也无取笑他人的意向。不同于精英文化的个人独创性，这种特殊的拼贴手法并不属于高雅文化，而是大量存在于大众文化中，它通常被称为“怀旧电影”。拼贴是一种无情感的创作，玩弄的是对其他各种风格的随意堆砌，在这种随意的拼贴中实现一种虚假的创新，其内容是苍白无力的，不包含任何情感和寓意的，因而是无深度、无个性的。由于拼贴，高雅文化和通俗文化的界限也就模糊了。

除了拼贴，还有一种强大的推动力量就是复制，“复制”是后现代主义中最基本的主题。科技的发展使文化艺术作品可以被大量复制，只要我们愿意，就可以复制出无数完全相同的艺术品。并且复制作品与原作一样，这种情况致使艺术成为一种“类象”，“类象”是指那些没有原本的东西的摹本，原本与摹本真假难辨，艺术品也便失去“独一无二”的品格了。现代艺术复制品具有高仿真性，看不出人工制造的独特痕迹和个人风格的魅力，高科技含量的艺术制作使得艺术与现实极其相似甚至成为超现实，这种艺术带给人们一种幻觉，使之与现实混淆起来。如果一切都是类象，那么原本也只不过是类象之一，与众没有任何的不同。这样，幻觉与现实便混淆起来了，你根本就不会知道你究竟处于什么地位。在后现代曾经给人们带来美好理想的艺术作品的神秘色彩已消失，人们似乎失去了理想，也失去了现实，一切成为形象，成为文本，形象和文本将现实抽象化、符号化，大众生活于一个由传媒所构造的幻象社会中，照片、影视、视频网络，艺术与现实模糊了距离，人们只注重当下世界的感受，不再沉思遥远的事情。

詹明信的大众文化理论是他的后现代主义文化批判理论的一部分，其中贯穿着马克思主义的立场、观点和方法，反映了他对资本主义统治新特点的认识，有助于我们正确地认识西方马克思主义，认清资本主义的文化现状；他对大众文化的多维度的分析和批判，对于我们全面认识和分析大众文化有重要的指导作用。我们应该对他的理论进行深入广泛的研究，取其精华、去其糟粕，从而更好地为我国的中国特色社会主义文化建设服务。

詹明信提出的文化商品化、大众化是资本扩张的必然结果的思想，发展了马克思“一切劳动商品化”的思想，对大众文化性质、作用的分析也坚持了马克思主义的立场。他指出了大众文化的经济本性和资本统治功能，文化—经济一体化体现了资本主义统治的新特点，并进一步揭示了资本主义文化全球化的的新殖民主义本质和霸权本质。詹明信对资本主义一直持猛烈的批判态度，并致力于用马克思主义的方法分析其统治上的新特点，批判了资本主义制度给文化造成的异化及对人的心灵的压抑和摧残。但是，詹明信基于大众文化的批判是表面的。马克思对资本主义的批判是从经济角度出发的，在马克思那里，对资产阶级意识形态的批判和对资本主义经济的批判是有机地融合在一起的。马克思指出资本主义生产方式是人类经济发展的一个历史环节，它在人类物质生产中占有重要的地位，资本主义生产的秘密是剩余价值的生产。而詹明信却诉诸文化政治构想来反对当代资本主义，在整个世界范围内看不到无产阶级革命希望的年代，詹明信寄希望于大众文化，以期实现无产阶级的认知构图，形成全球性劳工组织，以之作为工人联合与斗争的砝码，期望通过文化政治、文化革命来最终实现政治革命。这种愿望实现起来是非常渺茫的！

文化反映制度并受制于制度和服务于制度。在资本主义经济北京背景下，资本扩张到了一切领域，金钱成为新的拜物教，以致必然使人们产生理想的缺失、意识形态无主导性的局面，产生得过且过、信仰迷茫的精神状况。大众文化导致了人文精神的消解、人文素质的滑坡、道德理想的沦丧以及人性新的异化和变质。由于人们信仰缺失，精神无根，必然会产生反中心、反权威、无深度、无历史感的精神需求，流行无主体性、无情感、沉溺快感、放纵欲望的后现代大众文化。因此，在对待大众文化问题上我们应该采取辩证的态度，在肯定其合理性的基础上，剔除其糟粕，引导其沿着正确的方向发展。在建设中国特色大众文化的过程中，我们应结合我国的实际情况，正确处理好大众文化与精英文化的关系。即要充分发挥精英文化的主导作用，保障大众文化健康有序的发展，又要增强知识分子的责任感和使命感，实现大众文化与精英文化的有机整合。

二　伊格尔顿后现代马克思主义的“文化的观念”

伊格尔顿是从全球化和后现代主义的视角来洞察和剖析文化现象的。虽然他借用大量的现代主义文本来表达自己的观点，但作为西方马克思主义文化理论家，这种表达方式并没有削弱他对文化研究全球化所产生的重要影响。伊格尔顿的理论研究兴趣绝大部分集中在对20世纪西方文学的批判与解析，不过在这个过程中，他也遭遇了从结构主义、新历史主义到文化研究等各种话语大裂变，使得他不断重新审视文学理论背后所隐含的认识问题，并且还介入到结构主义、精神分析学、文本分析学、法兰克福学派和阿尔都塞学派的意识形态分析等不同范式论争中，并且逐步确立了自己的后现代马克思主义的文化观。

2000年，伊格尔顿出版的《文化的观念》具有标志性的意义。这本薄薄的小册子既反映了他的学术研究视域的扩大，也表明他对全球化所带来的问题的整体关注。随着文化研究全球化思潮的兴起，出现了很多理论研究和现实实践的双重问题，理论认识上不仅要突破原有的大众文化与精英文化简单二元对立的陈旧认识，更要注意到现实中各种文化价值与意义背后所隐含的政治、权力等问题与矛盾。

在此之前，他出版的《意识形态批判》（1976，*Criticism of Ideology*）、《瓦尔特·本雅明，或革命的批评》（1981，*Walter Benjamin or Towards a Revolutionary Criticism*）、《审美意识形态》（1990，*The Ideology of Aesthetic*）、《意识形态导论》（1991，*Ideology：An Introduction*）、《意识形态》（1994，Ideology）等一系列关于意识形态问题的研究，虽然也包含了文化研究范式，不过，更多的还是运用了哲学、社会学、美学、文学、政治学、符号学等多学科理论和视角来探讨意识形态问题，他旨在“批判晚期资本主义以及一切人类社会政治秩序的不合理，坚持人类的解放”[①]，并在此过程发扬完善马克思主义传统的意识形态观。因此，就意识形态问题研究来说，还很难说明他对整体文化研究的兴趣和关注。

当《文化的观念》出版以后，我们发现他在议论式的叙述中批判，在批判中提出自己的见解和观点，而且受雷蒙德·威廉斯的影响很深，并正式在整体层面介入后现代文化状况的批判性研究中。在新的历史时期下，伊格尔顿的文化批判理论具有新鲜血液的价值，对于当前处在徘徊迷茫中的文化研究来说，输入了大量的养分，具有重要激活意义。本文试图通过对伊格尔顿的文化理论的文本梳理，包括意识形态理论、后现代主义理论，但重

---

① 方珏：《伊格尔顿意识形态理论探要》（2006 年复旦大学博士论文），第 120 页。

点是文化理论，试图重构一个伊格尔顿式的文化批判体系，并在此过程中探寻新时期西方马克思主义的文化研究转向路径和对文化现象的新认识和新批判。

（一）对文化意义的重新认识:文化的辩证逻辑

伊格尔顿在《文化的观念》开篇的几段文字中就提出，从辩证的角度来看，文化观念意味着双重的拒绝，既表明它对有机决定论的拒绝，也表明对精神自主性的拒绝，这其实也就是伊格尔顿自己在研究文化过程中确立的立场。

作为英国文化研究的三个主要人物之一，雷蒙德·威廉斯在研究文化的过程中，着重于文化意义的变迁和区分各个时期所包含的内容，并且希望把它的意义和它们的来源和影响联系起来进行探讨。比如“文化原来意指心灵状态或习惯，或者意指知识与道德活动的群体，现在变成也指整个生活方式”①，这种演变具有怎样普遍的重要意义。伊格尔顿在这种文化研究的基础上，作了进一步的深化，他在一组与文化存在历史关联的概念中，有“物质、自然、规则、自我、教养、国家、文明、艺术、美学”等，寻找辩证理解文化深层内涵的多种路径，并且试图揭示在这种理解过程中所隐含的辩证逻辑。

伊格尔顿认为，从历史演变的角度看，文化从表示物质性的过程逐步演变为比喻性地指代精神生活的东西，这种转变包含着人类历史发展的内涵，表明人类社会经历了从崇尚物质到追求精神的转变，从农村存在走向城市存在，从农牧业向“毕加索”转变等等。在这一跨越的基础上，文化的内涵跟随着社会沿革变

---

① 雷蒙德·威廉斯：《文化与社会》，吴松江、张文定译，北京大学出版社1991年版，第21页。

得更加盘根错节，矛盾复杂。文化不仅使得基础与上层建筑在一个单一概念中得到同一（马克思主义的说法），而且它还编码了许多关键性的哲学问题，使得在一个词内“关于自由与决定论、主体性与持久性、变化与同一性、已知事物与创造物的问题得到了模糊的凸现”[①]。

从人类学的角度来看，文化的原始意义是指耕作。伊格尔顿认为，这意味着文化“既暗示着规范，又暗示着自然生长”[②]。作为规范，文化意味着我们人类具有改变世界的能力，但是这种改变并不是任意的、绝对自由的或唯意志的，而作为自然生长，文化又意味着其规范是受到一定的束缚，这种束缚来自于被改造之物的独立性。另外，伊格尔顿在剖析文化存在着两面性的问题上借用了精神分析学的思路，加入“自我”这一概念对文化进行分析。他认为，文化表明“我们从事培养和美化的那部分与我们内部构成这种美化之原料的无论什么东西之间的区分”[③]，它既指我们周围的世界，也指我们内部的世界。所以我们要认识到人类自我与自然在文化中是既区分又同一的，“我们之类似于自然，就在于我们像它一样有待于被拍打成形，可是我们之区别于自然，则在于我们可以单独地去做，从而将某种程度的自我反省带给世界，这种自我反省是自然的其余部分难以企及的”[④]。

从政治学的角度来看，“文化是一种道德教育学，它将会解放我们每个人身上潜在的理想或集体的自我，使得我们能够与政治公民的身份相称，这样的自我在国家的普遍范畴中得到最高表

① 特瑞·伊格尔顿：《文化的观念》，第3页。
② 同上书，第5页。
③ 同上书，第6页。
④ 同上书，第7页。

现”[①]。更进一步的说，“文化所做的是，从我们宗派主义的政治自我中蒸馏出我们共同的人性，从理性中赎回精神，从永恒中获取暂时性，从多样性中采集一致性。通过这种治疗，我们倔强、世俗的自我不是遭到了废除，而是被一种更为理想形式的人性从内部改善”[②]。所以，文化不是一个存在斗争的场域，而是一个理想的乌托邦，它表达共同的人性，并将人性提升到政治上所需要的公民特性为国家服务。当文化成为每一个人身上起作用的普遍的主体性时，其存在是矛盾的，它既存在对社会需要的对抗，也存在对社会需要的渴望，“如果它在某个层面上是对社会生活的批判，那么就会在另一个层面与之串通一气”[③]。伊格尔顿又提出，现时的情况是“政治利益通常主导着文化利益”[④]，当文化成为葛兰西所说的霸权机制时，会服从新型政治体制的需要，重塑人的自我，消解人性内部的传统思想与对抗意图。

从不同的角度来认识文化，其内涵有所不同，而结合社会变革来分析文化，会发现其中所隐含的逻辑和意义更加耐人寻味。对于文化的认识，除了要知道文化是什么，文化是如何出现的，更要知道各种意义的文化在出现的过程中存在哪些历史的关联和内在的逻辑性。伊格尔顿认为，威廉斯对所记录的文化的那些内在变化的内在逻辑缺乏足够的警觉。他在威廉斯所提出理论的基础上，重新追溯了文化在历史中的变化和发展，提出了这种变化所遵循的内在逻辑以及存在的危机。

他提出，文化大约在19世纪初叶开始，就遭遇了三种改变：

首先是从文明的同义词转变成了其反义词。这种改变源自于

① 特瑞·伊格尔顿：《文化的观念》，第8页。
② 同上书，第8—9页。
③ 同上书，第9页。
④ 同上书，第8页。

文明的堕落与异化，文明表现出对工业资产阶级的附和，却失去了对高尚生活和美好品质的颂扬与追求，甚至迎合帝国主义的声音，显示出了掠夺性和低劣的本质，所以针对“文明”作为一个价值观术语正变得越来越不可信这个事实，文化以批判的姿态站到了其对立面。由于文明成了资产阶级的专用词，而文化则既倾向于贵族的价值观，又表现出民粹主义特性，所以它的第一个转变又具有重要的派生意义，那就是文化批判是反资本主义的批判，或者说是作为一种乌托邦的批判。

其次，文化出现了“人民性的转向”[①] 和“提出对‘文化’这个术语进行复数化”[②]，其派生意义就是概念内涵在缩小，并对整体生活方式进行复述化。所谓“人民性的转向”表现在“文化指的不是关于普遍人性的某种宏大的、一贯的叙述，而是多样性的特定生活方式，每一种都有其自己独特的发展规律”[③]，这一认识源自于在帝国主义压迫下的反殖民主义运动所提出的观点，无论是原始野蛮人的生活，还是现代人的生活，都应该是有价值的，并不存在哪种文化优于另一种文化的现实。“概念的复数化”指文化的形态被拆解，并用形式去定义各种所谓的文化，从而出现文化的过多特殊化，使得文化一词被滥用。

第三种改变是文化逐渐专门用于艺术。这种转变可能对文化来说是一种自我毁灭性的，一方面“一旦文化开始意指学术和艺术这些只有少数人从事的活动，这种思想马上就得到强化并且枯竭”[④]，另一方面是文化虽然对工业资本主义进行批判，要求为公正呐喊，关注自己的局部利益以外的整体利益，但也关心统

---

① 特瑞·伊格尔顿：《文化的观念》，第 13 页。
② 同上书，第 14 页。
③ 同上书，第 13 页。
④ 同上书，第 18 页。

治者的利益。这种在政治上中立的立场使得文化反而被各种政治派别所利用，在批判资本主义的同时，文化对人的能力的整体性、均匀性和全面发展表示了肯定，但是“人的哪种才能应该得到实现，文化对此很是冷漠”[①]，也就是说，文化在价值选择的过程中因为支持所有的能力，所以这种支持变得无效或者可能会使得某种能力走向极端却不自知，“文化因此是政治的解毒剂”[②]，这样的文化表示，效忠就意味着没有开化。

伊格尔顿认为，这三种截然不同的转变，都是“以不同的方式对作为实际文明——作为人类自我发展的宏大叙事——的文化的失败做出的反应”[③]。因为文明越来越走向狭隘的为资产阶级所服务的价值判断，用辩证的观点去分析就是文明陷入了一种困境，即它在实现某些人类的潜能的行动中也压制了其他的潜能。伊格尔顿用文明的困境批判现代社会，也许与韦伯用资本主义理性的牢笼来批判现代资本主义有相似所指之处。不过，伊格尔顿认为，文化针对这一问题具有重要的意义。虽然文化转向了三种截然不同的形式，但它们是相互关联，不可分割的整体，尤其在潜在层面作用于失败的文明上发挥作用。无论是作为乌托邦理想的文化，还是作为生活方式的文化，抑或是作为艺术的文化，都烙有历史的痕迹，并且表现出对未来的美好期许，而这两个方面恰恰是针对当下社会的文明。所以，伊格尔顿又认为，当前的文化是一种媒介，在现代社会把前现代和后现代连接起来，它不属于现代或说不屈服于现代，这正是文化的意义所在。“文化不是某种含混的实现的理想，而是由历史所产生并在历史中起

---

① 特瑞·伊格尔顿：《文化的观念》，方杰译，南京大学出版社 2003 年版，第 19 页。

② 同上。

③ 同上书，第 22 页。

颠覆性作用的一系列潜能。”[①] 这种潜能在马克思看来，只有社会主义制度才能实现。但是，文化“是自然出现的，是在骨头中产生，而不是由大脑孕育的”[②]。不过，从文化对社会的作用来看，文化是柔韧性的，它可能坚韧地去对抗现代文明中的失败与恶俗，也可能软弱地被政治经济所利用，而成为辅助现代文明发展的工具。

伊格尔顿在分析文化过去、现在和未来发展的内在逻辑的过程中，又追寻了对文化研究的三条路径，一条是文化与自然的辨证关系问题，一条是文化内部的战争问题，一条是批判文化危机的问题。

（二）马克思主义批评：文化危机

关于文化危机的问题，詹明信、丹尼尔·贝尔等后现代主义理论家都提出过自己的看法。伊格尔顿所提出的“文化危机”理论的独特之处是从文化的概念切入，既提醒人们文化研究过程中所出现的文化精英主义的不足，也反对文化主义对当下文化发展的过于信任与支持，而导致过于理想化的毁灭。

大约在 1960 年代，英国著名诗人及批评家马修·阿诺德开创了现代西方对文化认识的传统，他认为，文化是知识，是心灵和精神的内在修养，文化是贵族式的又是民粹主义的。在伊格尔顿看来，这种传统文化对“物质性的矛盾冲突，如战争、阶级斗争、社会不公等”[③] 会起到一定的说服作用，因为文化是作为调和尘世纷争的一种更高的形式而存在的。但是资本主义发展到

---

① 特瑞·伊格尔顿：《文化的观念》，第 25 页。

② 同上书，第 31 页。

③ 特瑞·伊格尔顿：《历史中的政治、哲学、爱欲》，马海良译，中国社会科学出版社 1999 年版，第 189 页。

晚期，把传统文化的这种关于美好与光明的价值体系给瓦解了，它对每一个价值都提出了质疑，使熟悉的生活方式分崩消解。与此同时，资本主义社会却又难以承受文化革命所带来的焦虑感、怀旧感和灭绝感，渴求文化来抚慰自己，可是文化已经被削弱了这种能力。“工业资本主义尽管表现出合理化、世俗化的倾向，也难以不让自己形而上学的价值观丧失信用，因此破坏了世俗活动自身合法化所需要的基础本身。”①

消解了传统文化的内涵与意义，晚期资本主义社会就必须重新来解答这个问题，到底什么是文化？雷蒙德·威廉斯对文化内涵做了不同于传统的概括——“首先，文化指智慧、精神和美学的一个总的发展过程；其次，文化指某一特定的生活方式，无论它是一个民族的，还是一个时期的，或者是一个群体的；最后，文化可以指智慧、特别是艺术活动的成果和实践。”② 作为他的学生，伊格尔顿并不认同老师对文化的界定和理解，他甚至表示很大的质疑和担忧。

伊格尔顿认为，一般地说，一种普遍的文化总会遭到另一种具体的文化的排斥，这就是文化同一性与多样性之间的矛盾。这种矛盾的根源在于物质的力量，即争夺利益的那种力量。目前的世界文化正处于“一个在空洞的普遍性与狭窄的排他性、全球市场力量的无政府状态与反抗这些力量的地方差异的时尚之间挣扎的世界”③。他认为，我们用于全球性知识范围的一个关键术语就是想象，想象可以是一个怀疑的词，想象同时也以使你走进一种文化。“想象因此既具有一种混杂性又拥有一种状况变得多

---

① 特瑞·伊格尔顿：《文化的观念》，第46页。

② 约翰·斯道雷：《文化理论与通俗文化导论》，杨竹山等译，南京大学出版社2006年版，第2页。

③ 特瑞·伊格尔顿：《文化的观念》，第51页。

面性，前者使之成为某种超出一种稳定的身份之物，后者则是这种稳定的身份难以企及之物。”[①] 面对目前西方的文化扩张，即文化帝国主义，它的主要物质是不拥有独特的文化身份，而是一种统治，一种殖民的生活方式。因为做一个统治者不需要担心自己的身份，而是作为一种标准。伊格尔顿认为，这种文化帝国主义其实不是文化，而是一个“西方文明”的扩张问题。因为对于文化，所要了解的是它们自己，文化中包含着本民族的身份；而对于文明，你了解的“它们”，你把文明作为一个对象，因为它给你一种政治和经济上的优势，这是一种殖民主义。西方文明不是受制于一种文化的具体特性，它已经超越了这样的文化。正如反殖民主义者们所认为，目前的文化全球化意味着是美国文化的普遍化。而西方越把自己普遍化，这种文化的扩张就越不会被看作是对另一种文化的介入，而是被看作是一种生活方式的入侵，一种物质形态的经济入侵的延伸，一种文化与权力的紧密结合。

然而，没有任何权力能够通过高压政治而使得自己存在下去。独裁的帝国主义已经处在衰败之中，受到了来自各方面的抵抗。一般文化与具体文化的两极对立的状态正在产生，一般文化总是想把自己的价值观转寄于他种文化，但当它受到抵卸时，它的价值便难以得到实现。“在任何情况下，鉴于一般文化的价值是普遍的而不是抽象的，如果没有某种地方性的居所，这些价值就不能广为传播。”[②] 实际上，每一个国家都在致力于为自己的本民族文化的盛行做出努力，都在为自己本民族的文化身份给出保护。所以文化之争，原本是政治权力之争。然而，今天的文化

① 特瑞·伊格尔顿：《文化的观念》，第52页。

② 同上书，第62页。

已经不再拥有其统一性，多样化的文化存在，使文化不再是解决政治争端的一种途径，换句话说，“文化已经由解决办法的组成部分一跃而成了问题的组成部分。文化不再是解决政治争端的一种途径，一个我们纯粹地作为人类同伴在其中彼此遭遇的更高级或更深层的纬度，而是政治冲突辞典本身的组成部分。”① 实际上文化正在成为一种非政治、非意识形态的东西。因为文化已经经历了作为文明的文化与政治霸权的文化即同一性的文化，而迈入了一个商业化的后现代的文化时期。作为政治争端的东西已经变成为利润的争夺。

由此可见，文化面临两个问题，一个是文化政治化，政治的意识形态控制着文化的同一性作用，从而使文化被剥夺了真实身份；另一个是文化世俗化、松散化，进而失去了崇高感和对人性的指导作用，正如杰弗里·哈特曼（Geoffrey. Hartman）在《重大的文化问题》（*The Fateful Question of Culture*）中所批判的那样，文化已经沦落为二流的代用品在场。两个问题合并就形成了伊格尔顿所说的“我们这个时代著名的文化危机”②。

文化危机出现后，一般文化再不能像以前那样去统一各种具体文化，为它们提供解决问题的办法。也就是说，文化不再像阿诺德的时代那样对生活进行批判。一般文化与具体文化已经脱节，“一般文化对于具体文化过于虚无缥缈，而具体文化对于一般文化又太讲究实际”③。文化陷入了“一种空洞的普遍性与盲目的排他主义之间。”④ 另外，文化与权力的联结也是一种致命

---

① 特瑞·伊格尔顿：《文化的观念》，第44页。

② 同上书，第77页。

③ 同上书，第50页。

④ 同上书，第50页。

的自我挫伤，因为“它将会丧失太多的意识形态的可靠性”[1]，当危机出现的时候，文化发挥不了调解作用，反而显现出危险的脆弱。

面对文化中出现的问题和危机，伊格尔顿对现代派诗人和文艺评论家艾略特和威廉斯所提出的各自不同解释的走向——“共同文化”方案作了分析和讨论。无论是艾略特所提出的共同文化，还是威廉斯所提出的共同文化，都不能真正解决问题，也无法真正确立文化多元论。艾略特的“共同文化”带有明显的等级性质，他坚持文化还是由特权阶级的少数人来建立形成，然后被多数人接受并被体验；威廉斯的“共同文化”虽然相较于艾略特的有一定进步意义，显示出一种文化自觉性，提倡由集体共同创造形成，但这也是他过于理想化的考虑，因为复杂多样的人群来建立共同文化需要严格的条件，那就是需要有政治上的保障，需要建立社会主义的公共机构来保障其完成，但就目前全球化的政治状况来说还远远无法实现这一条件。所以，伊格尔顿认为，要解决文化危机最好的办法就是把文化放在它原有的位置，保障它的独立性，而不是被目前我们所看到的“文化繁荣”现象所迷惑，那并不是真正意义上的文化繁荣，那是政治权力渗入文化的增强和商品社会消费力量扩大的表征，如果我们一再破坏文化生态，后果令人堪忧，因为文化是“一个会报复、整体持久和完全基础的‘第二自然’”[2]。

（三）直面后现代的文化状况：文化战争

随着全球化和商品化的发展，文化出现了很多分化与整合，

---

① 特瑞·伊格尔顿：《文化的观念》，第 57 页。

② 同上书，第 146 页。

并且在分化与整合的过程中，出现了一些难以调和的矛盾，于是就通过文化战争表现出来。

伊格尔顿认为，目前我们看到的文化战争存在四种形式，分别表现为作为文明的文化（或叫高雅文化）、作为同一性的文化（从某种角度可以更简洁界定为民族精神）、作为商业主义的文化（它是作为后现代文化的重要组成部分）和作为激进抗议的文化（或叫敌对的文化）之间的四角战斗。对于这四种文化来说，是一种相生相克的关系，它们之间的这种区分并不是绝对的和稳定的，而它们之间的斗争也复杂多变。伊格尔顿所指出的四种形式的文化之间存在的斗争主要有以下几种情况：

第一种，在后现代，商业主义的文化与同一性政治的文化在许多方面结成同盟，他们共同面对文明的文化的挑战。文明的文化主张自由、解放，提倡一种有价值的优雅生活，这种生活是被艺术所界定过的，具有美学的意义。但是，两个文化联盟却为自己的利益侵占了社会生活，改变了人们的选择，限制了自由。第二种，“高雅文化与后现代文化日益融合，成为西方社会的文化‘主导’”①。这得益于商品形式所向披靡的侵占能力，商品文化能够重新包装高雅文化成为一种新的产品，去迎合社会和市场的需要。第三种，高雅文化还受到同一性文化的侵蚀，这给人文学科的学术界内部制造了一种危机。第四种，后现代主义的文化与同一性的文化的冲突在全球范围的存在。第五种，作为激进抗议的文化源自于其他三种形式的文化，但它不是自成一体的范畴，有的时候它在其他三种文化不同置换中产生，不过它对其他三种文化来说都是带有攻击性或对抗性的。

伊格尔顿认为，在这些纷乱相争的文化战争背后，所隐含的

① 特瑞·伊格尔顿：《文化的观念》，第81页。

深层次的冲突是一般文化与具体文化之间的冲突，他明确指出这两种文化之间的战争不再仅仅是一场有关定义的战争，而且是一种全球性的斗争。它是个现实政治的问题，而不仅仅是个学术问题。那么什么是一般文化，什么是具体的文化？伊格尔顿对这两个概念的解释并不明确。他认为，所谓的一般文化，实质上是无文化的，“其价值不是任何特殊的生活形式”，而是“人类生活本身的那些价值”。[①] 具体文化是具有自己特殊性的文化，存在与自身的共鸣，它存在与各种具体文化的差异。

一般文化与具体文化的冲突在历史性的发展过程具有以下主要特点：

首先，政治主导文化，政治性的矛盾与冲突主导着一般文化与具体文化的冲突。伊格尔顿认为，有一种把个别与普遍统一起来的政治相关物，叫民族—国家，民族需要国家这个普遍化的形式来确立自己的地位，而国家是一个媒介。对民族—国家而言，文化是它们得以确立的基础，只是这种文化没有涵盖整个民族—国家里面所存在的文化，而是其中偶得的一部分。在政治的控制与影响下，它所选择的某种具体的文化在国家的作用下，成为一种具有普遍意义的一般文化来统领国家，国家补充了这种文化的完整性。“从文化上讲，属于一个国家而不是另一个国家是极其重要，以至于人们往往准备为了这个问题去杀人或者去死。如果政治在这里起到了统一的作用，文化则起到区分的作用。”政治统一这个国家，而文化把这个国家与其他国家区分开来。

在政治利益的驱动下，人们容易产生野心，于是在这种有野心的政治的操控下，文化中出现了一些问题性的观念，比如种族主义和沙文主义，它们以一种文化身份比另一种文化身份优越的

---

① 特瑞·伊格尔顿：《文化的观念》，第62页。

理由，为偏好一种文化身份而排斥另一种文化身份而开脱。由于文化与政治之间所存在的这种内在联结，使得国家最终并不能公平地对待在它内部的所有文化，并给现代世界带来如此巨大的浩劫。在一个国家所确立的一般文化其实只是具体文化的一种，不过通过政治的力量而上升为普遍性的文化。

其次，一般文化与具体文化之间的冲突还逐渐演变成为“一种地缘政治的”冲突。以一般文化的姿态出现的西方文明对于别处的具体文化进行肆意践踏。那些由民族主义、传统、宗教、种族地位和大众情操混合而成的文化，在西方人眼里，总是被贬斥为野蛮、没有教养。当西方文明践踏地方性共同体和传统情操的时候，其后果是留下“无名怨恨的文化”，“一种虚假的普遍主义越是轻蔑具体的身份，那些身份越是不屈地得到维护”[①]。一般文化没有意识到自己的历史性存在，在现代性和后现代主义的承接问题上，没有意识到与具体文化的历史性关联。比如，西方以现代性来批驳其他未实现现代化国家的文化，却不知道自己是在借用第一世纪巴勒斯坦文化作为自己现用的道德代码维护自己的合法性，它忘却了这种历史的关联性是不受地域、民族限制的。

多种具体文化原本只是自在地融入地方的生活，当西方文明的同一性政治要来清扫这些文化的时候，使它们进入了自觉的状态，并且产生了对抗西方文明的多种亚文化。在全球化影响下，这些亚文化得到了更多的自由和空间去发展自己。于是，西方文明要采取更加雄心勃勃的策略去征服它们，但是这种策略只会把原本隐蔽的自我身份暴露出来，它们的价值观和合法性都受到挑战。维护同一性政治的一般文化与追求独立、自由的具体文化之

---

① 特瑞·伊格尔顿：《文化的观念》，第95页。

间的冲突在各个地方显现得特别频繁、剧烈。

第三，进入跨国资本主义发展阶段后，政治模式与文化形式脱节，使得文化与政治的位置开始发生调换。作为西方文明的文化在启蒙运动的过程中就坚持了自由、解放的原则，而同一性政治只是勉为其难地来继承这些原则，于是就要去征服其他文化。为了加强政治统一的纽带，他们借助了宗教作为重要的调节剂，宗教可以为一般文化与具体文化、绝对价值与日常生活提供联结，把来世的希望寄托在当下的实际生活形式中。但这只是暂时的调和作用，因为宗教发展道路上所出现的宗教原教旨主义就把这条道路给阻断，西方文明在现代性发展的过程中必须丢弃这些宗派主义。那么同一性政治如何再来驾驭文化就成了问题。

同一性政治所采用的经典政治模式，即民族—国家已经不能胜任去调和和承接层出不穷的各种文化形式，“如果说具体文化奠定了民族—国家的基础，那么今天它又可能威胁性地毁掉它”[①]。民族—国家不过是文化与政治之间出现的一种伪造的和谐，当一个民族—国家对其他民族—国家进行侵犯的时候，文化与政治就不再和平相处，“文化可以变成现代史上最为壮观的、成功的激进主义运动中一种改革的政治力量”[②]。再加上，“跨国资本主义削弱民族文化，就像它削弱民族经济一样，其做法是对它们实施国际化”,[③] 同一性政治就更加难以驾驭多种文化的激进发展，于是，由一般文化决定的民族统一被具体文化打得粉碎。最终，文化把原先捆绑在自己身上的政治（cultural politics）解套，并取代它的位置，出现了文化的政治（the politic of cul-

---

① 特瑞·伊格尔顿：《文化的观念》，第 72 页。

② 同上书，第 73 页。

③ 同上书，第 72 页。

ture)。结论是：文化具有一定的相对性，高雅文化、同一性文化与后现代文化以及敌对文化等不是世界主义对地方主义的论争，而是跨国资本主义、民族国家政治、地方主义等之间的战争。

(四) 回归文化本原问题的讨论:文化与自然

伊格尔顿批判性地解读后现代所青睐的文本——身体，来揭示文化与自然二者的辩证关系，并对文化本身的认识做进一步探讨。关于文化与自然的问题的探讨，在历史上进行了持久的争论，并形成两种典型不同的观点：一种是自然主义观，一种是文化主义的观点。伊格尔顿认为，无论是哪种认识，都是有失偏颇的。自然主义的认识在历史上已经有过批判，而文化主义观点在当代尤其兴盛，并结合生物学主义、经济主义、实在论等，变成一种“文化还原论”。伊格尔顿主要用一种敏锐的相关性对后现代的“文化主义”进行了批判，认为文化与自然之间存在着一种更为复杂的关系。他认为，“文化主义是对自然主义的一种可以理解的过激反应”①，不过，无论是前者否定后者，还是后者否定前者，都陷入了尴尬的困境。整个人类不可能被简单地归类于纯肉欲的集合，自然也不可能在任何情况下都是文化的，所谓生物性永远被社会性所调停的形式呈现在我们面前，生物性无关紧要而社会性至关重要的言说方式，也是存在很大问题的。在伊格尔顿看来，自然和文化的存在是辩证统一的，“文化不是简单地代替自然，反倒是以既必需又多余的方式补充自然，我们并非生就是文化的存在，也不是自足的自然的存在，而是具有这样的无助的物理性质的造物：如果我们要生存下去，那么文化就是一

① 特瑞·伊格尔顿:《文化的观念》，第109页。

种需要”①。“如果自然是由文化铸造的，它也对其有抵抗力”②，“从自然向文化的转移不可能是一种从事实向价值的转移，因为自然永远已经是一种价值—条件”③，但是，“如果人的天性已经是一种价值—条件，那么从它那里获得道德和政治价值的过程看来也许是毫无意义地循环往复”④。把文化看作单纯的人的天性，就如同把自然看作文化一样难以令人相信。

否定了自然决定论，文化的存在就得面对这样一个问题，文化是从哪里来的。伊格尔顿赞同马克思的观点，认为文化只有一个来源，那就是作用于自然的劳动，而劳动是一种人与自然交流的形态，文化之所以能诞生“不是意义而是需求”。只是到了文化成为一种意识形态时，在社会发展到了能够维持专职的文化部门时，文化才真正开始了具有自律性。文化也不可能来自于第三者，因为“无论什么优先于文化的事物，不管它是康德的先验可能性之条件、尼采的权力意志、马克思的唯物史、弗洛伊德的初级程序还是拉康的实在界，永远在某种意义上也与它同步，因为我们只有通过从文化本身将它读出才能识别它”⑤。文化的存在给我们带来什么？伊格尔顿比较赞同弗洛伊德的观点，即把文化看作是一个整体的文明。弗洛伊德认为，文明是在人的初步进攻和初步的自恋的升华中召唤出来的，它包括对本能满足的放弃，然而结果却是文化远远没有和谐发展我们的能力，而是把我们引向一种“恒久的内在不幸”的状态。文化成果并不都是真理、善良和美丽，还有罪恶、性虐待狂和自我毁灭。在文化内部

---

① 特瑞·伊格尔顿：《文化的观念》，第 114 页。

② 同上书，第 115 页。

③ 同上书，第 120 页。

④ 同上书，第 120 页。

⑤ 同上书，第 123 页。

存在起不同作用的力量，比如—欲望、支配、暴力、报复性等等，这些力量作用于“文化与自然混乱的接合部”[①]（比如婴儿赖以为生的照料与营养的必要交易），使身体在自然和文化的共同约束和冲突中处于痛苦的挣扎，因为我们的身体是“离散的、局部的、彻底有限的，而不是完全被锁进其物种之中”[②]。伊格尔顿认为，这正是后现代性的教训，我们的身体是脆弱的，然而我们的文化至今已经存在很多缺陷。

（五）马克思主义的后现代主义理论

伊格尔顿《后现代主义的幻想》一书，尽管是对后现代主义的批评论述，但也对后现代主义与马克思主义的关系作了比较研究。

现代主义与后现代主义的表现形式是文化。“后现代性是一种思想风格，它怀疑真理、理性、同一性和客观性的经典概念，怀疑关于普遍的进步和解放的观念，怀疑单一体系、大叙事或者解释的最终根据。”[③] 后现代主义则是一种文化风格，它以一种无中心的、无深度的、平面的、多元主义的艺术形式反映了这个时代的变化与生活体验，伴随着一切既定模式的解构，一种多元论的兴起。对于这样一种后现代主义，伊格尔顿认为，现实的东西是不合理的，而合理的东西却是不现实的。他“从一种宽泛的社会主义观点对后现代主义进行了评价”[④]。那么，为什么要用社会主义的观点对之加以批评呢？伊格尔顿认为，在今天这样一个社会环境里，如果我们放弃了对一个正义社会的想象，那么

---

① 特瑞·伊格尔顿：《文化的观念》，第126页。

② 同上书，第127—128页。

③ 特瑞·伊格尔顿：《后现代主义的幻想》，华明译，南京大学出版社2002年版，第1页。

④ 同上书，第3页。

要比欺骗坏得多，所以我们默许这个社会的混乱局面，实质上是一种比欺骗还要严重的行为。尽管社会主义也仍然是一种理智的幻想，但它毕竟是倡导正义的。

伊格尔顿认为，1970 年代早期，人们发现文化理论讨论最多的是社会主义、符号和性；在 1970 年代晚期和 1980 年代早期，人们讨论则是对符号和性提出异议；到了 1980 年代晚期，他们谈论的是性。语言和性的根源是政治性的，但到了 1980 年代晚期，这种倾向已经发生了转变，与某些其他东西发生了置换。后现代主义把传统的一切归之于怀疑和批判的对象，特别是后现代主义者们认为，世界的存在方式决不是像辩证法那样地有规律的，它从来就没有发现历史的进步。因为后现代主义允许人们否定现代性，因而无需说明自己是某种历史过程的产物。后现代主义反对任何从总体上对历史的叙事，反对政治革命、集体主体和划时代的改造等如此形而上学的概念，主张上述革命已经转移到了市场文化。后现代主义把大写的历史与小写的历史统通作为目的论来批评，因为大写的历史把历史看作有逻辑的，有既定目的的，这种目的论同化了我们自由的想象。伊格尔顿认为，社会主义的确设立了一个公正、公平、自由、合理而富有同情心的社会秩序，并认为这种社会秩序是可能的。但这并不意味着和传统的大写历史一样，设立了一个形而上学的目的。其实，社会主义与后现代主义具有某种共同的东西，它们都是对过去的否定，都试图建立公平、自由的社会。“就普遍历史进步而言，在马克思主义和后现代主义之间似乎没有可以选择的东西。其差异在于这样一个事实，即关于现代时期是多么进步的或者相反，马克思主义能够比后现代主义更加精确地加以表达。”① 这就是说，一

① 特瑞·伊格尔顿：《后现代主义的幻想》，第 67 页。

些反马克思主义者对马克思主义的社会主义学说大加否定，其实并没有驳倒马克思主义的社会主义学说，相反，他们的批驳根本不如马克思主义。首先，马克思虽然批判了资本主义制度，但"马克思对资本主义的赞扬的确是十分公正的。……作为历史已经确证的最伟大的生产力的积累，正是资本主义第一次使得一种摆脱匮乏与劳累的社会秩序的梦想似乎就要成真。作为第一个真正全球性的生产方式，它拔除了人类交流的一切地方性障碍，并为国际性共同体奠定了基础。它的政治理想——自由、正义、自决、机会平等——至少在原则上，以它们人道主义的深度和它们规模的普遍性，远胜于几乎所有过去的意识形态"①。但是，资本主义自己构想的宏大叙事目的被自身的制度所挫败，"对于马克思来说，在这个社会中，资本的限度就是资本自己，它把自己表现为一种不断自我挫败的文化。这个社会秩序的自主主体既是自由的源泉，又以同时是它自己和它的对手的形态，成为它的障碍"。② 所以，马克思主义提出了以社会主义取代资本主义的历史进步理想是必然的。这与后现代主义产生于"现代性的不可能性"是同样的道理，后现代主义是以一种内爆的方式或者具有反讽的意味自我攻击的方式产生的。而社会主义也正是这些现代性矛盾的产物。"社会主义和后现代主义在历史问题上并非势不两立地不一致。二者都信仰一个具有多样性、可塑性、自由运转的、没有限制的历史——一句话，它不是大写的历史。"③

对于后现代主义反对普遍性、强调差异性的问题，伊格尔顿

① 特瑞·伊格尔顿：《后现代主义的幻想》，第73页。

② 同上书，第102页。

③ 同上书，第76页。

认为，这与马克思主义同样是不矛盾的。他说道："在差异的问题上，马克思主义与后现代主义之间没有最终的争论：马克思的全部政治伦理学都致力于把感觉的特殊性，或者个人权力的全部丰富性，从抽象的形而上学的牢房里解放出来。"① 他不满一些西方学者把马克思主义和社会主义当作普遍主义加以批判的做法，认为这种批判存在一定的偏见。"社会主义是对于这样一种虚假普遍主义的批判，并不是以通常只是它的另外一张面孔的文化单一主义的名义，而是以每一个人都有的按照每一个其他人的差异来对待他们自己差异的权利的名义。"② 社会主义的政治目标并不停留于差异上，因为这种差异只不过是一种虚假的普遍主义的对立面，而是在于人的相互性和互惠性的层面上的差异性的解放。

对于后现代大众文化，伊格尔顿用马克思主义的观点加以批评。他用马克思主义的话说，文化只有一个来源，即作用于自然的劳动。在马克思看来，文化不是完全由人的大脑提供的，而是人作用于自然的过程中产生的，"使得文化诞生的不是意义，而是需求"③。大众文化体现了当今资本主义的需求，是资本主义剥削的一种新的形式。"马克思认为，劳动是与自然的一种交流形态，它产生了一种文化；但是由于这种劳动所产生的条件，那种文化内在地被分裂成暴力与矛盾。"④ 这就不言而喻地揭示后现代主义文化形式内涵的本质了，后现代大众文化也依然是资本主义攫取利润内外扩张的形式。这种扩张在今天是一个至关重要的大事，"一种商业性的有组织的大众

① 特瑞·伊格尔顿：《后现代主义的幻想》，第 134 页。
② 同上书，第 135 页。
③ 特瑞·伊格尔顿：《文化的观念》，第 124 页。
④ 同上书，第 126 页。

文化的第一次出现，这让人觉得对文明价值观的继续存在造成了巨大的威胁”①。大众文化破坏了社会的道德基础，正因为如此，“在承认其重要性的同时，让文化回归其原有的位置，现在该是这样做的时候了”②。这些见解显然体现了马克思主义的批判精神。

三 戴维·哈维的后现代马克思主义与文化批判理论

戴维·哈维（Harvey. D.）于1935年出生于英国肯特郡，1957年获剑桥大学学士学位，1961年以一篇《关于1800—1900年肯特郡的农业和乡村变迁》获该校博士学位，第二年他来到英国布里斯托尔大学开始自己的教学生涯。一开始，哈维是作为一名职业地理学家在大学任教，另外他还先后在美国宾州大学、英国牛津大学，美国约翰·霍普金斯大学任教，现在他担任纽约研究所城市大学人类学教授。1969年，哈维的《地理学中的解释》发表以后，为他在学术界赢得很高的声望，这是一本有关地理学的科学方法论的研究，对当时地理学实证主义研究产生重大的影响，可以说，英美的人文地理学革新运动哈维在整个过程中发挥了重要的作用。

（一）哈维与马克思主义

对哈维本人来说，其学术研究的重大转折发生在1973年他公开发表的《社会正义和城市》一书，这是他从实证地理学

---

① 特瑞·伊格尔顿：《文化的观念》，第150页。

② 同上书，第151页。

转向马克思主义地理学的重要标志，并且开启了他用马克思主义理论和方法推动地理学发展的新阶段。在《社会正义与城市》一书中，哈维明确地提出“社会正义”是一个地理学研究不可忽视的核心问题。国内学者胡大平认为，“这一倾向可以看作对霍克海默在《传统理论和批判理论》一文中结论的践履，在那一文献中霍克海默说：‘思想家的活动本质促使它改变历史并在人们之间建立正义。’更为重要的是，在这一转向中，哈维持续地为其注入马克思主义理论资源，推动并代表着激进地理学向马克思主义地理学的进一步转向”[①]。不仅如此，在《社会正义和城市》中，哈维还完成了地理学——社会理论——政治理论的建构，在他后来发表的著作：《资本的限度》(1982)、《资本的都市化》(1985)、《都市的体验》(1985)都是进一步深化和完善这一理论建构，实现他对社会批判理论的地理学想象和对资本主义空间生产的批判。哈维的理论研究逐渐表现出这样的特征，正如他自己后来所说的那样，“作为地理学家，我永远与马克思主义进行对话；作为马克思主义者，我永远与地理学进行对话”[②]。

在20世纪八九十年代，当左派所称的“里根—撒切尔新自由主义之汉撒同盟”急剧推动全球自由化高潮兴起，紧接着出现苏联和东欧的剧变，马克思主义理论、共产主义的理想以及各种新马克思主义都遭受了前所未有的挫败和打击，用伊格尔顿的话说，那是一个惨淡的西方马克思主义时代的到来。“在这个时期，政治斗争在斯大林主义、社会民主和资产阶级的联手之下结

① 大卫·哈维：《希望的空间》，胡大平译，南京大学出版社2006年版，译序第7页。

② Spaces of Capital: Powalds a Critical Geography, by David Harvey, Edinbulgh Vniversity press, 2001.

束了其政治生命”①，但戴维·哈维义无反顾地提出了“人民地理学”的主张，用马克思主义立场去批判资本主义不平衡的历史地理发展。哈维对城市地理和空间问题的研究过程中，不断挖掘马克思主义的思想理论和方法对现有问题的解释，从而加强马克思主义的战斗力，并且不断努力探索把资本主义的地理状况分析整合进马克思主义的理论框架和体系中，试图建构历史—地理唯物主义，来抵制西方马克思主义走向衰微的压力，并以新马克思主义的空间地理学思想为依据，构建取代资本主义的乌托邦、改善人类生活状况的美好图景。

（二）后现代主义与马克思主义

后现代主义是一个充满争议，并且还无法走向定论的一个话题。德里达、利奥塔、拉康、哈贝马斯、鲍曼、詹明信、哈维等西方的很多学者都介入到对这一话题的批判和争论中，并提出了许多新的理论。对于纷繁复杂的后现代理论，美国社会学家瑞泽尔作了一个归纳分析，认为在众多的后现代主义思潮中包含着三个基本观点：“第一个要点是存在着一种被广泛接受的信念，即认为现代性时期正在或已经终结，我们已经进入一个新的社会时期——后现代性时期的信念”；“第二个要点，是将后现代主义与文化领域相关联，在这里，它认为各种后现代产品已经倾向于取代各种现代产品”；“第三个要点，也是与我们有着更加直接关联的要求，是后现代社会理论的产生以及它与现代理论之间的区别”，极端后现代主义者认为现代社会已经被一种后现代社会所取代，温和派的观点是认为尽管一场变迁已经发生，但后现代

① 特里·伊格尔顿：《沃尔特·本雅明》，郭国良、陆汉臻译，译林出版社2005年版，第232页。

来源于现代并且将继续与现代共存，还有一派的观点认为现代和后现代是“一对处于长远结合关系中的两个东西，在这种长远的对立关系中，后现代持续不断地指出现代所具有的限制”。[①]

在整个后现代研究的浪潮中，哈维是以马克思主义的立场介入到对后现代问题的研究的。他的理论中包含了瑞泽尔所提出的几个基本要点，他倾向于把后现代主义与文化联系起来，并且认为后现代的状况并不是对现代资本主义社会的取代，而是一种生产方式与文化实践的转移，两者是共存的，后现代主义包含现代主义的很多问题和认识，具有很大程度上的连续性。他认为，后现代主义的产物已经“脱离了反现代的稚嫩阶段，以其本身的资格将自身确立为一种文化美学”[②]。在这一点上，哈维与詹明信的认识是共通的，詹明信在自己的理论著作中也指出，“后现代主义指的是在艺术、电影、建筑等等领域中产生的各种被视为与现代文化产品不同的那些文化产品”[③]。不过，詹明信对后现代状况的研究是沿着晚期资本主义文化逻辑的改变给世界带来哪些负面影响，以及知识分子何以走出问题的阴霾这样的路径来确立理论体系，而哈维的研究路径则是探究资本主义文化从现代性向后现代性转变的根源的。所以，这两位后现代马克思主义者的研究思路还是有所差异，前者侧重对过程和结果的剖析，后者侧重对原因和过程的探究，不过这种差异在一定程度上却能形成互补，增强了马克思主义对后现代问题的分析和解释功能。

哈维和许多新马克思主义理论家一样，认识到可以把后现代社会理论看成和马克思主义取向相整合的理论来加以对待。虽然

---

① 乔治·瑞泽尔：《后现代社会理论》，谢立中等译，华夏出版社 2003 年版，第 9—11 页。

② 戴维·哈维：《后现代的状况》，阎嘉译，商务印书馆 2004 年版，第 7 页。

③ 乔治·瑞泽尔：《后现代社会理论》，第 8 页。

后现代主义反对一切形式的元叙事、元理论，包括马克思主义、弗洛伊德主义以及一切形式的启蒙理性，但用马克思主义的观点去认识后现代主义，发现两种理论彼此之间有很多共通的思想，并且可以加以联系。哈维认为，近20年来，“后现代主义”一直遭到曲解，对后现代主义的批判是建立在过度维护传统的权威基础上，然而这样并不利于元理论的发展，相反，如果把后现代主义的出现看成是元理论发展的一种机会，那么这些理论对现实社会状况的变迁问题的认识水平和阐释力就会得到提升。所以，哈维用现代主义一贯崇尚的“反思”为拒绝反思的后现代主义寻求不被曲解的出路，提出了一系列发人深思的问题：

后现代主义代表了与现代主义的彻底决裂，还是只不过是在现代主义内部反叛某种形式的“盛期的现代主义”，比如说像在米斯·范·德·罗厄的建筑和极少主义的抽象表现主义绘画单调的外表所表现的那样？后现代主义是一种风格，还是应当严格地把它看成是一种划分时期的概念（在这种情况下，我们争论的是它是否起源于1950年代、1960年代或1970年代）？它因为反对一切形式的元叙事、密切关注长期受压制的“他者的世界”与“他者的声音”（妇女、同性恋、黑人、殖民地的各民族及其自身的历史）而具有一种革命性的潜力，还是只不过是对现代主义的商品化和通俗化、是把现代主义已被玷污了的抱负变为一种“自由放任”、“一切都走向”市场的折中主义？因而，它破坏了新保守主义的政治还是同它结合了起来？我们要把它的崛起归因于资本主义的某种彻底重建、某种“后工业”社会的出现，甚至把它看成是“一个通货膨胀时代的艺术”，还是把它看成是“晚期资本主义的文化逻辑”？[①]

① 戴维·哈维：《后现代的状况》，第60页。

哈维用他所建构的后现代主义画像（梳理后现代主义思想家的主要思想观念并加以评论，并且透过对现实的各种艺术的后现代表现的观察来揭示后现代主义的真实面貌），以及借用哈桑的有关现代主义与后现代主义之间纲要性的差异对照表（表1）来回答这些问题。哈维用马克思主义辩证的眼光来审视后现代主义并对之做出评价。

表1　　现代主义与后现代主义之间纲要性的差异

现代主义	后现代主义
浪漫主义/象征主义	诡异物理学/达达主义
形式（连接的，封闭的）	反形式（分离的，开放的）
目的	游戏
设计	机遇
等级制	无政府状态
控制/逻各斯	枯竭/沉默
艺术对象/完成了的作品	过程/表演/偶然发生
距离	参与
创造/极权/综合	破坏/解构/对立
在场	不在场
集中	分散
风格/边界	文本/互文性
语义学	修辞学
示例	语段
主从结构	并4列结构
隐语	转喻
选择	合并
根源/深度	根茎/表面
解释/阅读	反解释/误读

续表

现代主义	后现代主义
所指	能指
列举的（读者方面）	改编的（作者方面）
叙事/大历史	反叙事/小历史
大师代码	个人习语
征候	欲望
类型	变异
生殖的/生殖器崇拜的	多形的/男女不分的
妄想狂	精神分裂症
起源/原因	差异—差异/追溯
圣父	圣灵
形而上学	反讽
确定性	不确定性
超越	内在性

资料来源：哈桑《后现代转折》，英文版1985年，第123—124页①。

他认为在后现代思想里面存在很多值得肯定的思想，通过对哈桑提出的对照表的观察，我们应该用一种肯定的方式去理解后现代主义所钟情的分裂和短暂，当然这种肯定的表态并不是赞同后现代主义者把后现代简单地界定为对元叙事的怀疑，而是它引起我们对分裂出现的多元存在以及历史的分段性特征的关注。正如福柯在关注多元化和多面向的权力时所提出的，“对权力进行一种‘向上的’分析，即从它的细小的机制开始，每个细小的机制都有其自身的历史、自身的轨迹、自身的技巧和策略，然后去发现这些权力机制如何已经被——并继续被——更加普遍的机

① 戴维·哈维：《后现代的状况》，第61—69页。

制和全球支配的形式所发明、殖民化、利用、纠缠、改变、取代、延伸等等”。[①] 而利奥塔从语言学的角度来关注多元和变化，他认为我们没有必要去建构一个稳定的语言结合体，这不利于交流本身，反而忽视了主体的需要，社会联系的纽带不是由一条单一的语言线索构成，而是由无数个相互交叉的语言游戏所构成，日常交谈应该是开放性的，“各种规则在其中可以集中和转移，以‘鼓励表达得最大的灵活性’”[②]。

哈维认为，我们应该还要肯定后现代主义思想对“他者世界”的关注以及重视受压迫群体的生存状态以及反抗的声音，他认为，“所有群体都有权以自己的声音为自己发言并让那种声音被承认是权威性的和合法性的，这种观念对后现代主义的多元立场来说是实质性的”。[③] 后现代的这种思想内部隐含着革命性的潜力，哈维认为它“已经被激进政治所吸纳，甚至被输入了马克思主义本身的核心之中”，[④] 他找到的一个例证就是后马克思主义者阿洛诺维奇（Aronowitz，S.）提出的一个论据——“在整个后现代世界里出现的为了解放的多元的、地方的、自主的斗争，使一切统治话语的体现成为绝对非法的”。[⑤]

哈维指出，后现代主义思想家在“承认分裂、多元论和他者声音和他者世界的本真性”的同时，还必须去面对与之相生的“尖锐的交流问题及其通过控制而实施权力的手段问题”[⑥]。为了解决这个问题，这些思想家们已经开始不断地探索找寻适合

① 戴维·哈维：《后现代的状况》，第64页。

② 同上书，第67页。

③ 同上书，第68页。

④ 同上。

⑤ 同上。

⑥ 同上书，第69页。

多元化交流的话语思维和交流方式。德里达提出了解构主义的思想，即“在新的结合中不断的拆解与重新组合”（后结构主义思想），并且用后现代主义话语，即“拼贴和蒙太奇”去创造一种既不可能是单一也不可能是不变的含义。尽管这一话语形式潜存着被现代主义利用的危险，但是这是目前还能产生作用的反抗权力控制的可行办法，理由很简单，“如果我们无法企及现代主义所主张的任何对于世界的统一的表达，也无法做到把多样化的世界描绘为一个充满联系与区别的整体而不是不断游移的片段，那么我们怎么可能企及与世界有关的连贯一致的行动？”①

后现代对现代的反叛是挣脱一直被束缚的思想，多样化的表达能重获自由，用多元化的表达去攻击压制和迎接全球化的挑战，可以避免以新的形式去重复资本主义的多重压迫而陷入“理性的牢笼”（马克斯·韦伯语）。这是哈维认为后现代思想中所存在的优点。与此同时，哈维认为，在后现代主义思想的主导下也“产生了很多后果”，即后现代主义思想中所存在的一些严重的缺点，归纳起来主要有以下几点：

第一，正如詹明信所指出的，“主体的异化被主体的分裂所取代”②。正因为如此，那么异化理论中所预设的“一种一致的而不是分裂自我的意义”就消失了，后现代主义完全剥夺了“创造一种在意义上比时间上的现在和时间上的过去更美好的未来”③ 的可能性。

第二，事物在时间上的秩序走向崩溃，社会思想丧失应有的深度。就后现代的状况来看，时间的秩序对于主体来说不复存

① 戴维·哈维：《后现代的状况》，第73页。
② 同上书，第76页。
③ 同上。

在，事物缺乏历史维度的参照，各种价值观和信念毫无历史连续性可言，世界的一切存在和体验都是短暂的、虚幻的、任意的。“后现代主义避开了进步的观念，抛弃了历史连续性和记忆的一切意义，同时又发展出一种惊人的能力去劫掠历史，把它所发现的存在的某些方面全部吸收。”[①] 艺术家不再专注于创造性地构思，而是直接征用、引用、节录、堆积和复制早已存在的作品，追求瞬间的冲击力和短暂的刺激感。整个艺术实践“已经出现了对外表而非对根源的依附，对拼贴而非对有深度的作品的依附，对附加的复述形象而非对经过加工的外表的依附，对崩溃了的时间与空间的意义而非对牢牢获得的文化制品的依附”[②]。

第三，文化被商业或资本主义生产发展所控制利用。“一度只在生产场所进行的各种斗争，现在外溢出到了文化生产，（使之）变为一个剧烈的社会冲突的场所。”[③] 哈维认为，我们应该承认，自1960年代开始，在西方社会出现的“文化演进”就不是单纯的，而是一直与社会的、经济的、政治的问题相交织的。而后现代主义的出现标志着“市场力量向整个文化生产领域的合乎逻辑的扩张”[④]，在这个过程中，文化生产者（商业的力量）、媒体技术以及日常生活方式所表现出来的一种需求力量都发挥推波助澜的作用，不过商业力量依然是主导性的。

（三）后现代转向的根源

哈维认为，资本主义文化从现代转向后现代的思想根源来自于两个方面：一方面是来自于现代主义本身的文化思想裂变，即

① 戴维·哈维：《后现代的状况》，第76页。
② 同上书，第85页。
③ 同上书，第88页。
④ 同上书，第86页。

从启蒙运动的风风火火走到 1960 年代在艺术、文学、建筑等领域所发起的反现代主义和反文化的分裂运动；另一方面是来自于 20 世纪后期资本主义政治经济的转化，即从福特主义向更为灵活的资本主义积累方式的转变。

关于第一个方面，哈维指出，“在 1968 年至 1972 年之间的某个时候，我们看到了后现代主义的出现，它是一种成熟的、虽然还很松散的运动，出自 1960 年代那场反现代运动的形成阶段”①。这一观点与钱伯斯提出的观点——“始于 1960 年代初期以都市为基础的各种文化骚动是后现代转折的根源”② ——非常接近。

哈维指出，现代主义的出现是以一场美学运动表现出来的。那么历史的发展为何会走向另一个极端，即出现反现代运动？这需要从现代主义本身的发展过程来寻找答案。首先需要解答的是何谓现代的或现代性是什么。伯曼（Berman，M.）认为，“有一种至关重要的体验方式——对空间与时间、自我与他者、生活的可能性与风险的体验——这是今天全世界的男男女女所共有的”③，他把这种体验的实质内容称为“现代性”。那么如何获得现代性的感受？伯曼进一步指出，“要成为现代的，就是要在一种使人指望冒险、权力、享乐、成长、改变自我和世界的环境里找到自我”。④ 但是，这种找寻现代的体验过程是有危险性的，因为它首先把自我引入一种反叛过去的自我，不再顾忌前现代的社会秩序的状态，它“无情地打破任何或所有在前的历史状况，

① 戴维·哈维：《后现代的状况》，第 55 页。

② 同上书，第 84 页。

③ All that is solid melts into air，by M. Berman，New York Press 1982，p. 15，转引自哈维《后现代的状况》。

④ 同上。

而且也使它本身具有了一种内在断裂和分裂的绝无止境的过程的特征”[①]，这是现代主义所隐含的一个危险性的元素。

当时绝大部分的思想家们并不在意这个危险元素，而是更多地关注到底在哪里可以找寻到这种现代的体验，即“某种无可辩驳的、被认为潜伏于空间和时间的这种社会变化的巨大破坏性力量中的‘永恒与不变’”[②]。进入18世纪后，一批启蒙运动的思想家对这个问题作出哲学的和实际的回答。他们提出一种所谓的“现代性的规划”，希望通过艺术实践的努力和科学技术的发展，还有合理的社会组织形式和理性的思维方式的发展，确保人们“从神话、宗教、迷信的非理性中解放出来，从专横地利用权力和我们自己的人类本性黑暗的一面解放出来”，“只有通过这样一种规划，全人类普遍的、永恒的和不变的特质才可能被揭示出来”。[③] 但是，实事证明这种规划是失败的，因为军国主义和两次世界大战、奥斯威辛集中营和广岛长崎的经历等人为的灾难粉碎了启蒙思想家的规划与理想。

于是，现代主义的转折点开始出现。在启蒙运动的宏大叙事中，强烈的怀疑和反对自身的思想不断蔓延，因为很多艰难的问题已经无法得到解答，比如手段与结果之间的关系问题，对一些人的解放基于对另一些人的压迫问题等等。启蒙运动思想的批评者的思想开始发挥很大的影响。尼采宣扬一种“破坏性的创造”和“创造性的破坏”的理论，企图说明“证实自我的惟一途径就是行动，就是显示出意志”[④]。哈维指出，“由于尼采引领了把美学置于科学、理性和政治之上的道路，因而对审美经验的探

---

① 戴维·哈维：《后现代的状况》，第19页。

② 同上书，第20页。

③ 同上书，第20—21页。

④ 同上书，第25页。

索——‘超越善与恶’——就成了建立一种新神话的强有力手段，这神话就是永恒不变可能就存在于现代生活的短暂、分裂和特有的混乱之中”。尼采认为，“文化与审美是与更大的自由、更多的个性、更多的生机和童年稚气密切相联系的”①。他的这些思想引起社会极大关注与认同。当卢梭提出“我感觉故我在”取代笛卡儿的“我思故我在”的格言时，说明现代主义开始从“理性和工具主义向一种更加自觉的美学战略彻底转变”②。于是，启蒙运动思想追求统一和永恒的思想被强调表达的发散性的系统所取代。正如丹尼尔·贝尔所指出的，现代主义的文化行为和艺术实践完全颠覆了新教伦理，但是艺术上和日常行为上的反叛却把社会引向了过分自由的意识形态。这场先锋运动最终走向失败，因为特定的现代主义美学的自由、开放意识被吸收到官方的和体制的意识形态中去，它被与之相关的企业力量和文化帝国主义所运用，“这意味着在现代主义历史上，艺术上、文化上与‘进步的’政治上的反叛，第一次不得不受现代主义本身的一种强有力的看法所指引”③。

在这个转变的过程中，现代主义的优越性和革命性的魅力逐渐消失。于是出现了1960年代的反文化与反现代主义运动。哈维简要地总结了这场运动的概况，从中我们可以看到后现代状况中有这场运动的很多影子：

各种反文化与以科学为基础的技术—官僚理性压迫性的特质向对抗，这些特质贯穿在如同铁板一块的企业、国家和体制化的权力的其他形式（包括官僚化的政党和工会的形式）之中；它

① 戴维·哈维：《后现代的状况》，第32页。

② 同上书，第29页。

③ 同上书，第54页。

们还探索了个人化的自我实现的各个领域，包括一种独特的“新左派”政治、接受反权力主义的姿态、反偶像崇拜的习惯(在音乐、穿着、语言与生活方式方面)、对日常生活进行批判。这场运动集中在各个大学、艺术学院以及大城市生活的文化边缘，它涌上街头，于1968年的全球骚乱中在芝加哥、巴黎、布拉格、墨西哥城、马德里、东京和柏林形成的反叛的巨大浪潮里达到高潮。[①]

关于第二个方面，20世纪后期资本主义政治经济出现了怎样的转化？这种转化为什么会促使资本主义文化从现代向后现代转向？对这些问题，哈维也作了尝试性的解答。之所以说是“尝试性”，是因为他对现实问题的判断和分析都建立在一种假设成立而不是完全确定的基础上。

哈维认为，现存的政治—经济实践与福特主义的实践之间已经发生很大转变，为了更好地理解自1973年以来出现的各种转变，我们首先需要粗略地了解福特主义积累体制的大致内容。从战后1945年到1973年的时间里，资本主义“建构起了一系列劳动控制的实践、技术上的组合、消费习惯和政治—经济力量的结构”[②]，哈维称之为福特主义的积累体制，在这种体制中，主张大规模生产、大众化消费，依赖以技术为基础的工业兴起，“国家必须担当新的角色，建立新的权力机构；企业资本必须在某些方面见风使舵，以便在确保有利可图的轨道上更加顺利地运行；有组织的劳动力必须在劳动力市场和生产过程的表现方面担当新的角色和功能”[③]，另外还有与之相匹配的注重功能性和有效性

---

① 戴维·哈维：《后现代的状况》，第55页。

② 同上书，第164页。

③ 同上书，第175页。

的、具有现代主义美学偏好的生活方式广为流行。

自1973年开始，由于资本主义经济危机的爆发，福特主义的积累体制开始走向衰微，其内部所存在的问题与矛盾也开始变得尖锐凸现，如标准化的大众消费统治之下的生活质量的平淡乏味，劳工斗争没有消失反而变得更加剧烈，规模化的生产显得刻板和难以灵活变通去适应新的情况等。一种新的积累体制在这个时候就呼之欲出——“灵活积累”体制，它是一种与福特主义的刻板产生直接对抗的体制。所谓的“灵活积累体制”，就是指“依靠同劳动过程、劳动市场、产品和消费模式有关的灵活性，作为其特征的是出现了全新的生产部门、提供金融服务的各种新方式、新市场，首要的是商业、技术和组织创新得到了极大强化的比率。它导致了不平衡发展模式中的各种迅速变化，包括各个部门之间与各个地理区域之间的迅速变化”。

具体来说，灵活积累体制带来的改变包含以下内容：劳工之间的契约不再是刻板不变的，而是随着生产的季节性变化和雇佣市场的特殊需求而灵活机动，也就是说劳动力市场重构之后，劳工之间的矛盾和冲突大大减少了；灵活生产体制推动产品创新的速度加快了；在企业规模方面，从一味扩大规模转向大规模的吞并和多样化生产经营，区域经济压倒了规模经济；“在消费方面已经伴随着更加密切地关注快速变化着的时尚、调动一切引诱需求的技巧和它们所包含的文化转变”；[①] 在生产方面，“也许是因为加快消费中的周转时间的需要导致了重点从商品生产（其中的大多数，如刀刃，都具有很长的寿命）转向事件的生产（如具有几乎可算即刻周转时间的各种表演）”[②]，“准确的和最新的

① 戴维·哈维：《后现代的状况》，第201页。
② 同上书，第202页。

信息现在成了一种具有很高价值的商品”[①]，“对信息流通的控制和对流行趣味与文化的传播工具的控制，同样也成了竞争中的重要武器”[②]；另外还有重要的一点是全球金融体系的彻底重组和金融调整使得企业、国家和个人理财注意到了金融资本的协调力量并灵活地加以利用。

从福特主义向灵活积累的转变使得社会的文化价值观开始出现转变。哈维认为，“资本更加灵活的流动突出了现代生活的新颖、转瞬即逝、短暂、变动不居和偶然意外，而不是在福特主义之下牢固树立起来的更为稳固的价值观”[③]，还有强化对劳动力控制的集体主义行为不断退隐，而强调自我、享乐、个人价值实现的个人主义慢慢盛行。不过，他同时也指出，这种“转变”并没有实现“完全的取代”，在很多方面存在着连续性，其中“资本主义积累的根本逻辑及其危机趋势依然未变”[④]，“福特主义的危机在很大程度上是一种时间和空间形式的危机”[⑤]，积累方式的转变应该视之为资本主义在时间和空间的形式上的转变，或者说是通过以时间和空间的体验为中介的转变而转化，这种转变“至少部分地构成了向后现代主义的文化实践与哲学话语的冲击性转折的基础”[⑥]，也就是促使资本主义文化从现代向后现代转向的思想根源。

（四）后现代转向的文化危机："时空压缩"加深

哈维认为，在1846年至1848年资本主义社会出现的第一次

---

① 戴维·哈维：《后现代的状况》，第205页。
② 同上书，第206页。
③ 同上书，第220页。
④ 同上书，第228页。
⑤ 同上书，第248页。
⑥ 同上书，第248页。

经济危机带来了文化危机，这种危机主要是“经济、政治和文化生活中时间与空间意义方面的一种根本性的重新调整”所带来的。为了解除经济危机和完成资本主义生产方式的转变，时间和空间的意义被重新解释和调整，通过压缩时间和空间，资本主义不仅很好地控制了市场，而且轻易地使劳动力受制于资本积累目的的需要，实现了资本积累的一次跨越性发展。资本主义借用时空压缩的手段为何能达到提升资本积累的目的，直接原因在于时间和空间在文化层面具有特殊的意义与价值：

首先，在社会生活中，时间和空间都是个体表达意图的语言和途径。个人的日常行为是通过时间和空间得以表达，而社会秩序、集体意识和社会控制通过时间和空间对个体的行为产生暗示与规范。哈维指出，“城市的特定空间是由无数行为造成的，所有的空间都带有人类意图的印记”①。当时间和空间被许许多多的个人所塑造，并带有共同目的时，这种时间和空间就成为了群体的意志。布尔迪厄指出，“人们如此苛刻地屈从于集体节奏的理由，在于时间形式或空间结构不仅构成了群体对世界的表达，而且也构成了群体本身，正是按照这种表达来使它本身有序化”②。行为塑造空间，而这种空间作用于人们的相互影响与交流，正如布尔迪厄指出的那样，是“身体与空间和时间有结构的组织之间的辩证关系，才确定了平常的实践和表达”③。

第二，在社会实践中，时间和空间是一种根本而普遍的权力资源。哈维认为，空间和时间的实践里包含着权力关系，谁获得了对时间和空间控制的主动权，谁就掌握更多的权力。“任何社

---

① 戴维·哈维：《后现代的状况》，第 268 页。

② Outline of a theory of practice, by P. Bourdieu, London Press, 1977, p. 163.

③ 戴维·哈维：《后现代的状况》，第 270 页。

会的意识形态的和政治的霸权，都取决于控制个人与社会体验的物质语境的能力。由于这个原因，物质化以及赋予金钱、时间和空间的意义，对于维持政治权力来说就不止是一点点意义。"[①]所以社会权力之间的斗争，基本绕不开对空间和时间的意义的争执，以及整合人们在空间和时间上的实践与体验活动。正因为如此，空间和时间的"客观品质"经常会在社会斗争中被重新解释和更改。哈维认为，"空间与时间实践在社会事务中从来都不是中立的。它们始终都表现了某种阶级的或者其他的社会内容，并且往往成为剧烈的社会斗争的焦点"[②]。因此时空的所谓"客观品质"由于人的作用变得并非是真正的客观，而是一种"主观的客观性"。

随着资本主义的兴起和发展，社会关系逐渐的被货币化，使得时间和空间也被货币化。在资本主义早期，就出现了"时间的价格"，劳动时间决定了商品价值的衡量。当"绘制世界地图开辟了把空间看成是对私人使用开放的道路"的时候，为了争夺世界资源和财富，地图被变成了金钱，看守好地图能获得黄金支付。哈维指出，"在一般的金钱经济中，尤其是在资本主义社会里，金钱、时间和空间的相互控制形成了我们无法忽视的社会力量的一种实质性的连结系列"[③]。也就是说，金钱可以用来控制时间和空间，反过来，控制时间和空间又可以转变成对金钱的控制。因而，"时间或空间秩序方面的转变，会通过货币收益（以工资、利润、资本收益及类似东西）来重新分配社会权力。"[④] 因此，哈维在论述中反复强调阶级斗争与空间资源的争

① 戴维·哈维：《后现代的状况》，第283页。
② 同上书，第291页。
③ 同上书，第282页。
④ 同上书，第291页。

夺存在很大关联，他认为“支配空间的优势始终是阶级斗争的一个至关重要的方面”[①]，“重建力量关系的任何斗争，都是一种重组它们的空间基础的斗争”[②]。他又进一步指出，“各种独特的生产方式或者社会构成方式，都将体现出一系列独特的时间与空间的实践活动和概念。”[③]

正因为时间和空间是行为表达的必要条件，社会实践中对时间和空间的意识形态化和控制能有效支撑资本主义不断膨胀的金钱欲望，所以资本主义社会不断推动时空压缩过程，“把空间和时间的客观品质革命化了，以至于我们被迫、有时是用相当激进的方式来改变我们将世界呈现给自己的方式的各种过程。”[④] 哈维使用“压缩”一词是为了提出有力的事例来证明：“资本主义的历史具有在生活步伐方面加速的特征，而同时又克服了空间上的各种障碍，以至世界有时显得是内在地朝着我们崩溃了。”[⑤]

哈维认为，自现代主义出现的时空压缩，在转入后现代后被大大加强了，从而导致了“时空压缩的强化阶段，这种时空压缩的强化政治—经济实践、阶级力量的平衡以及文化和社会生活上都具有一种令人迷惑和破坏性的影响”[⑥]。

首先，时间压缩对后现代的思维、感受和行为方式方面产生的负面影响主要有：一方面整个社会过于强调“时尚、产品、生产技术、劳动过程、各种观念和意识形态、价值观和既定实践活动的易变性与短暂性”，另一方面不用花费很多时间的形象生

---

① 戴维·哈维：《后现代的状况》，第291页。

② 同上书，第297页。

③ 同上书，第255页。

④ 同上书，第300页。

⑤ 同上。

⑥ 瑞泽尔：《后现代社会理论》，第235页。

产和形象消费占居了主流，甚至形象本身成了商品，广告和媒介形象对文化实践的作用和影响过于强大，整个社会进入一种缺乏实质性创造的“拼贴社会”，而财富、地位、名声、权力以及阶层的象征等虚拟的文化感觉在资本阶级社会里却显得史无前例的重要。

其次，空间的压缩所带来创伤性的后果主要有：空间出现碎片化，“各个场所和空间的形象跟其他东西一样，都对生产和短暂使用开放”[①]，时间消灭空间过程经历一次更猛烈的回合；空间障碍被消除了，“资本对空间内部场所的多样性就越敏感，对各个场所的不同的方式吸引资本的刺激就越大。结果就是造成了在一个高度一体化的全球资本流动的空间经济内部的分裂、不稳定、短暂而不平衡的发展。集中化与分散化之间在历史上有名的紧张关系，现在以各种新的方式生产出来”[②]。

（五）以“辩证乌托邦的理想”回应后现代转向

哈维认为，“由资本积累及其不断追求通过时间消灭空间和减少周转时间所产生的时空压缩，是历史发展潮流的一部分，我们至少可以把后现代的状况拉进历史唯物主义的分析和解释中去。”[③] 但是，历史唯物主义在面对“文化转向”、政治美学化、解构主义、“时间空间化”等一系列新问题时却出现了解释危机。于是，他提出一直为人们所忽略的地理（空间）的解释理论，把这些理论整合进历史的叙事中，把“后现代状况解释为一种历史—地理状况”，尝试建构“历史—地理唯物主义”来解

---

① 戴维·哈维：《后现代的状况》，第367页。

② 同上书，第370页。

③ 同上书，第385页。

释后现代问题。

《希望的空间》正是哈维在这方面所做的努力尝试，他以辩证乌托邦的理想来回应后现代的时空压缩所带来的“剧痛”。在这本书上，他提出了两个论题和一个乐观主义的设想。“第一个论题是全球化。哈维指出，全球化是新自由主义的全球化。这种全球化成功地使工人相互之间永不停歇地竞争，从而瓦解了工人阶级运动。第二个论题是个体。在哈维看来，由于几乎所有解释社会的理论的失败，人们开始只把个体作为理解现代世界的唯一有效的出发点。”① 乐观主义的设想就是复兴每一个个体的时空乌托邦理想来还击资本主义全球化对个体的控制与束缚，重构新的良性的社会秩序，并且使自然和人类能和谐共生。

哈维认为，复兴乌托邦的思想对改善人类的生活状况，修正资本主义的扭曲发展具有重要的意义。因为乌托邦作为人类对自己规划的建设性想象，总是能对现实的社会产生作用和影响。回顾历史，我们发现很多乌托邦社会秩序的理想经常在小规模城市生活的土地上被频繁塑造，因为乌托邦的理想会化作难以割舍的情感力量作用于人对社会的控制，因此哈维提出这样的观点，“城市政治充满了被深深控制的（虽然常常是秘密的）情感和政治激情，乌托邦梦想在这些情感中有特殊的地位”②。不过，由于个人和集体的乌托邦想象总是会存在一定的冲突，“想象的自由运用不可避免的受制于权威的存在和限制性管理形式”③，所以在考虑未来发展时，必须“与广泛的情感和象征主义作斗

① 刘元琪：《全球化和个体——评大卫·哈维的〈希望的空间〉》，《国外理论动态》2001年第5期。

② 大卫·哈维：《希望的空间》，胡大平译，南京大学出版社2006年版，第153页。

③ 同上书，第158页。

争”。哈维倡导乌托邦的复兴的目的就是“为了担当起我们命运的有意识的建筑师而不是我们所居住的制度和想象世界的‘无助傀儡’，对我们想象的批判性反思就既要面对又要复兴那种隐蔽的乌托邦理想”，同时使人们相信“社会是被制造和想象的”，并且还可以被“再制造、再想象”。①

哈维通过三个关键词的比较和分析来阐述他的辩证乌托邦理论，这个三个关键词是：空间形式的乌托邦、社会过程的乌托邦（又称为时间形式的乌托邦）、时空乌托邦。空间形式的乌托邦从某种意义上来说，就是用“空间形态控制着时间，一个想象的地理控制着社会变革和历史的可能性”②，所有的关于社会暂时性和社会变革的辩证性统统被排除，在一个理想化的，完全独立的，甚至有些怀旧的空间架构里，建立一个美好的社会形态的理想，比如莫尔的“乌托邦理想”。社会过程的乌托邦“通常以纯时间术语来表达，它们在字面上束缚于任何不存在的地点，并且典型地被指定为一个在空间性约束之外的地方。空间和地点的特性完全被忽视了”③，在现实中存在很多理想化的过程图示，但通常不以乌托邦命名，比如自由主义市场（哈维称之为“自由主义市场的理想乌托邦”），还有马克思提出的通过时间消灭空间的共产主义理想。

然而，空间形式的乌托邦和社会过程的乌托邦在实现过程中，都被发现存在致命缺陷。空间形式的乌托邦在实现过程中，其存在的缺陷就是它内在的批判和反抗力量总是轻易地被统治秩序所驯服，使得原本美好的愿望被残酷的现实所取代，哈维认为

---

① 大卫·哈维：《希望的空间》，第155页。

② 同上。

③ 同上书，第168—169页。

其中存在两个基本原因：(1) 空间形式的乌托邦本身就是在对现实不满的情况下所提出来的破坏性建构，如果不借助国家或资本积累的力量来完成蓝图实现，那么这种乌托邦理想一定会被排挤在主流意识之外，结果因为缺乏现实力量的支持而无法实施；(2) 空间形式乌托邦为了防止社会混乱、阶级战争以及革命暴力等，具有封闭性和排他性等消极的社群主义思想，所以在过程中必须引入监视、社会控制、镇压等社会强制力来维持局面，那么只有掌握这种控制权的阶层才能实现自己的目的，而对于那些下层阶级来说，社会陷入了被独裁统治的局面。

社会过程的乌托邦本身所存在的缺陷或者最大的问题就是它往往“习惯于迷失在无限开放方案的浪漫主义之中，在那种方案中，永远不会存在一个封闭（在空间和地方之中）的点。”[①] 比如自由市场的乌托邦理想完全受“经济人”的理性活动过程乌托邦的支配，它可以随时创造适合自身发展的空间形式或地理景观，而所创造的空间形式往往都是暂时的，这个过程会被无限循环下去，“为了调节它自己无止境的积累动力、强大的科技变革以及剧烈的阶级斗争形式又不得不摧毁它”[②]，从而导致长期的空间形式重组，创造性毁灭和不平衡地理发展。于是，出现了地缘性的政治斗争，各个地方，甚至是国家联盟为了维护自身的利益，而破坏自由市场的流入。在此情况下，自由市场的乌托邦必须得借助国家的权力干预来控制抵制和破坏自由市场发展的行为，然而这已经背离自由市场的初衷，因为国家权力一旦保存下来就会对市场进行颠覆、控制和利用，自由市场竞争都不过是花言巧语，国家的补贴和垄断才

---

① 大卫·哈维：《希望的空间》，第 169 页。

② 同上书，第 172 页。

是真相。由此我们也可以明白，“为什么全球化和更加自由的国际贸易的伟大时代已经成为单一权威国家（比如19世纪晚期的英国或1945年之后的美国）能够为自由市场成功提供政治、制度和军事条件保证的伟大时代”①，自由竞争其实不过是虚假的幌子，整个秩序都是为单一权威国家所效劳。因此，哈维得出的结论：“任何过程乌托邦理想的纯度不可避免地会被它的空间化方式所破坏。”②

既然空间形式的乌托邦总是与社会过程相妥协，从而背离了它们崇高的目标，而已经实现的社会过程的乌托邦又必须与空间性和地理性相协商，从而丧失理想的特征，在许多情况下产生了完全背离初衷的结果，那么可行的替代它们的方案是什么？哈维提出了时空乌托邦的模糊设想。关于时空乌托邦理想，哈维博采众长，赋予这种乌托邦理想以下特征：

首先，借助列菲弗尔提出“空间生产”概念的思想优势，转变以往的固定的维护模式，“实现特定社会和道德目标的想象性空间游戏观念可以转换成潜在的、无止境的、有许多空间形式可能性的开放试验，这就允许对广泛的人类潜力进行探索（集体居住、类属关系和生产—消费风格的不同模式，与自然关系的不同模式，等等）”③。

其次，吸取福柯提出“异托邦”的思想长处，理解共时性状态下，空间的异质性、多样性存在的重要性，以及体验不同生活空间（爵士乐俱乐部、舞厅、社区公园）的重要性。

第三，罗伯特·昂格尔（Unger. R）致力于解放方案的探究

---

① 大卫·哈维：《希望的空间》，第175页。

② 同上书，第173页。

③ 同上书，第177页。

过程中，也带来了重要的思想启发，尤其是他提出的，“替代方案应该出自对既存制度、个人行为和习惯的批评和实践斗争”①，而不是留于的纯粹幻想的观点。昂格尔设想，要建立一种既自由又有改革能力的更彻底的民主统治的授权与被授权体系，授权的种类主要有三个，“第一类，展开社会生活的实际试验；第二类，加强对‘我们社会经验的制度的和虚构的框架的自觉控制’，而第三类则帮助‘改变群体生活的某些能力，正是借助那些能力，集体生活用依附和支配的关系把人们绑在一起并因此使它们成为预定无个性的角色代表’”②。

第四，立足于现实，从自由市场的乌托邦理想在二战后在全球的实现过程的成败中获得启示，在构建替代的方案时，在思考方向上要开始注意以下问题：“如何履行显著提高物质福利和民主形式的诺言而不依赖于自我本位的算计、野蛮的消费主义和资本积累，如何在市场力量和货币权力之外发展自我实现所必须的集体机制和文化形式，如何把社会秩序带入环境和生态更加良好的工作条件之中。”③

第五，要建立一个乌托邦的辩证法，对时间和空间的操作上要勇敢面对唯物主义的权威和封闭问题，因为实现任何一种计划都必须要排除实现其他事情的可能性，任何总类的封闭都含有权威，也就是说这个辩证法是“非此/即彼”，而不是“既/又”，否则只会再次陷入软弱妥协的泥潭而背离初衷。

从文化批判的角度来看哈维的理论，他激活了文化研究领域的空间想象，抓住了文化转变形态上所存在的根本性的问题，把

① 大卫·哈维：《希望的空间》，第181页。

② 同上书，第182页。

③ 同上书，第189页。

哲学领域的时空探讨引入文化领域，大大提升了文化批判的思想高度和认识深度。从后马克思主义的角度来评价哈维的理论，应该说他“基于空间问题在当代资本生产中的重要性积极推动历史地理唯物主义，从而实现对现实世界的马克思主义干预。”① 另外，他的理论意义还在于“穿透当代资本生产全球化和弹性化的复杂格局，积极地探寻彻底消除物化实现自由、自觉发展的道路”，“关注哈维这样的研究能够积极地防止马克思主义研究中的形而上学幻想”。②

四　波德里亚后现代马克思主义的消费理论

和李欧塔和贝尔一样，波德里亚年轻时也同样受马克思影响颇深，甚至一直到其后来消费社会的研究，马克思经济决定其他的观点也仍然影响着他。也许许多马克思主义者对马克思的理解是从生产力出发的，将焦点集中于生产，而波德里亚却将研究的焦点集中于消费。青年波德里亚受结构主义的影响也很深，他把消费物品和广告系统看作是一种正在形成的意义符码，我们在消费物品的同时，我们也在消费符号。但是，到了上世纪 70 年代后，波德里亚则是一个反对马克思主义的人，他指控马克思没有和资本主义理论家们尤其是政治经济学理论家们作彻底的决裂，而依旧停留在政治经济学的层面上，并且他主张要做马克思还没有做到的事情。尽管如此，波德里亚的马克思主义的倾向是明显的，只不过他更换了论题。

---

① 胡大平：《从历史唯物主义到历史地理唯物主义——哈维对马克思主义的升级及其理论意义》，《南京大学学报》（人文社科版）2004 年第 5 期。

② 同上。

(一) 关于消费社会的理论

波德里亚认为，资本主义商品生产的扩张，尤其是福特主义被广泛接受以后，建构新的市场、通过媒体培养消费者就成为极为必要的事情。这表明了人们控制和操纵消费的机会大大地增加了。波德里亚继承了阿多诺和霍克海默以及列菲伏尔的观点，认为资本主义商品逻辑和工具理性导致了文化的高雅目标和价值屈从于市场逻辑，交换价值开始主宰人们对文化的接受。费瑟斯通说："让·波德里亚利用卢卡契（1971）和列菲伏尔（1971）的商品化理论，也同样强调了商品的残酷逻辑，并得出了与阿多诺相似的结论。所不同的是，波德里亚（1970）的理论应用了符号学，他认为消费必然导致对记号进行积极的操纵。这是记号与商品联合生产'商品-记号'的晚期资本主义的核心。"①

波德里亚认为，当代社会是一个消费为核心的社会，而非一个以生产为核心的社会。随着社会的加速发展，社会的物质财富日益丰盛甚至过度积累，从而使消费变得富有实际意义。因为只有消费才能推动生产的继续，所以，甚至浪费也变成了日常生活的义务。"消费社会需要商品来存在，但更确切地说，需要摧毁它们。商品的'用途'只会导致其慢性堕落。在慢性堕落中，所创造的价值要强烈得多。因此，破坏仍然是唯一代替生产的根本办法：消费只是两者的中间阶段。消费中有个较大的倾向，就是在破坏中超越、变化。它的意义就在于此。"②

波德里亚认为，消费才是真正理解当今社会的根本途径。"当代资本主义的基本问题不再是'获得最大的利润'与'生产

---

① 迈克·费瑟斯通：《消费文化与后现代主义》，第21页。

② 波德里亚：《消费社会》，第30页。

的理性化'之间的矛盾（在企业的主层次上），而是在潜在的无限生产力（在技术结构的层次上）与销售产品的必要性之间的矛盾。"[①] 他置马克思关于社会生产决定其他经济关系的理论于不顾，认为当今资本主义的新变化就是消费占据了核心地位，因此，我们要批判资本主义，就必须分析资本主义的消费结构。在消费中，人与人之间是不平等的，因为消费就如同一个学校，并不是人人都有上学的机会，消费中存在着不平等，就像人与人之间在教育水平、智力等方面的差别一样，一部分人能获得较好的教育资源与教育水平，而另一部分人则不能。所以，在消费中我们可见一个社会的等级与秩序，通过消费，我们可以分析社会的结构。消费就像语言，是一种意义或符号意义的秩序。"消费系统并非建立在对需求和享受的迫切要求之上，而是建立在某种符号（物品/符号）和区分的编码之上。"[②] 一切阶级、阶层，都可以根据消费的情况来确定。

其次，消费是新生产力的象征。消费不是一个混乱的过程，人们在消费面前并非完全自由的。"它是一种主动的集体行为，是一种约束、一种道德、一种制度。它完全是一种价值体系，具备这个概念所必需的集团一体化及社会控制功能。"[③] 他认为，消费社会是可以进行培训的社会，它是一种与新生产力高度发达的经济体相适应的社会。首先是工业体系已经对大众进行了社会化并使他们成为生产力，使他们成为消费力。关于消费的一切意识形态都在使我们进入到一个新社会，一切当今的媒体都在把人们强制性地纳入到今天的消费体系中。"消费者的需求与满足都

① 波德里亚：《消费社会》，第60—61页。
② 同上书，第71页。
③ 同上书，第73页。

是生产力”,[①] 正是因为消费成为新生产力，所以全部媒体都在设法将人的欲望、享乐、需求等都解放出来。

再次，消费社会的符码化表现为大众传媒的兴起。大众传播即是一种信息的传播，但是这种信息的传播“造成了某一类非常具有强制性的信息：信息消费之信息，即对世界进行剪辑、戏剧化和曲解的信息以及把消息当成商品一样进行赋值的信息、对符号的内容进行颂扬的信息”[②]。特别是广告，是当代最突出的大众媒介，广告的传播功能并非由物出发，而是由自身出发所传播的信息，“是让一个符号参照另一个符号、一件物品参照另一件物品、一个消费者参照另一个消费者”[③]。它和物品的生产者是同谋，广告导演和虚构了物品，广告商是神奇的操纵者，它具有劝导和神化商品消费的功能。而对于消费者来说，则是乐意上当受骗，“与其说它们是源于广告诱导的愿望，不如说是源于我们被诱导的愿望”[④]。广告是既不真也不假的，它只是一种预言性的话语，既不让人去理解，也不让人去学习，而是让人去希望，它仅仅是一种符号。

最后，身体是最美的消费品。在所有的消费品中，存在着一种比任何物品都具有内涵的物品，这种物品便是身体。身体是一种文化，在当今的大众化社会中，身体的功用不在于它能产生劳动力，而在于它作为象征美丽的符号，人们消费的是它的符号意义而非身体本身，因为当代人们透过身体消费时，是人们的欲望和享乐的观念在感官中得以实现。面对着身体人们的性欲得到了消费，“美丽的命令是通过自恋式重新投入的转向对身体进行赋值的命令，它包含

① 波德里亚：《消费社会》，第 75 页。
② 同上书，第 131 页。
③ 同上书，第 135 页。
④ 同上书，第 137 页。

了作为性赋值的色情。应该将作为我们社会中交换普遍化范畴的色情与本来意义上的性欲区分开来。应该将作为欲望交换符号载体的色情与作为幻觉及欲望栖息处的身体区分开来。在身体/冲动、自体/幻觉中占主导地位的则是欲望的个体结构。而在‘色情化’的身体中，占主导地位的则是交换的社会功能”①。人们在观望中得到了性的满足，享受到了快感。身体、美丽和色情都成为被出售的对象，成了符号，而欲望则成了缺场的需求。

消费的重要性在于表明资本主义发展的一个重大变迁。波德里亚认为，资本主义已经生产出了一种可供剥削的“消费大众”，这种消费系统不仅能阻止马克思所说的革命行动，而且还使得资本主义社会成为一个可控制的社会。消费者被指派到了一个与符号相关的场所，在那里他们非但没有被团结在一起，而是恰恰相反，各自为了满足各自的目的而适得其所。“因此，想象一场由那些整天为成为‘宝马’轿车而不是‘现代’轿车的消费者所需的金钱而忙忙碌碌的人们来承担的社会革命是极为困难的。”② 波德里亚试图要扩展马克思主义的政治经济学，试图将符号消费整合到马克思主义的政治经济学中去，即使在生产领域发生革命，也不会对文化领域产生相应的崩溃现象。波德里亚还认为，他的消费理论仍然根源于马克思的物质基础，只是关注的焦点发生了转移，即关注符号系统、符码，而不再是特殊的商品的销售与购买。

（二）波德里亚与马克思主义

波德里亚完全按照历史发展的逻辑对消费进行了分析，他试

---

① 波德里亚：《消费社会》，第145页。

② 乔治·瑞泽尔：《后现代社会理论》，第113页。

图使符号学纳入到批判理论中。他是一个后现代主义文化批判的理论家，那么他与马克思主义究竟存在着何种关系呢？

波德里亚不愿意接受他法兰克福学派的老师列斐伏尔日常生活批判的观点，也不愿意接受列维－斯特劳斯、拉康和巴尔特的结构主义语言学观点，而是坚持批判地运用符号学思想对资本主义社会的消费问题进行分析。认为，在高级资本主义社会里，消费是一种新的意义结构，消费的逻辑根本不是个体占用商品的使用价值的逻辑，而是通过符号而获得编码和秩序即权力的逻辑。

波德里亚使用上述方法的目标有两个："一是改变符号学，使得其形式主义和非历史性服从于批判理论的需要；二是改变马克思主义，使得其生产主义可以服从文化批判的需要"①，其结果是形成了符号—批判理论。波德里亚在其《客体系统》和《消费社会》二书中的思想便是想建立这种理论，他认为这种理论优于马克思主义对资本主义社会的分析。波德里亚分析说，马克思认为商品的价值来源于劳动，商品的使用价值来源于需求，如果这种说法是正确的，那么资本主义社会就应当成功地建构了一种生产与消费的无限循环的过程，可是实际上并非这样。他认为，马克思的分析忽视了社会的变化对于生产的影响，没有考虑到意义的交换，把意义看作一种非物质的生产而排除在了商品交换之外。大众不仅需要生存，而且也需要在社会生活中区别自己、获得自己的身份。这就需要符号意义的消费，商品消费在于其社会能指，而不是在于其物质客体。由于现代传播媒介的产生，使这种消费成为现实。产品本身没有意义，而由于广告的作用，它在消费时便带上了一连串的符号意义。在《符号的政治经济学批判》一书中，他将其批判理论与马克思政治经济学批

① 乔治·瑞泽尔：《后现代社会理论》，第105页。

判系统地联系起来，至少保留了马克思主义的框架。他依照马克思将商品区分为交换价值与使用价值一样而把符号区分为能指与所指能指与交换价值的关系就类似于所指与使用价值的关系。他认为这种观点是区别于结构主义符号学的，结构主义符号学观点将符号抽象化或普遍化了，它使符号丧失了内容，而他对商品的符号学分析则增添了实际的内容；而马克思对商品的分析也是这样，他忽视了商品的转换过程，而恰恰是通过这个过程商品转换成了符号。正是因为这样，马克思对商品的分析便转变成为一种意识形态。

波德里亚还认为，马克思有关生产和交换关系的分析是暗中和资本主义相通的。他分析了马克思在《哲学的贫困》提出的生产和交换发展的三个阶段的思想，在第一阶段，也就是在资本主义之前，生产是为了满足生产者的需要，只有剩余的物品才拿来交换。在第二阶段，也就是传统资本主义阶段，所有的工业产品都被用于交换。在第三阶段，也就是充分发展的资本主义阶段，不仅所有的工业产品，还有品德、爱、知识、意识等都被用于交换。第一、二阶段是基本的，而第三阶段是资本主义腐败的产物。波德里亚认为，第三阶段的交换是符号意义上的交换，这是无法用马克思生产的概念解释清楚的。因此，符号的政治经济学批判一开始就比政治经济学批判更为激进，是一种新的发展了的马克思主义。在《生产之镜》一书中，波德里亚着重批判了马克思的生产理论，他说："马克思主义分析中的所有基础性概念都必须加以质疑，首先就要质疑马克思主义对政治经济学的根本批判及其超越政治经济学的要求。"① 认为马克思在他的有关资本主义的理论中创造了一种有关资本主义生产的理论镜像，这

① 波德里亚：《生产之镜》，仰海峰译，中央编译出版社2005年版，第1页。

是接受了资本主义的支持者和理论家们提出的观点而没有去改变当中的任何东西的结果，马克思的思想沾染上了资产阶级的病毒。之所以会是这样，是因为在马克思时代资本主义矛盾还没有得到全面展开，生产居于核心地位，使得马克思没有机会去思考浪费、象征、挥霍、休闲、欲望等问题。

当然，我们说波德里亚是一个后现代马克思主义者，主要是因为他仍然是从马克思的观点出发去批判资本主义的，仍然是从经济即资本攫取利润的角度去分析资本主义社会的。

（三）后现代主义理论

波德里亚仍然坚持认为，资本主义生产和再生产会造成自身难以解决的矛盾，“‘消费社会’状态下的政治和市民社会的深刻矛盾就在此处：该系统被迫越来越多地生产出消费者的个人主义，以至于它自己同时受到束缚、变得越来越难以控制”①。所有的消费话语都想把消费者培养成为一个普遍的人，把消费描绘成一场人文解放运动。但消费者决不是一个普遍性的人，它是一个社会政治的人，是一种生产力。因此，以消费作为主导的社会必然蕴藏着深刻的社会危机和矛盾。

1. 价值结构的革命

波德里亚认为，后现代社会发生了一场革命，“一场价值自身的革命”②。这场革命终结了古典的政治经济学，使价值跨越了商品形式，进入到了一种激进的形式。在后现代社会中，一切商品都符号化了，也就是说，这些符号化的商品的存在不仅是其

---

① 波德里亚：《消费社会》，第 77 页。

② 波德里亚：《符号的交换与死亡》，见江怡主编《理性与启蒙：后现代经典文选》，东方出版社 2004 年版，第 349 页。

使用价值与交换价值，而且更多的是其符号意义。在后现代大众社会中，大众文化占据了主导地位，因此大众所消费的往往是符号而不是物本身。之所以说商品的符号化是一场价值结构的革命，是因为“推进知识和意义的积累，推进累加话语的线性语段的能指和所指的辩证法终结了。同时，唯一能够促成积累和社会生产的交换价值和使用价值的辩证法终结了。话语的线性维度终结了。商品的线性维度终结了。符号的古典时代终结了。生产的时代终结了”。①

2. 生产的终结

在西方，生产是与商品价值规律相适应的。然而，在今天大众文化的时代，商品的价值规律已经废止了，符号的价值并非取决于其劳动量，而是取决于大众的需要。劳动不再是一种力，而是一种符号。和所有其它符号一样，它生产与消费自身。我们正处在一个既没有革命，又没有资本的阶段，如果革命是解放生产力，那么就不再有革命的前景，因为不再有生产。我们通过符号而生产符号，不再是通过物生产物品。劳动的能量与物质已被掏空。

3. 仿真或拟象

波德里亚认为，顾在三个仿真的层次：从文艺革命到工业革命阶段，仿制品是主要模式；在工业革命以后的工业化阶段，生产是主要模式；而在当前阶段，符码控制着一切，仿真是主要模式。“第一个层次的仿真是根据价值规律的自然法则运行，第二个层次的仿真根据的是市场价值规律，而第三个层次的仿真依据的是价值的结构规律。”② 第三阶段的仿真和第二阶段的仿真有

---

① 波德里亚：《符号的交换与死亡》，第 351—352 页。

② 同上书，第 357—358 页。

着本质的不同，第二阶段需要在工厂里通过机械的复制，是一个工业生产过程，而第三阶段的仿真则是通过电脑，是一组数字化、程序化的符号生成过程，是0和1所组成的二进位制的神秘优雅的符号产生过程。这种符号的生成是内在的，而非通过外在的物质原料的组合，因而是超现实的。在这个阶段，真实已经不复存在，只有类象，只有通过符号本身再生产出的符号。

4. 碎片化

波德里亚认为，在后现代，所有事物都只是作为片断存在，不存在超然之物，只有永无止息的增生和扩散。所有事物，从DNA到电视图像，都遵循着这种模式，从更为一般的意义上说，符号也遵循着这个规律而永无止息地增生和扩散。在这个碎片化的时代，我们正处于差异的终结点上，所有事物都相互渗透，我们正处在一个超政治、超性别、超审美的时代。一切都在变形，大众被当成社会的迷狂形式。这个社会的大众正做着盲目的事情，他们将可能颠覆社会系统，但这决不是革命，而仅仅迷狂而已。社会正在患癌症和肥胖症，无止境的肥胖与癌症的转移产生了太多的意义，是一种多余意义的生产。当前的世界正处于一个全面癫狂症时期。波德里亚相信，我们的这个社会的文化是一种死亡的文化，一切先验性已经终结，在消费的普遍化过程中，再也没有灵魂、影子、复制品、镜像，再也没有存在的矛盾，只有符号的发送与接收。

波德里亚的后现代主义理论是基于批判理论之上的，虽然他用词晦涩，但他对当代社会弊端的揭露是明显的。他看不惯后现代的那种毁掉一切的做法，但他却也无法建构一种新的秩序，他对马克思提出批评，但他却不能提出像马克思那样解决资本主义固有矛盾的方法来。波德里亚的观点与詹明信、利奥塔的相似，但他却比后两者更为激进，更具有批判性。

参考书目

《马克思恩格斯选集》，人民出版社 1995 年版

Giddens, *Beyond Left and Right*, Cambridge1994.

John Berger, *Ways Of Seeing*, London: Penguin, 1973.

R. E. 帕克：《城市社会学》，宋俊岭译，华夏出版社 1987 年版

R. W. 费夫尔：《西方文化的终结》，丁万江、曾艳译，江苏人民出版社 2004 年版

Scott Lash, Sociology of Post Mordern, London: Routledge, 1990.

阿莱斯·艾尔雅维茨：《图像时代》，胡菊兰、张云鹏译，吉林人民出版社 2003 年版

阿兰·斯威伍德：《大众文化的神话》，冯建三译，北京三联书店 2003 年版

埃德蒙德·胡塞尔：《现象学与哲学的危机》，吕祥译，国际文化出版公司 1988 年版

艾尔·古德纳：《知识分子的未来与新阶级的兴起》，顾晓辉译，江苏人民出版社 2002 年版

安吉拉·默克罗比：《后现代主义与大众文化》，田晓菲译，中央编译出版社 2001 年版

奥尔特加·加塞特：《大众的反叛》，刘训练、佟德志译，吉林人民出版社 2004 年版

巴特·穆尔－吉尔伯特：《后殖民理论：语境、实践、政治》，陈仲丹译，南京大学出版社 2001 年版

包亚明：《文化资本与社会炼金术》，上海人民出版社 1997 年版

包亚明主编：《后大都市与文化研究》，上海教育出版社 2005 年版

保罗·博维：《权力中的知识分子：批判性人文主义的谱系》，萧莎译，江苏人民出版社 2005 年版

波德里亚：《消费社会》，刘成富、全志刚译，南京大学出版社 2000 年版

波德里亚：《生产之镜》，仰海峰译，中央编译出版社 2005 年版

鲍宗豪、胡以申：《文化：国家大都市的灵魂》，上海社会科学院出版社 2004 年版

北京大学中文系编：《东西方文化评论》（第三辑），北京大学出版社 1991 年版

博恩哈特：《走向后现代主义》，王宁译，北京大学出版社 1991 年版

伯格：《通俗文化和日常生活中的叙事》，姚媛译，南京大学出版社 2000 年版

布尔迪厄：《国家精英》，杨亚平译，商务印书馆 2004 年版

布尔迪厄：《实践感》，蒋梓骅译，译林出版社 2003 年版

布鲁斯·罗宾斯：《全球化中的知识左派》，徐晓雯译，中国社会科学出版社 2000 年版

布鲁斯·罗宾斯：《知识分子：美学、政治与学术》，王文

斌、陆如钢、陈玉涓等译，江苏人民出版社 2002 年版

蔡凯如、黄勇贤等:《穿越视听时空》，新华出版社 2003 年

蔡元培：《蔡元培全集》第三卷，浙江教育出版社 1997 年版

曹世潮:《第一竞争力：成就世界一流的文化战略》，上海文化出版社 2003 年版

陈刚:《大众文化与当代乌托邦》，作家出版社 1996 年版

陈立旭：《市场逻辑与文化发展》，浙江人民出版社 1998 年版

陈平原:《当代中国人文观察》，人民文学出版社 2004 年版

陈卫星：《网络传播与社会发展》，北京广播学院出版社 2001 年版

程恩富：《文化经济学通论》，上海财经大学出版社 1995 年版

戴维·哈维:《后现代的状况：对文化变迁之缘起的探究》，阎嘉译，商务印书馆 2003 年版

大卫·哈维：《希望的空间》，胡大平译，南京大学出版社 2006 年版

戴维·莫利、凯文·罗宾斯:《认同的空间：全球媒介、电子世界景观与文化边界》，司艳译，南京大学出版社 2001 年版

戴维·钱尼:《文化转向——当代文化史概览》，戴从容译，江苏人民出版社 2004 年版

丹尼·卡瓦拉罗：《文化理论关键词》，张卫东等译，凤凰出版传媒集团、江苏人民出版社 2006 年版

丹尼尔·贝尔：《后工业社会的来临》，高銛译，商务印书馆 1984 年版

丹尼尔·贝尔：《意识形态的终结》，张国清译，江苏人民

出版社 2001 年版

丹尼尔·贝尔：《资本主义文化矛盾》，赵一凡、蒲隆、任晓晋译，北京三联书店 1989 年版

单世联：《现代性与文化工业》，广东人民出版社 2001 年版

道格拉斯·凯尔纳：《媒体文化：介于现代与后现代之间的文化研究、认同性与政治》，丁宁译，商务印书馆 2004 年版

多米尼克·斯特里纳蒂：《通俗文化理论导论》，阎嘉译，商务印书馆 2001 年版

方家良：《文化经济学》，上海交通大学出版社 1991 年版

弗兰克·莫特：《消费文化——20 世纪后期英国男性气质和社会空间》，余宁平译，南京大学出版社 2001 年版

弗雷德里克·杰姆逊：《后现代主义与文化理论》，唐小兵译，北京大学出版社 1997 年版

弗雷德里克·詹姆逊：《快感：文化与政治》，王逢振译，中国社会科学出版社 1998 年版

弗雷德里克·詹姆逊：《文化转向》，胡亚敏等译，中国社会科学出版社 2000 年版

弗雷德里克·詹姆逊：《资本主义文化逻辑》，张清桥等译，北京三联书店 1997 年版

弗里德利希·冯·哈耶克：《自由秩序原理》，邓正来译，北京三联书店 1997 年版

哈贝马斯：《哈贝马斯精粹》，曹卫东译，南京大学出版社 2004 年版

哈贝马斯：《合法化的危机》，刘北成、曹卫东译，上海人民出版社 2000 年版

哈贝马斯：《后形而上学思想》，曹卫东译，译林出版社 2001 年版

海德格尔：《林中路》，孙周兴译，上海译文出版社 1997 年版

贺雄飞：《今日思潮》，吉林文史出版社 2000 年版

胡惠林、李康化：《文化经济学》，上海文艺出版社 2003 年版

胡惠林：《文化产业学》，高等教育出版社 2006 年版

扈海鹂：《解读大众文化：在社会学的视野中》，上海人民出版社 2003 年版

黄会林：《中国当代大众文化研究》，北京师范大学出版社 1998 年版

霍克海默、阿多诺：《启蒙辩证法》，洪佩郁、蔺月峰译，重庆出版社 1990 年版

霍克海默：《批判理论》，李小兵译，重庆出版社 1989 年版

吉·妮格拉汉姆斯·克特：《脱口秀：广播电视谈话节目的威力与影响》，新华出版社 1999 年版

吉姆·麦克盖根：《文化民粹主义》，桂万先译，南京大学出版社 2001 年版

贾春峰：《文化力启动经济力——21 世纪企业战略新思维》，中国经济出版社 2002 年版

杰姆逊、三好将夫编：《全球化的文化》，马丁译，南京大学出版社 2002 年版

江怡主编：《理性与启蒙：后现代经典文选》，东方出版社 2004 年版

金民卿：《大众文化论——当代中国大众文化分析》，中共中央党校出版社 2002 年版

金民卿：《文化全球化与中国大众文化》，人民出版社 1998 年版

金元浦：《阐释中国的焦虑：转型时期的中国文化》，中国国际广播出版社 1999 年版

卡尔·博格斯：《知识分子与现代性的危机》，李俊、蔡海榕译，江苏人民出版社 2002 年版

卡尔·曼海姆：《卡尔·曼海姆精粹》，徐彬译，南京大学出版社 2002 年版

拉塞尔·雅各比：《最后的知识分子》，洪洁译，江苏人民出版社 2002 年版

勒邦：《乌合之众：大众心理研究》，冯克利译，中央编译出版社 2000 年版

雷蒙·阿隆：《阶级斗争》，周以光译，译林出版社 2003 年版

雷蒙德·威廉斯：《文化与社会》，吴松江、张文定译，北京大学出版社 1991 版，第 21 页

理查德·A. 波斯纳：《公共知识分子——衰落之研究》，徐昕译，中国政法大学出版社 2002 年版

理查德·沃林：《文化批评的观念：法兰克福学派、存在主义和后结构主义》，张国清译，商务印书馆 2000 年版

李富强：《让文化成为资本：中国西部民族文化》，民族出版社 2004 年版

李惠国、黄长著主编：《重写现代性：当代西方学术话语》，社会科学文献出版社 2001 年版

李小兵：《资本主义的文化矛盾与危机——当代人本主义思想研究》，中共中央党校出版社 1991 年版

利奥塔：《后现代状态：关于知识的报告》，车槿山译，北京三联书店 1997 年版

刘易斯·科塞：《理念人：一项社会学的考察》，郭方译，

中央编译出版社 2001 年版

卢卡契：《审美特性》，徐恒醇译，中国社会科学出版社 1986 年版

陆扬、王毅：《大众文化研究》，上海三联书店 2001 年版

罗钢、王中忱主编：《文化研究读本》，中国社会科学出版社 2000 年版

罗钢、刘象愚主编：《后殖民主义文化理论》，中国社会科学出版社 1999 年版

罗钢、王中忱主编：《消费文化读本》，中国社会科学出版社 2003 年版

马驰：《“新马克思主义”文论》，山东教育出版社 1998 年版

马翀炜、陈庆德：《民族文化资本化》，人民出版社 2004 年版

马尔库塞：《工业社会和新左派》，任立译，商务印书馆 1982 年版

马克斯·韦伯：《新教伦理与资本主义精神》，于晓、陈维纲译，陕西师范大学出版社 2006 年版

马嘶：《百年冷暖：20 世纪中国知识分子生活状况》，北京图书馆出版社 2003 年版

马歇尔·萨林斯：《文化与实践理性》，赵丙祥译，上海人民出版社 2002 年版

迈克·费瑟斯通：《消费文化与后现代主义》，刘精明译，译林出版社 2000 年版

麦克卢汉：《麦克卢汉精粹》，何道宽译，南京大学出版社 2000 年版

孟繁华：《传媒与文化领导权——当代中国的文化生产与文

化认同》，山东教育出版社 2003 年版

米歇尔·福柯：《权力的眼睛》，严锋译，上海人民出版社 1997 年版

潘知常：《反美学》，学林出版社 1995 年版

皮埃尔·布尔迪厄、华康德：《实践与反思——反思社会学导引》，李猛、李康译，中央编译出版社 1998 年版

皮埃尔·布尔迪厄：《自由交流》，桂裕芳译，北京三联书店 1996 年版

齐格蒙·鲍曼：《立法者与阐释者：论现代性、后现代性与知识分子》，洪涛译，上海人民出版社 2000 年版

齐格蒙·鲍曼：《生活在碎片之中———论后现代道德》，郁建兴、周俊、周莹译，学林出版社 2002 年版

齐格蒙特·鲍曼：《现代性与矛盾性》，邵迎生译，商务印书馆 2003 年版

乔治·瑞泽尔：《后现代社会理论》，谢立中译，华夏出版社 2003 年版

秦朔：《大脑风暴——文化工业探寻》，广州出版社 1993 年版

让-弗·利奥塔：《后现代性与公正游戏：利奥塔访谈、书信录》，谈瀛洲译，上海人民出版社 1997 年版

让-弗朗索瓦·西里奈利：《知识分子与法兰西激情》，刘云虹译，江苏人民出版社 2002 年版

萨义德：《知识分子论》，单德兴译，北京三联书店 2002 年版

盛宁：《人文困惑与反思西方后现代主义思潮批判》，北京三联书店 1997 年版

史蒂文·康纳：《后现代主义文化》，严忠志译，商务印书

馆2002年版

斯蒂芬·贝斯特、道格拉斯·科尔纳：《后现代转向》，陈刚等译，南京大学出版社2002年版

斯拉沃热·齐泽克、泰奥德·阿多尔诺：《图绘意识形态》，方杰译，南京大学出版社2002年版

汤林森：《文化帝国主义》，冯建三译，上海人民出版社1999年版

陶东风、金元浦等：《文化研究》，天津社会科学出版社2002年版

陶东风：《社会转型与当代知识分子》，上海三联书店2001年版

瓦尔特·本雅明：《机械复制时代的艺术作品》，王才勇译，中国城市出版社2001年版

汪明安、陈永国、马海良主编：《后现代性的哲学话语：从福柯到赛义德》，浙江人民出版社2000年版

王逢振：《詹姆逊文集3：文化研究和政治意识》，中国人民大学出版社2004年版

王恒富：《文化经济论稿》，人民出版社1995年版

王小波：《知识分子应该干什么》，时事出版社1999年版

王岳川：《后现代主义文化与美学》，北京大学出版社1992年版

王岳川：《中国镜像》，中央编译出版社2001年版

维克多·埃尔：《文化概念》，康新文、晓文译，上海人民出版社1988年版

沃特森：《多元文化主义》，叶兴艺译，吉林人民出版社2005年版

吴飞：《大众媒介经济学》，浙江大学出版社2003年版

西莉亚·卢瑞：《消费文化》，张萍译，南京大学出版社2003年版

徐贲：《走向后现代与后殖民》，中国社会科学出版社1996年版

许纪霖、陈凯达：《中国现代化史》（第1卷），上海三联书店1995年版

许纪霖：《公共性与公共知识分子》，江苏人民出版社2003年版

亚当·库珀：《社会科学百科全书》，上海译文出版社1989年版

伊格尔顿：《后现代主义的幻象》，华明译，商务印书馆2002年版

伊格尔顿：《历史中的政治、哲学、爱欲》，马海良译，中国社会科学出版社1999年版

伊格尔顿：《文化的观念》，方杰译，南京大学出版社2003年版

殷海光：《中国文化的展望》，上海三联书店2002年版

尤尔根·哈贝马斯：《公共领域的结构转型》，曹卫东、王晓玉、刘北城等译，学林出版社1999年

余英时：《士与中国文化》，上海人民出版社1987年版

约翰·菲斯克：《解读大众文化》，杨全强译，南京大学出版社2001年版

约翰·斯道雷：《文化理论与通俗文化导论》，杨竹山译，南京大学出版社2001年版

约翰·汤姆林森：《全球化与文化》，郭剑英译，南京大学出版社2002年版

詹姆斯·威廉姆斯：《利奥塔》，姚大志等译，黑龙江人民

出版社 2002 年版

张京媛主编：《后殖民理论与文化批评》，北京大学出版社 1999 年版

张昆：《大众媒介的政治社会化功能》，武汉大学出版社 2003 年版

张文喜：《马克思论“大写的人”》，社会科学文献出版社 2004 年版

张意：《文化与符号权力：布尔迪厄的文化社会学导论》，中国社会科学出版社 2005 年版

中国社会科学杂志社编：《社会转型：多文化多民族社会》，社会科学文献出版社 2000 年版

朱立言：《哲学与当代文化》，中国人民大学出版社 1998 年版

邹广文：《人类文化的整合与流变》，吉林人民出版社 1998 年版。